北京中轴百年影像

京城之脊　一脉绵延

刘阳　著

北京日报出版社

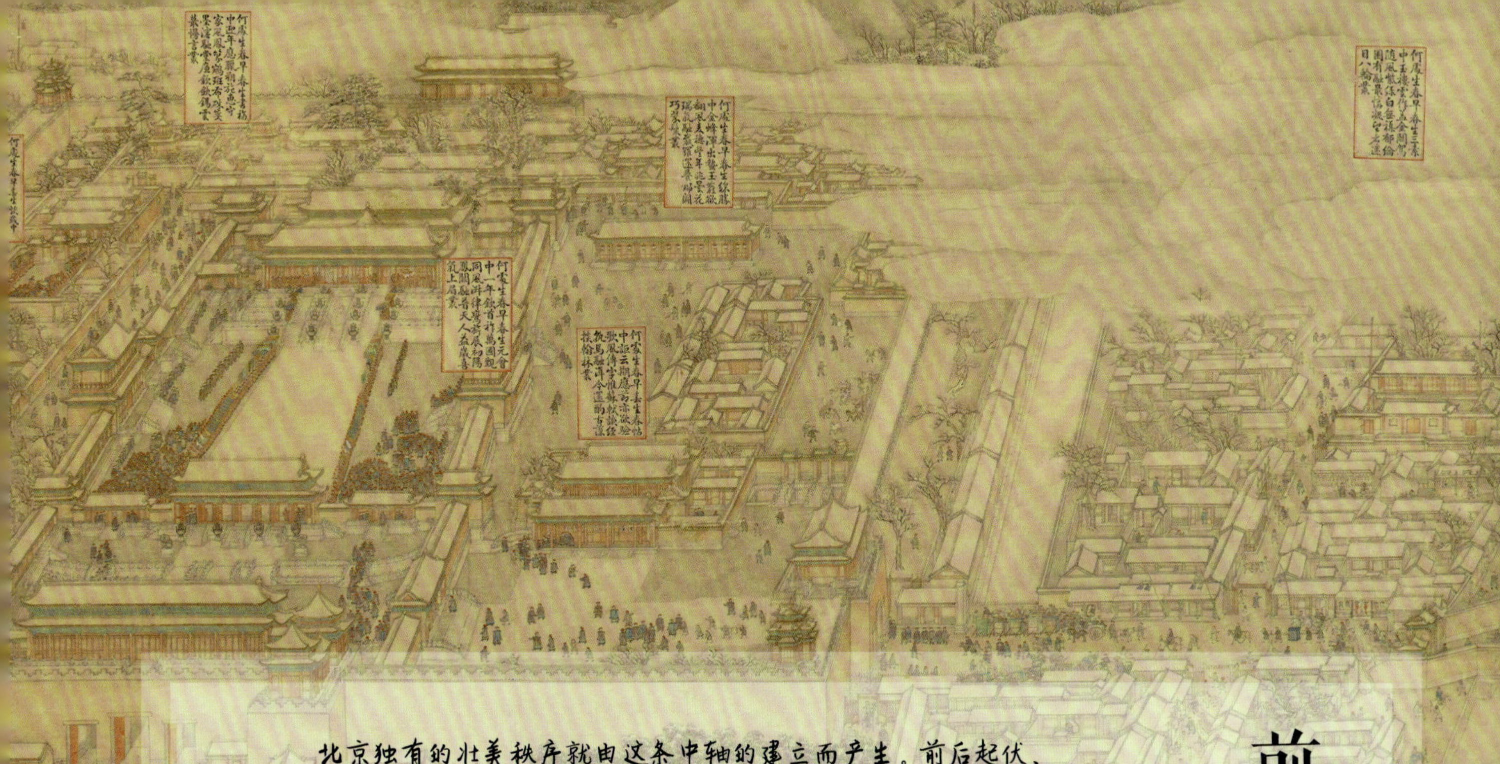

前言

北京独有的壮美秩序就由这条中轴的建立而产生。前后起伏、左右对称的体形或空间分配都是以这中轴线为依据的，气魄之雄伟就在这个南北引伸、一贯到底的规模。

—— 梁思成

北京城，北倚朔漠，南俯中原，东环渤海，西拥太行。

750 余年前，忽必烈的目光凝视于此——燕京之地，这里有胸怀四方、守望天下之势！

《周礼·考工记》："匠人营国，方九里，旁三门，国中九经九纬，经涂九轨，左祖右社，面朝后市，市朝一夫。"基于此礼制，刘秉忠规划了中轴线，建起了元大都。从丽正门到钟楼，一条长约 3.7 公里、穿过元大都的皇城与宫城的南北中轴线由此产生，一座举世无双、当时世界上规模最大的城市拔地而起，这也是中国两千余年封建社会中最后一座按既定规划平地创建的都城，更是中国都城建造史上一座伟大的里程碑。

百余年后永乐迁都，紫禁城、皇城、内城重建，外城增建，这条中轴线逐渐延长，形成了如今全长 7.8 公里，南起永定门、北至钟鼓楼，一线贯通的空间之轴和文化之轴，轴线两侧还分布着重要的坛庙建筑，从而形成了气势恢弘、纲维有序的北京城。经朝代更迭、历史变迁，中轴线始终作为城市的灵魂与生活在这里的人们紧密地联系在一起。

自 1860 年北京中轴线被相机以影像的方式记录下来之后，就得到了更广泛地传播，产生了更深远的影响。影像作为先进的文化载体，鲜活地再现了时空，帮助今人解读既定的历史语境，触摸这条"脊梁"的百年变迁和生活在这里的人们。

《北京中轴百年影像》用影像作品穿越历史，不仅是历史镜头的寻迹与回顾，更重在传播与传承。以当今人类文明发展的视角来看，既可以回顾过往，又可以面对当下，在百年未有之大变局中解读中正融合、和谐共处的中华文化，从而指向北京未来的城市发展。

今天，当我们再次登上景山之巅，冲口而出：江山留胜迹，我辈复登临！愿古都风骨傲然，文脉绵延长存！

目录

一根轴，一座城

南起

永定门 001

天坛 025

先农坛 085

天桥 111

五牌楼 125

正阳桥 128

正阳门 159

火车站 184

中华门 195

东交民巷 216

堂子 233

	天安门	237
	太庙	265
	社稷坛	275
	故宫	295
	景山	367
	寿皇殿	386
	大高玄殿	391
	三海	397
	地安门	499
	万宁桥	511
	鼓楼	519
北至	钟楼	527

永定门

明清时期北京外城城墙的正门，位于左安门和右安门中间。是北京外城七座城门中最大的一座，是从南部出入京城的通衢要道，也是北京城南北中轴线的南端起点。

永定门的建造跨明清两朝，历时二百余年。其始建于明嘉靖三十二年（1553年），初时只有城楼，后增建瓮城，清乾隆十五年(1750年)开始又增建箭楼，重修城楼和瓮城，如此终成后世照片中之形制。其最早被称为“正阳外门”，嘉靖四十三年（1564年）正式命名为“永定门”，寓“永远安定”之意。

上图为喜龙仁于20世纪20年代初拍摄的永定门。

这是一张拍摄于 20 世纪 30 年代的永定门东南侧的照片，从这里能看到箭楼、瓮城、城楼及护城河。

明嘉靖年间，蒙古骑兵多次越过长城南下劫掠，甚至迫近北京城郊，威胁到帝都以及城外坛庙的安全。与此同时，北京的人口大量增加，城外居民日益稠密。应大臣们的建议，明世宗决定环绕北京内城四面加筑外城。

《皇明大事记》载，嘉靖二十一年（1542年）七月，“掌都察院毛伯温等”提议“古者有城必有郭，城以卫民，郭以卫城，常也。若城外居民尚多，则有重城。凡重地皆然，京师尤重……今城外之民殆倍城中，思患预防，岂容或缓。臣等以为宜筑外城，包络既广，控制更雄，且郊坛在内，皇上事天爱民，尽收其中”。皇帝同意，“筑城系利国利民大事，难以惜费，即择日兴工”。但当时正准备重建太庙，给事中刘养建议“（外城）宜筑于无事之时，不可筑于多事之际。且庙工方兴，材木未备，畿辅民困于荒歉，府库财竭于输边，若并力筑城，恐官民俱匮”。皇帝听从了刘养的建议，筑城之事暂被搁置。

嘉靖二十九年（1550年）八月，蒙古土默特部首领俺答汗率骑兵攻至京城近郊，北京城处于万分紧急状态，史称庚戌之变。由于当时的北京没有外城拱卫，城外百姓的生命和财产遭受了巨大损失，城外关厢一带的百姓拥到城下，要求进城避难。朝廷先是命令严锁城门，不准入内，激起民怨，以致“号痛之声彻于西内，帝命启而纳之”。然而，大批城外居民的涌入，造成了米粮等物价暴涨的一系列问题，迫使朝廷不得不开仓赈济。十二月，因居民朱良辅等自愿出财力，《明世宗实录》载：“筑正阳、崇文、宣武三关厢外城，命侍郎张时彻、梁尚德同都御史商大节、都督陆炳督工”。三关厢建城开始了。但在第二年又因“财出于民，分数有限，工役重大，一时未易卒举”而诏令停工。

嘉靖三十二年（1553年）三月，给事中朱伯宸再次提出修筑外城，他说自己常去四郊考察，发现有“土城故址，环绕如规，周可百二十余里”，如果在此基础上修建外城的话，“增卑培薄，补缺续断，事半功倍”。严嵩也表示“今外城之筑，及众心所同，果成亦一劳永逸之计。其掘墓移舍等事，势所不免，成此大事亦不能惜”。至此，皇帝终于同意筑外城，并认为“外城须四面修筑，以全王制”。

《皇明大事记》《明世宗实录》等记载了嘉靖皇帝的态度。最初的修筑计划是准备在内城的外围修筑一圈外城城垣，使北京城垣平面为“回”字形格局；外城周长近八十里，其中利用元大都旧土城二十二里，辟十一门；最先修筑的南城垣为二十里。遗憾的是，建设中发现工程量太大，资金也紧缺，在皇帝“建城一事固好，但不可罔力伤财”的指示下改为先筑南城，俟南城筑完之后再量情酌定的方案。最后南垣仅建成约十三里，且形成了“包京城之南，转抱东西角楼，长二十八里”的格局。也就是说，当南城的东、西两道城墙，向北修筑到与旧城的南城墙相齐时，就改变方向，分别与旧城的东南角和西南角相接，如此形

右图：清代北京城的轮廓及八旗兵丁驻地示意图。

由“回”变成“凸”，外城并没有把内城外圈包围起来，更像是给内城“戴了个帽子”，因此这个外城也被百姓形象地称为“帽子城”。

成了总长度为二十八里的外城，辟有七座城门。嘉靖帝为各门命名：永定、左安、右安、广渠、广宁（清道光年间为避清宣宗旻宁讳改为广安）、东便和西便门。南城的修建，将天坛和先农坛环绕了进来。由于用兵频繁，再加上嘉靖三十六年紫禁城大火、宫殿重修等，国家财力不足，对于再修筑其他三个方向的外城，有心无力，北京城独一无二的“凸”字形状就这样延续了下来。

外城建成之后，北京城的中轴线由正阳门延伸至永定门，北距钟楼将近十六里，至今仍是世界上现存最长的城市中轴线。

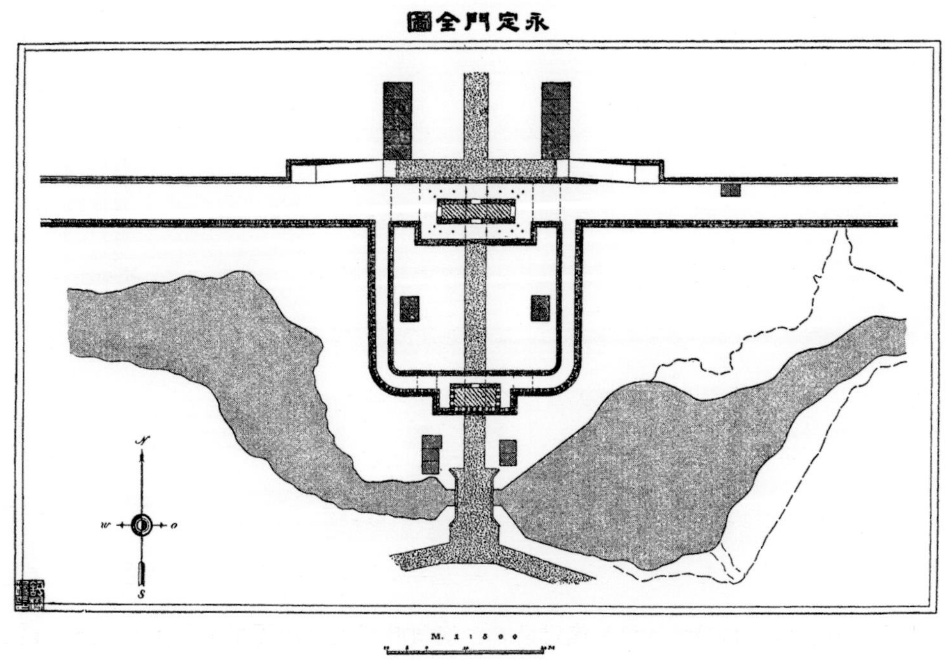

1920—1921 年，出于对中国文化和北京城的热爱，瑞典学者喜龙仁（*Osvald Sirén*，1879—1966）花两年时间勘察了北京的城墙和城门，近距离观察、实地测绘、搜集资料，拍摄了大量的照片，绘制了多幅测绘图，为我们留下了珍贵翔实的资料。上图为永定门城楼、瓮城及箭楼的平面全图。

外城七门中，永定门位于南垣正中，规格居于七门之首。不过，永定门是逐步建成的，历经明清两代。城楼始建于嘉靖三十二年（1553 年），被称为“正阳外门”，瓮城则补建于嘉靖四十三年（1564 年），从此被正式命名为永定门，又因其为北京城最外边的门，且门外有一个元大都时南方之镇的土皋（燕墩），故又称之为“郭门”或“皋门”。

永定门是外城最重要的城门，是从正阳门笔直延伸下来的通衢终点。但外城城墙、城楼并没有内城的城墙、城楼那样高大厚实。为了巩固加强防务，清乾隆十五年（1750 年）和乾隆三十一年（1766 年），皇帝下令提高规制，重修瓮城和城楼、增建箭楼。

重建后的瓮城加宽加大，呈方形，两外角为圆弧形，东西宽 42 米，南北深 36 米，墙厚 6 米。新增建的箭楼，城台厚约 9 米，高 7.8 米，楼为单檐歇山堡垒式建筑，灰筒瓦顶，戗脊走兽 5 个。面阔三间，进深一间，宽 12.8 米，深 6.7 米，高 8 米，楼连台通高 15.8 米。箭楼下城台正中是五伏五券式券洞门，正对城楼门洞。箭楼东、西、南三面各辟箭窗二层，南面每层 7 孔，东、西两侧面每层 3 孔，共计有箭窗 26 孔。北侧面（临瓮城一面）砖墙正中辟一个两门扇的过木方门，是为楼门。

重修的城楼，形制与内城城楼相似，重檐歇山三滴水楼阁式建筑，屋面为灰筒瓦，没有绿琉璃瓦剪边，屋脊、鸱吻（又称螭吻）、脊兽也都是不挂釉的灰（黑）活，戗脊走兽 5 个。

永定门箭楼与广渠门、广宁门规制相同，但其与新改建的城门楼配对，就显得太小，很不协调，总有些头重脚轻之感。

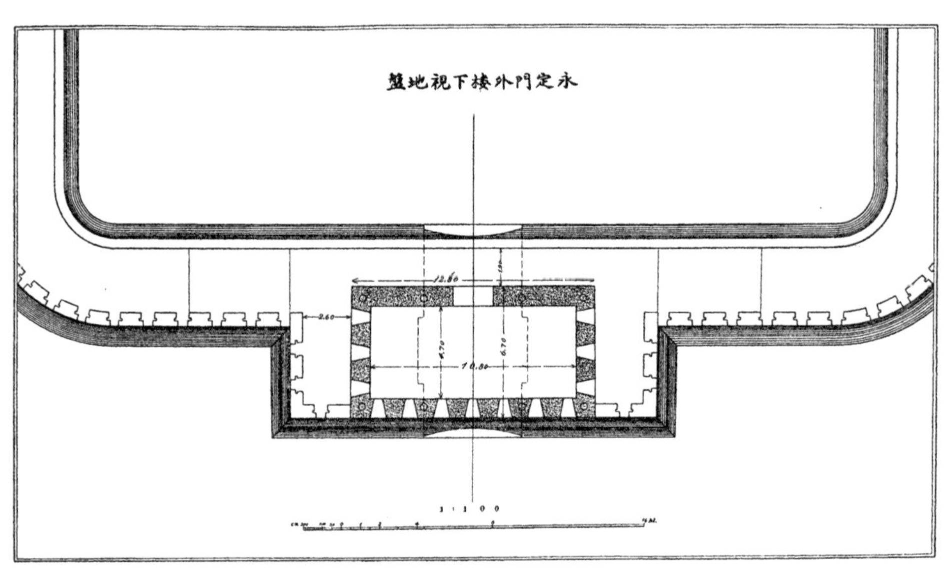

上图：永定门箭楼的平面图。

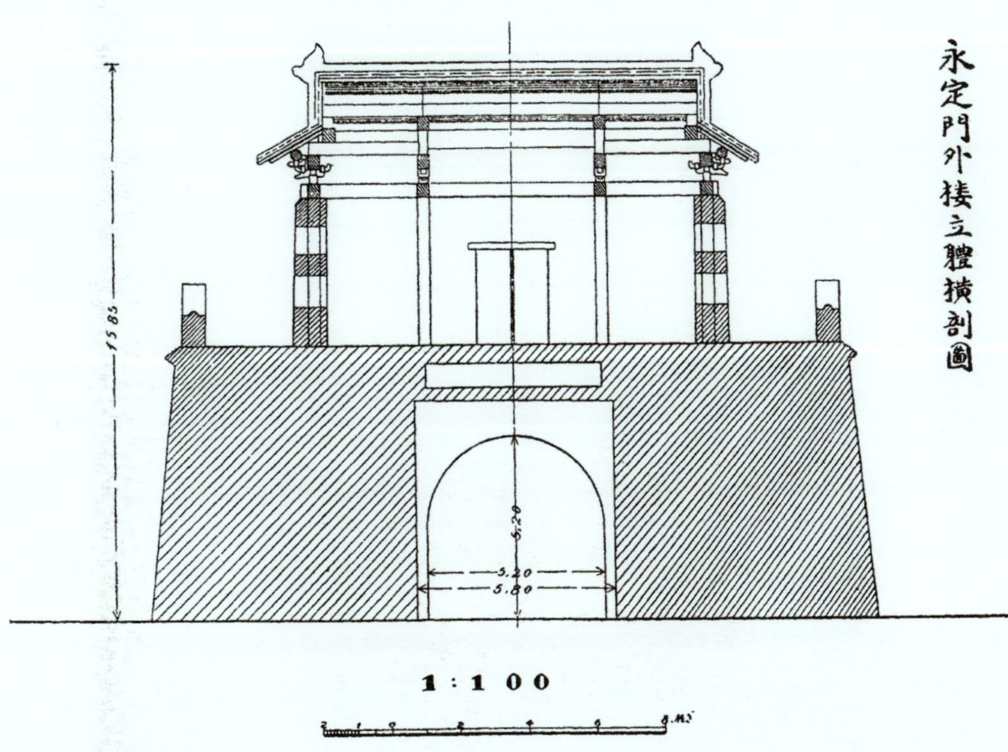

上图：永定门箭楼的平视图及剖面图。

喜龙仁在《北京的城墙和城门》中记述：永定门城楼与内城城楼相比，较为特殊，进深小而宽，城楼面阔七间，进深三间。楼宽 19.8 米，通宽 24 米，进深 6.1 米，通进深 10.2 米。楼连台通高 26 米，其中城台高 8 米（厚约 15 米），楼高 18 米。屋面由柱、梁、斗拱支撑，再以桁条为中介，支撑着木椽。平座层四角有戗柱支撑着第二层屋顶的檐角。主屋顶由两层横梁和纵梁上的桁条支撑。梁上，绿色与蓝色交替，而且独特的纹饰非常明显，屋脊上的螭吻和屋檐上的走兽也非常神奇。

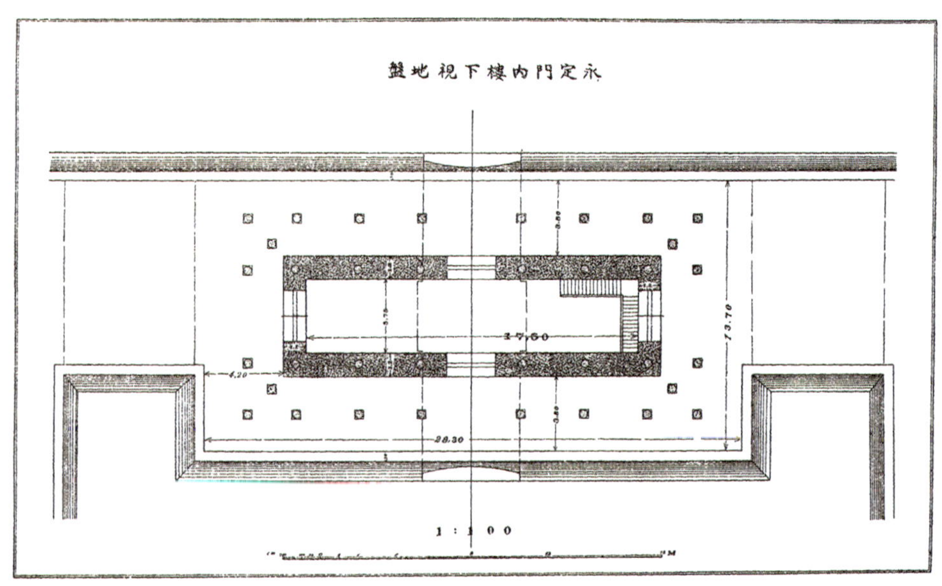

上图：永定门城楼的平面图和平视图。

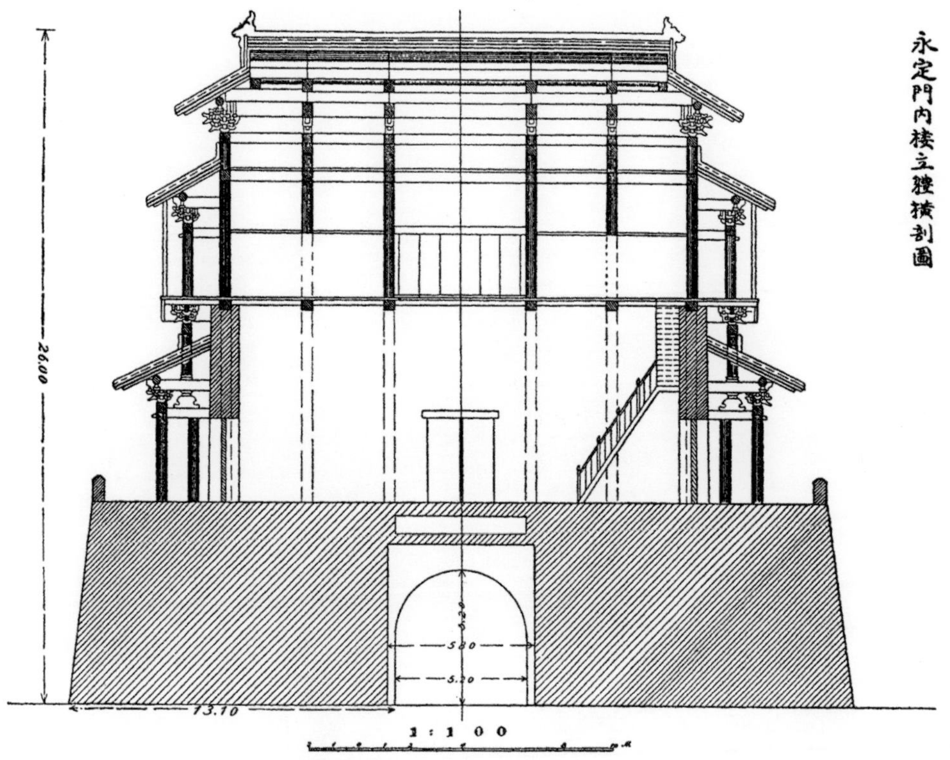

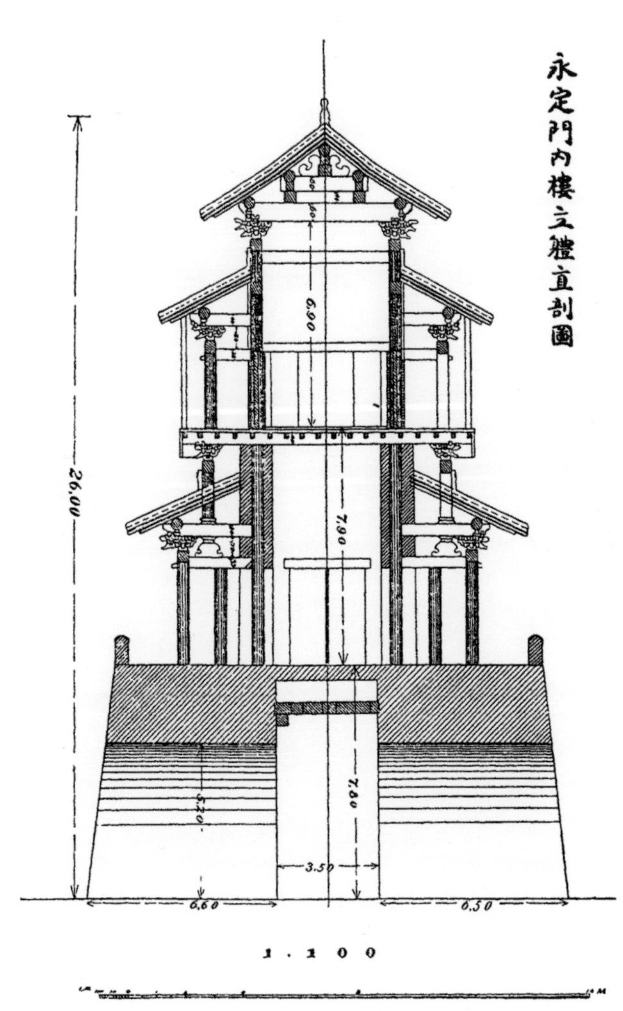

上图：永定门城楼的正面剖面图。

左图：永定门城楼的侧面剖面图。

上图：摄于 1900—1901 年间，这是当时永定门的西南面。可以看到永定门的大体规模和结构。

上图：日本摄影师小川一真 (*Ogawa Kazumasa*，1860—1929) 于 1901 年拍摄的永定门瓮城外东南面。从照片中能看出，永定门城楼遭八国联军炮击，部分损毁。

喜龙仁曾经记述过，永定门“高大的、被精心修复过的城楼，留给人们庄严的印象。但是，照片里的是完美的永定门，因为照片里没有不可一世的沙尘。毕竟，当大风刮起之时，这里就会是漫天的风沙了”。

上图：喜龙仁从西边拍摄的永定门城楼、箭楼及瓮城。

喜龙仁认为，在西边能看到永定门最美丽、最完整的画面，整个建筑形制都在视野之中。喜龙仁如此记述：

“宽阔的护城河以及岸边的芦苇和垂柳构成了一幅美丽的画。晴朗的天空下，城楼和弧形瓮城上的雉堞形成了黑色的剪影。城墙和瓮城的外轮廓线都指向城楼，而城楼的屋檐就像一对翅膀，要带着城楼从沉重的城墙和瓮城上飞起来。这些景色都呈现在护城河中，十分清晰。但是，当风吹过柔软的柳条，河水中‘城楼的翅膀’就开始颤动，而‘雉堞’也破碎并摇荡起来……”

永定门的瓮城内外有许多商铺、茶摊等。喜龙仁认为这些店铺与树木“相映成趣、风景如画”。路上的黄包车、马车、独轮手推车、骆驼队来来往往，还有去往南城外兵营的兵士，以及挑着扁担的挑夫……有时他们会在瓮城内外吃饭、喝茶、歇脚，然后继续往前走。

唐纳德·曼尼 (*Donald Mennie*，1875—1944) 拍摄于 20 世纪 20 年代的永定门箭楼外，照片中一些老叟在喝茶聊天。

上图：永定门外的集市，因为出入城需要缴税和定时关闭城门等诸多原因，很多商贩就在永定门外摆摊做生意。

永定门的护城河上有座宽大的石桥，往南行，在桥头下坡之后，道路分为两条：一条向东，一条向西。桥上的人们熙来攘往。桥头道路两旁都是店铺。赶路的人们，做买卖的商人们都短暂地集聚于此，而后迅速地从东西两条路流向市郊，散入远处宁静的乡村。

左图：永定门护城河石桥上的日常景象。

上图：永定门外的护城河及石桥上的买卖人。

右图：喜龙仁于 1921 年拍摄的永定门箭楼的北面。这个角度就是在瓮城内观永定门箭楼，还能看到城门外的二层楼的店铺。

早年间，出永定门，往南走就是一条沙土路，通向沙子口。从沙子口这个地名就能想象出那黄沙漫天的情景。

在瓮城内观永定门城楼。喜龙仁拍摄。

燕墩

在永定门南，还有一处著名的建筑：燕墩。

燕墩为何物？元、明两代之时，北京有“五镇”之说，按金木水火土设五个“镇物”布局，可保北京城平安：东为神木厂（木），西为永乐华严钟（金），南为燕墩（火），北为昆明湖（水），中为景山（土）。南方之镇即为“燕墩”，又因南方在“五行”中属火，故用建筑烽火台的形式来体现，因此，燕墩又称“烟墩”。

清代杨静山《燕墩》诗云：“沙路迢迢古迹存，石幢卓立号烟墩。大都旧事谁能说？正对当年丽正门。”

这里的大都指的是元大都城，丽正门是元大都南城垣的正门，相当于明清北京城的正阳门，位置就坐落在今天天安门略南的位置。

燕墩始建于元，初时只是一个土台。明嘉靖三十二年建造北京外城时才用砖包砌起来。清乾隆年间，不仅增建了九龙宝盖石幢，还在碑座束腰处用浮雕手法刻画出二十四尊水神像，形态各异，栩栩如生。之后，燕墩成了民间燕京的八景之一的“石幢燕墩”。

《日下旧闻考》记载：“燕墩在永定门外半里许，官道西清，恭立御碑台，恭勒御制帝都篇、皇都篇。其制，甃砖为方台，高二丈许。北面西偏门一，以石为之。由门历阶而上数十级，至台顶，缭以周垣。碑立正中，形方而长，下刻诸神像，顶刻龙纹，面北恭镌御制《帝都篇》，面南恭镌御制《皇都篇》，均清、汉书。”

20世纪初的燕墩。

燕墩的形态为下宽上窄，平面呈正方形，台基底边长14.87米，台面边长13.9米，台高9米。台顶四周原有高约1米的女儿墙，可惜现已毁没。在墩台的西北角处有石门两扇（现已改为木门），入门后，共有45级台阶，沿阶而上，可通达台顶。

台上中央有汉白玉镶砌的方形台基，南有台阶3级，台基正中竖着著名的乾隆御制碑，碑高8米，每边长1.85米。碑顶部覆盖着四角攒尖顶方形碑盖，四脊各雕有一龙，龙身呈腾飞之状，龙昂首上扬，恰似飞奔夺宝顶。碑的下部为束腰须弥座，台座的四周均雕了5层花纹，分别为云、龙、菩提珠、菩提树叶等图案，束腰部分用高浮雕持法雕出24尊水神像，都是袒胸裸足趺坐于海水之上，形态各异，栩栩如生，充分地显示了中国古代工匠们精湛的雕刻技艺。

碑的中部南、北面上分别刻有乾隆十八年（1753年）御笔亲题的《帝都篇》（南面）和《皇都篇》（北面），赞美了北京的地理形势和国泰民安的情景。

《帝都篇》论述了中国古代各个时期都城的优劣，分析了北京优越的地理位置和作为都城的优势，并提出了“在德不在险”的治国理念。

《皇都篇》则追溯了北京城的历史沿革，描写了清朝入关以来北京城的兴盛之态。

燕墩碑文是记述北京幽燕之地的徽记，堪称北京的史记篇，是北京著名碑刻之一。

明清时期，永定门既是重要的出入城通道，也是拱卫京畿的战略要道。清廷曾在永定门外安扎了72座营盘，当地有“永定门外七十二营一挡”之说，这“一挡”指的就是燕墩。

据说1900年以前，清廷在燕墩尚有祭祀水火神的仪式。清末民初，石幢前还陈列着来自紫禁城宝华殿的雌雄“神燧石”一对。“神燧石”下承以海南沉香木座，高如八仙桌。民国四年（1915年）前后，神燧石和木座不翼而飞，传说是被人盗走，高价售出。民国时期，墩台四周都是农田。

日军侵华期间，这里被日本经营的“大华火油有限公司”占有，燕墩也被圈占其中。1937年10月，该公司以“恐燕墩坍塌”为由，欲将其拆除。为此，当时的北京《晨报》还组织调查组对燕墩进行调查。调查组认为，燕墩“其有保存价值，亦无坍塌之虞”。该公司恐激起更大民怨，没敢将燕墩拆除。1949年以后，这里为五金仓库所在地。1984年，燕墩被定为北京市第三批文物保护单位。燕墩所在地现已修建成为公园。

值得一提的是，燕墩原来是有一对的，但规制并不完全相同，后来东侧的那座被从埋藏的地下发现并挖掘出来后，被迁移到了首都博物馆东侧。在那里我们可以近距离欣赏，但精美程度不如立于永定门外的那一座。

右图：从永定门外看燕墩。右上角的燕墩隐约可见。

穿过永定门城墙的铁轨

1900 年，八国联军攻占了北京后，英军占领了天坛作为军营，并且修复了义和团破坏的天津和北京之间的铁路，一直修到了永定门，并在永定门城楼的西侧，开凿了一个豁口，在护城河上架起一座铁桥，使铁轨延伸进入北京外城。铁轨进入永定门西城墙后，继续向北延伸至先农坛东天门，继而向东拐，穿过永定门内关厢和永定门内大街，沿天坛坛墙向北，一直到祈谷坛门外，作为终点，当时被称为“北京站”。

天坛外坛墙上的圜丘坛门和祈谷坛门及值房都被英军改造成了火车站的附属设施。

这条铁轨的铺入意味着自明朝修建城墙以来，第一次被人将城墙凿开，是从永定门开始的。而且英国军队无视中国古代的礼制，第一次将铁路修到了神圣的祭天坛的坛墙之下。

1901 年后英军将新的火车站选在了正阳门城楼的东南侧，并着手兴建正阳门东车站。1902 年英军撤离，把铁路的控制权转交给清政府。不久之后，永定门到天坛间的铁轨被拆除，天坛火车站也结束了短暂的历史。

上图：八国联军扒开城墙，把铁轨铺进城里，通向天坛西墙外设的“北京站”。

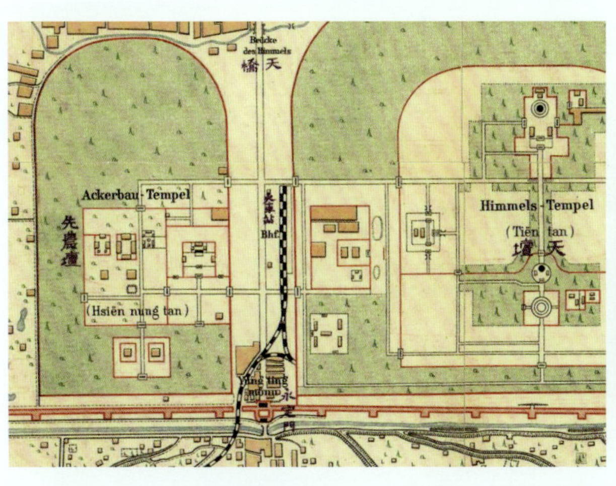

上图：通过地图和照片的对比，就能看出当时被扒开城墙的位置。

上图：永定门城墙外侧，一群孩子在护城河里玩耍，远处站着一个荷枪实弹的印度裔英国士兵在守卫铁道。

丹麦人瓦德马尔·蒂格森（*Valdemar Thygesen*）1901 年拍摄的永定门内的铁道及车站，旁边的墙就是天坛的坛墙。

20 世纪 40 年代的永定门城楼及箭楼。

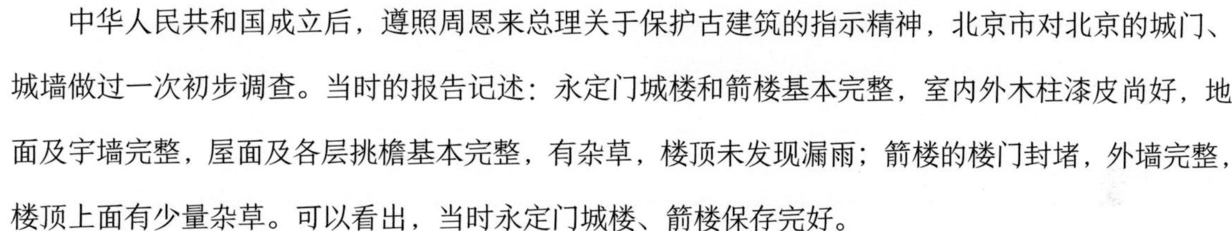

右图：1952 年拍摄的永定门箭楼和城楼，瓮城已经拆除。

中华人民共和国成立后，遵照周恩来总理关于保护古建筑的指示精神，北京市对北京的城门、城墙做过一次初步调查。当时的报告记述：永定门城楼和箭楼基本完整，室内外木柱漆皮尚好，地面及宇墙完整，屋面及各层挑檐基本完整，有杂草，楼顶未发现漏雨；箭楼的楼门封堵，外墙完整，楼顶上面有少量杂草。可以看出，当时永定门城楼、箭楼保存完好。

但为解决交通问题，1950 年，北京掀起了在城墙上开豁口的热潮。体会到豁口的便利，拆除城楼的呼声更加高涨。1951 年冬，有关部门拆除永定门瓮城，并在城门东侧开了一个豁口。1957 年，永定门外修建了永定门火车站，城门内外人车流量剧增，有关部门决定拓宽永定门内大街至 35 米。路拓宽了，人流车流更加集中，城楼成为阻碍交通的“障碍物”。1958 年，永定门城楼、箭楼被拆除。

2004 年，永定门城楼在原址复建，重新矗立在北京的中轴线上。遗憾的是，箭楼与瓮城没有复建，只是在地面上做了标识。永定门箭楼只有两层箭窗，虽然与高大的内城箭楼不可同日而语，但缺少了瓮城、箭楼的永定门，景观效果差了很多。尤其在周围大广场、宽马路和高楼大厦的衬托下，形单影只的永定门城楼显得十分单薄，以至于很多见过永定门原貌的人怀疑城楼没有原样复建。可见历史建筑的周边环境是多么重要。

永定门的石牌匾

清朝建都北京之后，曾将北京各城门上用汉文题写的明代匾额撤下，改用满、汉两种文字题写的匾额。辛亥革命后，民国初期的内务部总长朱启钤请杭州名士邵章先生为北京各城门重新题写了汉文名称，并制成石匾镶嵌。随着北京城门的陆续拆除，这些匾额大多失落无存。

复建永定门城楼之时，工作人员发现了保存在北京古代建筑博物馆内一棵树下浅坑中的牌匾。经查证，此牌匾是明嘉靖三十二年（1553 年）始建永定门时的原配石匾：长 2 米，高 0.78 米，厚 0.28 米。现存于首都博物馆。重建后的永定门城楼门洞上方所嵌的石匾是仿照该原配石匾雕刻的。

永定门内大街

瓦德马尔·蒂格森于 1901 年拍摄的永定门内大街。

这是由南向北拍摄的。永定门内大街笔直地通向正北方向，远处的景山万春亭清晰可辨。景山的左方不远就是北海的白塔。照片的左边和右边可以看到先农坛、天坛的两个坛门，还有永定门车站。

天坛

天坛是明清两代皇帝每年祭天和祈祷五谷丰收的地方，是现存规模最大的、形制最完备的祭坛建筑群，其以严谨的建筑布局、奇特的建筑构造和瑰丽的建筑装饰著称于世。

天坛是圜丘、祈谷两坛的总称，有坛墙两重，形成内外坛，坛墙南方北圆，象征天圆地方。主要建筑在内坛：南为圜丘坛，北为祈谷坛，分别用于“冬至祭天”和“孟春祈谷”。二坛同在一条南北轴线上，中间有墙相隔。这里共有 22 位皇帝举行过 654 次祭典。

1937 年 8 月 7 日，英国《伦敦新闻画报》（*The Illustrated London News*）的配图。

祭祀之礼为中国古代五礼之首，其中，祭天更是最高等级的祭祀活动。

《广雅·释天》曰：“圆丘大坛，祭天也；方泽大折，祭地也。”

《逸周书·作雒》记载：“设丘兆于南郊，以祀上帝，配以后稷。”

天圆地方。圆丘，为圆形的坛；方泽，指以水环绕的方形的坛，象征四海环绕大地，也就是《周礼》中说的“夏至祭地于泽中之方丘”。

战国之后阴阳学说兴起，“天”为“阳”，“地”为“阴”，阳属南方之性，阴属北方之性，故圆丘在南郊，方丘在北郊。

冬至开始，阴尽阳生，白天渐长，故被定为祭天吉日；反之，夏至则被定为祭地之日。同时，也形成了“春分祭日，秋分祭月”的传统。

古人对祭祀天地极其虔诚，此即敬畏之心使然。但同时，也认为“神依人而行”，亦如《左传》中郑子产所云“天道远，人道迩”一样，也符合儒学人本观念中的“尽人情，合天理”。

明朝，从洪武十年到嘉靖初期皆为天地合祭。直到嘉靖九年，世宗修改为天地分祭，遂为嘉靖至有清一代制度。

明朝早期，永乐皇帝命风水师曾从政对即将迁都北平进行堪舆，并选址东南郊为祭天场地。北平破土动工，始建宫城、皇城、祭祀坛庙等建筑，其中蒯祥仿造南京形制，主持设计天地坛。

永乐十八年（1420 年），北平紫禁城、天地坛、山川坛等落成。天地坛中含大祀殿、神乐署、斋宫、神厨等。春正月甲戌日，明成祖朱棣“大祀天地于南郊”，大祀殿迎来了第一次祭天活动。同年，明朝迁都北平，北平更名为北京。在此后的 110 年间，明朝有 9 位皇帝在此举行了 102 次天地合祀祭祀大典。

嘉靖九年（1530 年），嘉靖皇帝听大臣言：古者祀天于圜丘，祀地于方丘。圜丘者，南郊地上之丘，丘圜而高，以象天也；方丘者，北郊泽中之丘，丘方而下，以象地也。于是决定恢复天地分祀的旧制，在大祀殿南建圜丘祭天，在北城安定门外另建方泽坛祭地。后又分别命名四个郊坛为天坛、地坛、日坛、月坛。

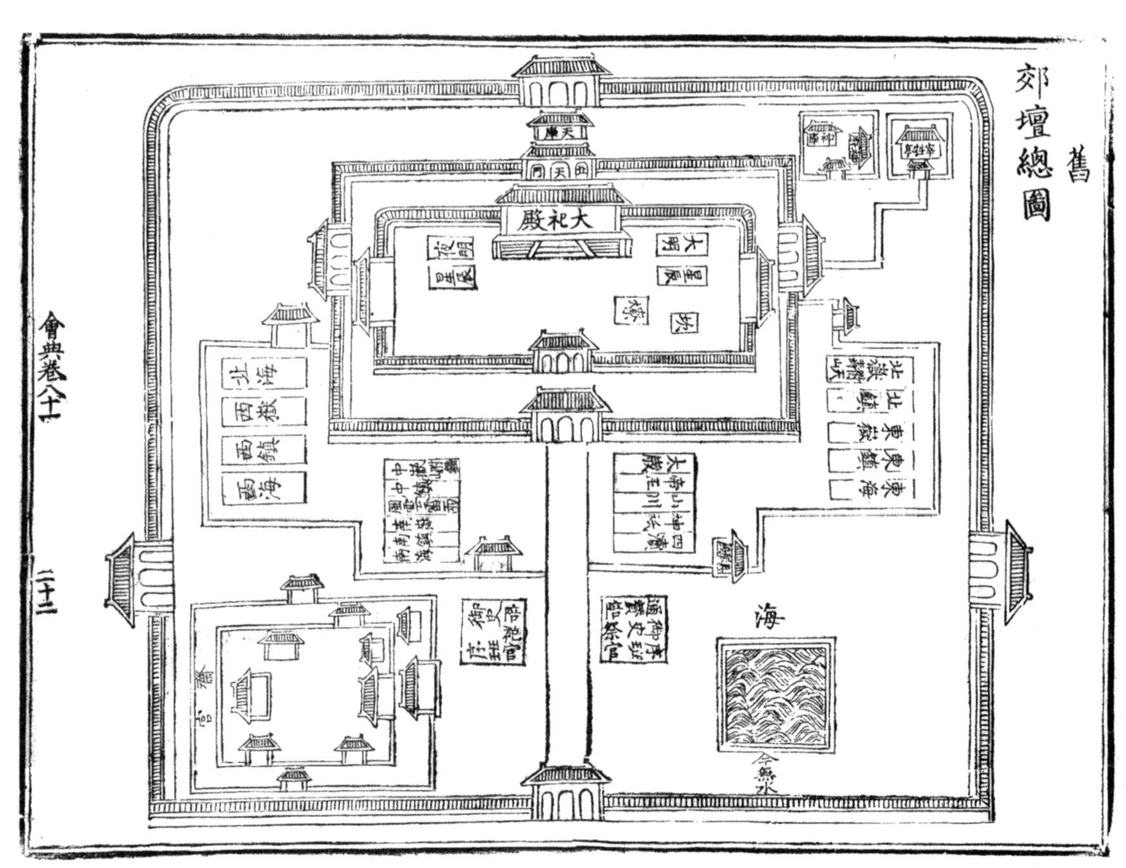

上图：明朝永乐皇帝修成的天地坛的平面图，出自《大明会典》。大祀殿是天地坛的主体建筑，为一矩形大殿，用于合祀天、地。可以算是后来祈谷坛内“祈年殿”的“前世”了。

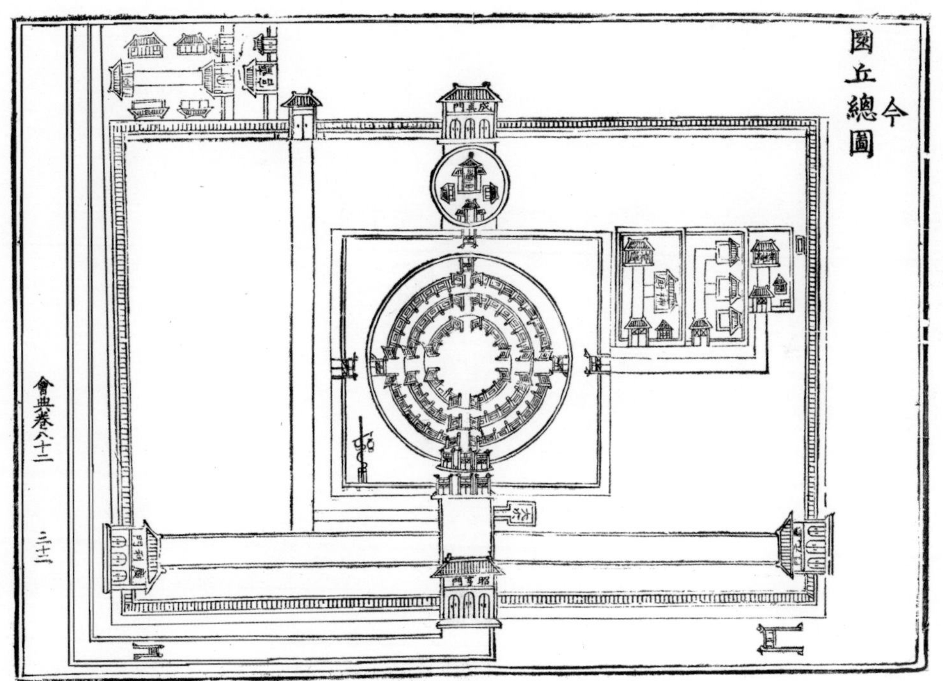

上图：嘉靖九年兴建的圜丘坛。当时的圜丘坛外为方形围墙，西、南墙外有条御路。南御路的西端有座二柱的石牌坊，为西牌坊。西牌坊之后即为神路。皇帝祭天时须经西牌坊，行神路至昭亨门北折，进入天坛。嘉靖十一年增建崇雩坛，东牌坊则成为崇雩坛前的神路坊。因当时天坛尚无外坛墙，这条神路位于坛外，名“圜丘坛街”，符合路在坛外之制。嘉靖二十四年建外坛墙，这条神路进入坛内，从此不再被称为“街”，两座石牌坊则保存至 1948 年底，在内外坛间修筑临时机场时被拆除。

嘉靖十一年（1532 年），根据唐代杜佑在《通典》中记述的“巳月雩五方上帝，其坛名雩，禜于南郊之傍”的古代祈雨礼仪，嘉靖皇帝在天坛圜丘坛墙外的东南角，泰元门外建了一座崇雩坛，是一座祈免水旱灾害的祭坛。

《春明梦余录》载：“泰元门东有崇雩坛，为制一成，东为神库，嘉靖中时以孟夏后（四月）祭天祷雨。”

嘉靖帝祈雨时须走神路。路过昭亨门时，为表示对天的尊重，要下辇。过了昭亨门再上辇，经东牌坊，行神路，进崇雩门，下辇。祈雨礼仪结束后经泰元门回宫。

崇雩坛只在嘉靖十七年和二十二年祭过两次，后来的皇帝不再使用。祈雨改为在圜丘举行，也祭皇天上帝。清乾隆十二年（1747 年），崇雩坛被拆除。

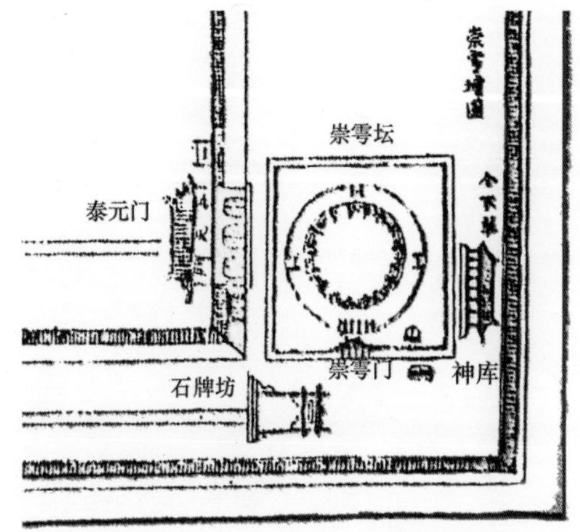

如今，泰元门内还可以看到供奉五方上帝牌位的神库大殿的石柱础。五方上帝，即东方青帝（伏羲氏）、南方炎帝（神农氏）、中央黄帝（轩辕氏）、西方白帝（少昊）、北方黑帝（颛顼，也称玄帝），为人格化的五位上帝。

左图：此牌坊原位于内坛南坛墙外，是皇帝祭祀时降辇之处。

1948 年，国民党北平守军拆去外坛南墙，在内外坛墙之间修筑飞机跑道，神路和牌坊至此消失。20 世纪 60 年代，这里建造了大批住宅楼，即后来的天坛南里。原来内坛的昭亨门成为现在的天坛南门，在一定意义上与明嘉靖九年的格局有些类似。

嘉靖十三年（1534 年），实行四郊分祀之后，大祀殿废而不用，改为祈谷坛。

嘉靖十七年（1538 年），拆大祀殿。嘉靖十九年（1540 年），皇帝认为应“季秋大享于明堂，此周礼重典，与郊祀并者也”“岁以季秋大享上帝而奉皇考睿宗献皇帝配享”，在坛上另建大享殿。大享殿于嘉靖二十四年（1545 年）建成，为三重檐三色攒尖顶圆形建筑，但之后并未使用，明堂大礼也就名存实亡，到嘉靖帝的儿子隆庆帝的时候，便将明堂大礼裁撤了。而大享殿，也由于其功能并没有被利用而逐渐闲置。直到清代，大享殿成了行祈谷礼的场所。

乾隆十六年（1751 年），由于大享殿虽然是名义上的明堂，但最终在这里举行的却是春季的“祈谷礼”，名不副实，所以乾隆帝决定将大享殿更名为“祈年殿”，大享门更名为“祈年门”，并将大享殿原有的三色琉璃瓦及祈年门、两庑、皇乾殿的绿瓦统一更换为青色，又拆去每一侧两层配殿的外层七间，仅留下东西各一座九间配殿，使得整个祈年殿院落显得整齐、肃穆。而这座恢弘的建筑，也成为每年临近春耕之时祈求丰年之所。光绪十五年（1889 年），祈年殿毁于雷火，次年重建，直至光绪二十二年（1896 年）毕工。

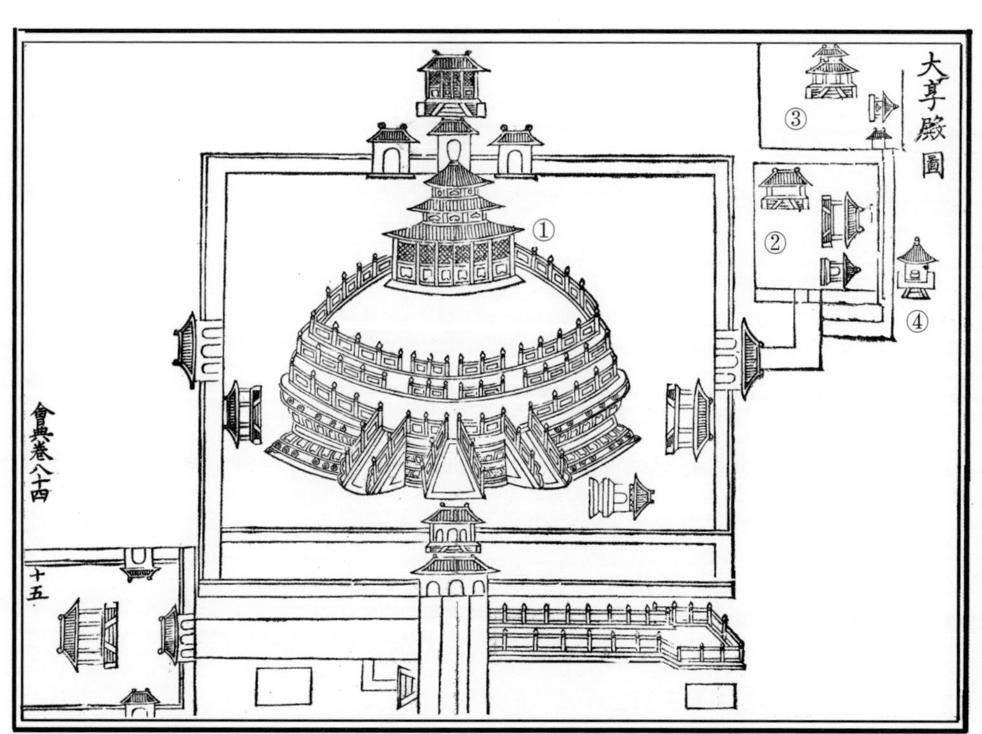

①大享殿

②神厨

③北宰牲亭

④七星坛

上图：嘉靖皇帝在大祀殿原址上兴建的大享殿，出自《大明会典》。作为秋天君主祭天的场所，即所谓的“季秋享明堂”：在秋天回馈上天，保佑一年五谷丰登。大享殿已经和今天的祈年殿样式比较接近，但屋顶的颜色不同，从上至下的三层屋顶分别为蓝、黄、绿三色琉璃瓦，寓意天、地、万物。大祀殿步廊被拆除，东、西庑十五间各保留九间。后来，东、西庑九间的后面各又增建了七间。大祀殿东南的“海”则被填平。

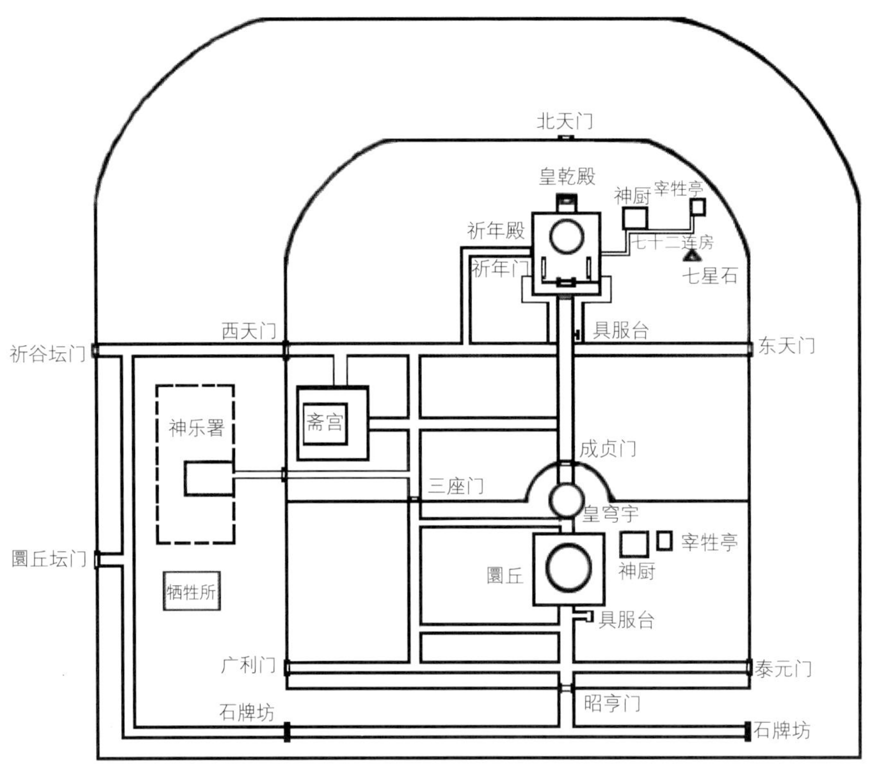

清代天坛平面示意图

天坛是中国现存的最大祭坛建筑群。以严谨的建筑布局、奇特的建筑构造和瑰丽的建筑装饰著称于世。天坛总占地面积约270万平方米。平面布局呈“回”字形，也就是说两重坛墙，将天坛分为内坛和外坛。不论内坛还是外坛，皆为北圆南方，且从南至北逐渐升高，既象征天圆地方，又象征天高地低。

外坛墙的东、南、北三面原制无门，只有西面临永定门内大街有门两座：偏北的门是明代旧有的，称“祈谷坛门”；偏南的门是乾隆十七年（1752年）增建的，称“圜丘坛门”。两门均为三间拱券式，绿琉璃筒瓦歇山式顶。时下的外坛北门和东门，都是1975年以后增建的。

主要建筑物在内坛，内坛又分南、北两坛——圜丘坛和祈谷坛。这两坛是由一道东西向的墙隔开，算作圜丘坛的北墙。隔墙在天坛的中轴线部位呈弧形向北凸出，绕过皇穹宇外墙而与东西内坛墙相连接。连接两坛，把这两组建筑群连接起来的南北轴线——丹陛桥，是一条长360米、宽28米、高2.5米的砖石台，称为“神道”，也称“海墁大道”。它南低北高，寓意着上天庭要经过漫长的道路。内坛除了圜丘坛和祈谷坛建筑群外，西墙内还有斋宫，是祀前皇帝斋戒的居所。

外坛的西墙内有神乐署、牺牲所等放置祭祀所需用品的场所，除此之外，基本上是古柏苍郁，环绕着内坛，使主要建筑群显得更加庄严宏伟。

圜丘坛

圜丘坛位于天坛内坛的南半部，是皇帝举行冬至祭天大典的场所。始建于明嘉靖九年（1530 年），圜丘坛的主要建筑有圜丘、皇穹宇及配殿、神厨、宰牲亭，附属建筑有具服台、燔柴炉、望灯杆等。

圜丘坛四周东有泰元门，南有昭亨门，西有广利门，北有成贞门。这四个门的名称具有多重含义。

《易经》的卦辞，原文为“乾，元亨利贞”。

代表方位。宋代朱熹《朱子语类·卷第六·性理三》：“元亨利贞，犹言东南西北。”

代表“春夏秋冬”。《朱子语类·第二十·论语二》：“元亨利贞。以气言，则春夏秋冬。”

宋代程颐《程氏易传·卷一》：“元亨利贞，谓之四德。元者，万物之始；亨者，万物之长；利者，万物之遂；贞者，万物之成。”这里说的是自然万物生成的全过程，是指事物发展的四个阶段：“元”是起始，“亨”是发展，“利”是收获，“贞”是守成。

“元亨利贞”代表农业生产的四个阶段，周而复始。《朱子语类·卷第六十二·中庸一》：“元亨利贞，元是萌芽初出时，亨是长枝叶时，利是成遂时，贞是结实归宿处。”其中，“泰元”即春天农作物生长的开始，“昭亨”是夏日阳光普照，农作物繁茂成长，“广利”是秋季农作物普遍成熟，“成贞”是冬季将长成的粮食储藏。“成贞”直接化用了程颐的“贞者，万物之成”一句。

“元亨利贞”也是天人合一的四德。来源于《易经·乾》当中的“元亨利贞”，赞美天的本质，常被理解为天之四德：元始之原，无不亨通，和谐有利，正固持久。

嘉靖时的圜丘坛坛面以天青色琉璃制造，清乾隆改建圜丘坛，将天青色琉璃拆除后，埋在泰元门内。据《天坛公园志》记载：1954 年 4 月，嘉靖时的圜丘坛天青色琉璃构件在泰元门内出土。

具服台、神厨、宰牲亭

沿昭亨门往北，在南边的棂星门的外神路东侧有一个平台，是皇帝祭天的时候临时休息、更换衣服的地方，叫具服台。

圜丘坛外壝墙的东侧是神厨和宰牲亭。为了跟祈谷坛相区别，也被称作南神厨、南宰牲亭。

这张照片是在圜丘上拍摄的，可以看出圜丘的白玉栏杆和内外两重壝墙及内外两座棂星门。壝墙均为蓝琉璃筒瓦通脊顶，墙身涂朱。棂星门也是古代祭坛的专用门式，形似牌坊，是六柱三门结构。

此照片是英军随军记者费利斯·比托（*Felice Beato*，1832 —1909）于 1860 年在圜丘坛上，北向拍摄的圜丘坛、棂星门及皇穹宇。这是目前发现的最早的一张圜丘坛照片。

圜丘坛四周绕有两层蓝色琉璃瓦矮墙，即壝墙。两层壝墙，外方内圆，象征“天圆地方”。

第一层墙为方形，叫外壝墙（四面正中各有一座棂星门），第二层墙为圆形，叫内壝墙（四周各有一座棂星门）。

内外壝墙之间还有12个燎炉，东南方向有燔柴炉和瘗坎，西南方向有望灯杆。

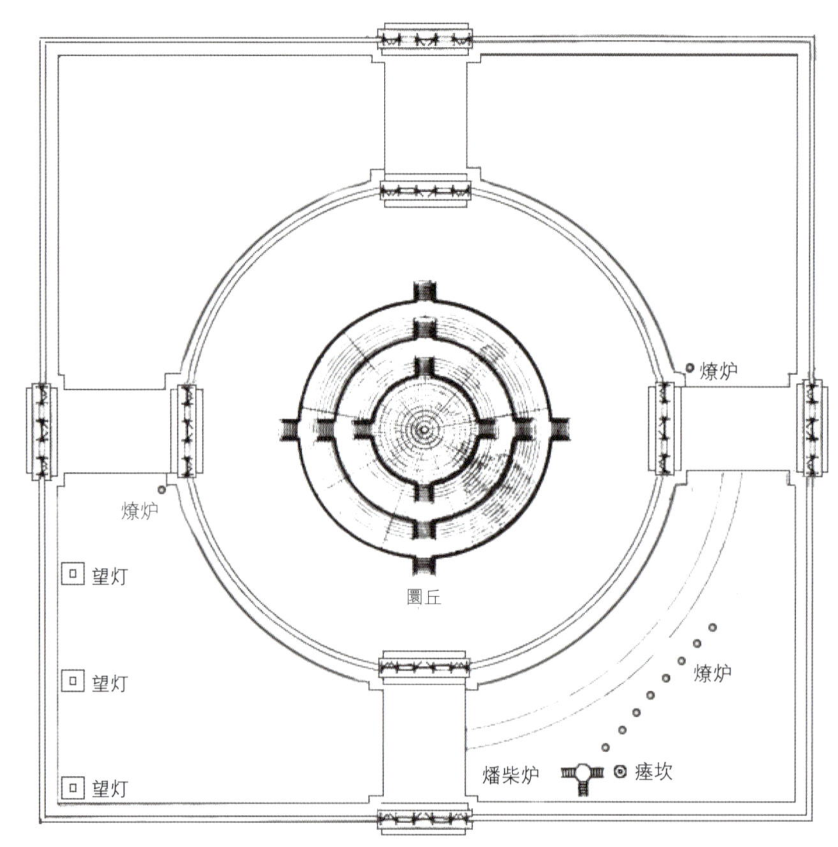

圜丘坛平面示意图

左右两张照片皆为英国摄影师托马斯·查尔德（*Thomas Child*，1841—1898）1876年前后拍摄的圜丘及周边全景。本图能看到位于内外壝墙之间的2个燎炉。右图能看到圆形的天心石和围绕其一圈又一圈扇形的石板。清朝晚期，疏于打理的圜丘看上去并不体面。石缝里长出杂草，坛面上散落着石五供的底座和固定帷帐绳索的坠风石。

1901 年前后的圜丘坛及北面的两座棂星门，再往北便是皇穹宇了。

内外两层壝墙的中心就是坛内最主要的建筑体——圜丘，又称祭天台。明朝时圜丘为三层蓝色琉璃圆坛，清乾隆十四年（1749 年）扩建，由明代的十二丈扩为二十一丈，并改蓝色琉璃为艾叶青石台面，汉白玉柱、栏。

圜丘为三层坛制，高 5.17 米，下层直径 54.92 米，上层直径 23.65 米，每层四面各有台阶九级。每层周围都设有精雕细刻的汉白玉石栏杆，栏杆的数字均为九或九的倍数，即上层 72 根、中层 108 根、下层 180 根。

各层铺设的扇面形石板，也是九或九的倍数。最上层的中心是一块圆形大理石，称作天心石或太极石。从这块中心石向外，第一环为 9 块，第二环为 18 块，这样以九的倍数一直到第九环，为 81 块；中层从第十环的 90 块至第十八环的 162 块；下层从第十九环的 171 块至第二十七环的 243 块，三层共 378 个“九”，总计为 3402 块。

台面墁嵌九重石板，是象征九重天的意思。所谓九重天，即：第一重日天；第二重月天；第三重金星天；第四重木星天；第五重水星天；第六重火星天；第七重土星天；第八重二十八宿天；第九重为宗动天，即皇天上帝的起居室。每当祭天时，在坛台中央的天心石上供奉着“皇天上帝”牌，外面支搭蓝色缎幄帐（称为幄次），象征皇天上帝居住在九天之上。

上图：民国时期的圜丘全景。

同时，上层直径为九丈（取一九），中层直径为十五丈（取三五），下层直径为二十一丈（取三七），合起来四十五丈，不但是九的倍数，而且还有“九五之尊”的含义。

美国摄影师西德尼·甘博 (*Sidney Gamble*，1890—1968) 于 20 世纪 20 年代在圜丘坛的东南方向拍摄的照片。此时的圜丘坛内壝墙与外壝墙之间已经长满杂草。照片中出现了圜丘坛东南侧 8 个燎炉中的 6 个。

燎炉

内外壝墙之间有12个燎炉，是在皇帝祭天的时候用来焚烧祭品的，分布在三处。圜丘坛东南侧有8个，是焚化配位——清朝前八位皇帝神位前所陈放的供品。内壝墙东西棂星门外各有2个，用于焚化祭祀“从位”的陈设和供品，东棂星门外的燎炉分别为大明之神（日）和各星辰神所用，西棂星门外的燎炉则是分别为夜明之神（月）和云雨风雷所用。

燔柴炉

燔柴炉位于圜丘坛东南隅，内外壝墙之间，是座用绿色琉璃砖砌成的窨炉。炉的东、西、南三面各砌台阶九级与炉顶齐，以便上下。燔柴炉是为祭天时焚烧献给正位神皇天上帝的供奉物——小牛犊用的。

据《大明会典》记载：“凡燔柴……令先刳净犊牛，器盛，置燔炉之右。驾自斋宫诣坛，太和钟鸣，则炉内举火。候赞燔柴（燃烧松柏木柴），即以犊牛置其上，燔之。”

据说这样焚烧的香气能直冲云天，在天的上帝闻到香味，就能降临祭坛，和祭祀的皇帝互通声息了。祀典礼成，皇天上帝神案上所列一应供品和祝版、祝帛均恭运至炉内焚化，皇帝也需在一旁恭立、目视，称“望燎”。

托马斯·查尔德于1876年前后拍摄的燔柴炉。通过与人物的对比，可以看出燔柴炉的体积。

清末圜丘坛东南的燔柴炉及西南方的望灯杆。

瘗坎

燔柴炉的边上还有一个巨大的盘子形状的绿色琉璃砖砌筑的瘗坎。瘗坎为圆形，埋在地下，是用来掩埋牛尾、牛毛、牛血的，寓意祭天的时候不忘祭地。

望灯杆

圜丘坛的西南方向原有三座“望灯杆”。祭天的时候望灯杆上挂上望灯。望灯是竹编的大型灯笼，有2米多高，中间放有5根巨大的蜡烛（名为蟠龙通宵宝蜡）。祭天时起到了照明和引导作用。由于祭天是在冬至当天的日出前七刻，也就相当于现在的凌晨4点15分，天还没亮，所以人们把望灯杆作为标记，以望灯的升降分别为祭天大典开始和结束的时间标志。

1914年，袁世凯祭天时因望灯杆已经糟圮而拆掉了其中的两根，仅留下中间的一根。1936年，仅存的一根也被大风吹折，只剩下石座。1994年，天坛公园管理处恢复了北面的一根望灯杆，复建的望灯杆为钢管，红漆包镶木，上覆鎏金宝顶，架以“品”字形戗杆，高达32米，极壮观。

祭天时的圜丘坛

皇帝祭天是一个非常复杂和非常隆重的仪式。每年的祭天大典和祈雩礼都是在圜丘坛举行。

祭天前，皇帝先到天坛的斋宫斋戒三天，然后举行祭天大典。自从清朝的雍正皇帝在紫禁城里建了斋宫以后，就改为先在紫禁城的斋宫里斋戒两天，然后再到天坛的斋宫斋戒一天。不但皇帝需要斋戒，随同皇帝祭天的人员也要跟皇帝一样斋戒，若自身生病或者家里有了丧事，就不能参加祭天仪式了。

皇帝的祭天仪式由两部分组成：第一部分为"视神礼"，第二部分为祭天仪式。祭天仪式分为九个章程：燔柴迎帝神、奠玉帛、进俎、初献礼、亚献礼、终献礼、撤馔、送帝神、望燎。祭天的时候还要奏乐，所奏的音乐为中和韶乐。

下图：正在搭建圆形幄次，准备迎接皇帝祭天。

美国地质学家张伯林 (*Thomas Chrowder Chamberlin*，1843—1928) 于 1909 年前后拍摄。

这张照片是在圜丘已经搭好的中层上拍摄的。圜丘中层两侧的方形帷帐是从位，供奉大明之神（太阳）、夜明之神（月亮）、星辰诸神和云雨风雷之神。照片是法国人菲尔曼·拉里贝（*Firmin Théophile Laribe*，1855—1942）于 1905 年前后拍摄的。

即将准备祭天的圜丘，上面已经搭好祭天用的幄次。

幄次

清朝祭天的时候，要在圜丘坛上摆幄次，即小帐篷。分为正位、配位、从位共七组。

正位位于天心石稍北，幄次为圆形，供奉的是“皇天上帝”；配位幄次则是长方形，明代时只供奉明太祖，清代时是按照“昭穆之制”将包括清太祖以下的八位皇帝的幄次分两组，排列在正位幄次前的东西两侧；从位共四组，分别摆放于圜丘中层的东西两侧：东侧两组是大明之神的幄次和周天星辰、二十八宿、北斗七星、木火土金水之神的幄次，西侧两组则是夜明之神的幄次和云雨风雷众神的幄次。

正位、配位、从位幄次前都有供桌，供桌上有装着供品的供器。祭器的材料，明代为陶瓷的，清代雍正时改为铜制，清乾隆年间，皇帝下诏说“祭器宜法古”，就是因用途不同而用不同的竹、木、漆、陶、铜、玉等材料制成。皇帝只有在祭天的时候才将神版摆放在圜丘坛上，平时则是供奉在圜丘坛北部的皇穹宇内。

已经搭好祭天所用幄次的圜丘坛。正中圆形幄次设置皇天上帝神位，两侧长方形幄次内设皇祖神位。照片近端还可以看到临时盖的走牲棚，每次祭祀期间，从圜丘坛东棂星门至南棂星门外都要临时搭盖走牲棚四十三间，顶棚覆蓝布，此时的走牲棚已经搭建完但还没有覆盖蓝布。因为祭天期间是不允许包括外国人在内的人员进入参观甚至拍照的，所以祭祀期间的圜丘坛照片十分罕见。

这是目前发现的唯一一张圜丘坛既带有幄次，又搭有临时走牲棚的照片。

老照片里的最后一次祭天

1914年12月23日冬至，刚刚登上民国总统之位的袁世凯斋戒三日，到圜丘举行祭天仪式。这也是圜丘坛最后一次举行祭天仪式。

袁世凯率领百官按照燔柴、初献、亚献、终献、饮福受胙、撤馔与望燎的流程行礼。

这场不合时宜的祭天被普遍认为是袁世凯称帝的预演，就连在京城的外国人也记录道：1915年是洪宪元年，为给称帝做准备，袁世凯在北京天坛按照皇家礼节敬献了牺牲。

据记载，袁世凯乘坐装甲汽车由中南海总统府驶出，随后在圜丘坛门外换乘双套马的朱金轿车，抵达昭亨门外时再换乘竹椅显轿，在朱启钤等人的引导下前呼后拥地来到圜丘前。

左图：袁世凯乘坐竹椅显轿前往圜丘。

右图：左二为袁世凯，此时已在具服台换上十二章纹衮服，准备登台祭天。

衮服是古代最尊贵的礼服之一，它是皇帝在祭天地、宗庙及正旦、冬至、圣节等重大庆典时所穿的衣服。衮服主体分上衣与下裳两部分，衣裳以龙、日、月、星辰、山、华虫、宗彝、藻、火、粉米、黼、黻十二章纹为饰，另有蔽膝、革带、大带、绶等配饰。

左图：祭天正式开始后，袁世凯从南面登上圜丘的第二层朝北站定，等待篝火点起，他按照祭祀官的口令深深鞠躬四次，文武百官也一起跟着鞠躬，同时盛有兽血和兽毛的盘子被端上了祭坛。祭天的礼仪在清代祭礼的基础上有所改变和简化，如圜丘上不设神位，不搭帷帐，取消了一些繁文缛节。但整体流程类似，祭品也与清代基本一致。

摆放好的祭祀品。

参与袁世凯祭天的神乐署乐手。

下图：袁世凯祭天时的文武生，也是仪仗队，全部头插羽毛。

上图：祭天时演奏中和韶乐。

下图：祭祀完毕，袁世凯走下坛台。

1935 年的修缮

1935 年 5 月 11 日的《京报》上刊载着这样一条消息："文整会修天坛昨在圜丘台上行开工礼"。

当时，天坛已经辟为公园，但坛内用地被侵占严重，建筑倾圮破败，院落杂草丛生。虽然 1914 年袁世凯祭天时，对天坛稍事整饬，但比较潦草。于是，刚刚成立的旧都文物整理委员会委托基泰工程司来承担天坛修缮工程，特聘朱启钤、梁思成、刘敦桢、林徽因等古建专家，作为工程的技术顾问。

1936 年 10 月，天坛修缮完毕。

旧都文物整理委员会 1935 年 1 月在北平成立，简称文整会，专门从事古建筑修缮保护及调查研究。1935 年 5 月，文整会对天坛进行修缮。

上图：近景的圆形石块就是"天心石"。现在上面加盖了一块大小相等的圆石，起到保护的作用。

左图：正在修缮的圜丘及皇穹宇。

20 世纪 30 年代，一场大雪之后拍摄的圜丘坛、北棂星门、琉璃门及皇穹宇。

圜丘往北走过两重就是皇穹宇南的琉璃门。托马斯·查尔德于 1875 年左右拍摄。

皇穹宇

皇穹宇院落位于圜丘坛外壝墙的北侧，坐北朝南，圆形围墙，南面设三座琉璃门，主要建筑有皇穹宇和东、西配殿，是供奉圜丘坛祭祀神位的场所，存放祭祀神牌的处所。

始建于明嘉靖九年（1530 年），初名泰神殿，是圜丘坛天库的正殿。嘉靖十七年（1538 年）改称皇穹宇。初为重檐圆攒尖顶建筑。清乾隆十七年（1752 年）重建，改为鎏金宝顶单檐攒尖顶，就是如今的样式。

皇穹宇殿高 19.2 米，直径 15.6 米。建筑整体为木拱结构，殿内没有横梁，全由环转的 16 根柱子——外层 8 根檐柱，中间 8 根金柱和上面众多的鎏金斗拱支撑着金龙藻井。三层斗拱，层层上叠、收进。藻井为青绿基调，中心为大金团龙图案。殿内满是龙凤和玺彩画，是中国古代精品建筑之一。

皇穹宇的东、西配殿，面阔各五间，正面出台阶六级，均为歇山殿顶，天青琉璃瓦，饰旋子彩画，造型精巧。东配殿内供奉大明之神（太阳）、北斗七星、金木水火土五星、周天星辰等神版，西配殿则是夜明之神（月）、云雨风雷诸神等神版供奉处。

皇穹宇院落内还有“对话石”。皇穹宇前甬道第十八块石板，站在这块石板上可与相距 36 米之遥的东配殿东北角或西配殿西北角上的人对话，虽然彼此看不见，但声音却清晰如电话在握。

除此之外，还有和“天心石”合称“天坛三大声学现象”的“三音石”和“回音壁”。

三音石

皇穹宇殿前甬路从北面数，第三块石板即为“三音石”。站在第一块石板上击一下掌，能听见一声回音；站

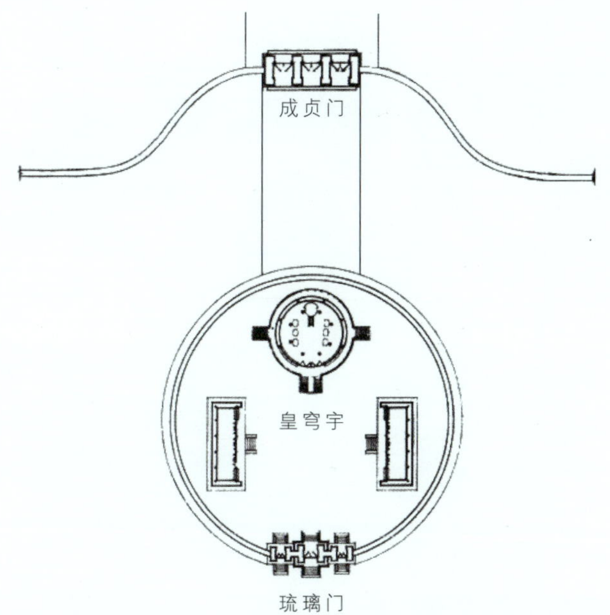

上图：皇穹宇平面示意图。从《大明会典》记载的《圜丘总图》可以看出，初建之时成贞门两边的界墙都是直的，在后来的大修中则改成了弧形。有说是将成贞门北移所致，另一说则是将界墙南移所致。

在第二块石板上击一下掌就可以听见两声回音；站在第三块石板上击一下掌便听到连续不断的三声回音。后来取天地人三才之意又叫“三才石”。三音石的第三块石板又称“天闻若雷石”，就是说，站在第三块石板上面向殿内说话，如果大殿仅敞开面对三音石的殿门，而且殿门到殿内正中的神龛之间没有任何障碍物的话，此时听到的回音尤其响亮，似乎“人间偶语，天闻若雷”。

回音壁

皇穹宇的圆形院落直径 651 米。墙高约 3.72 米，厚约 0.9 米，墙身磨砖对缝密砌，整齐平滑，蓝琉璃瓦顶，此即著名的“回音壁”。卓越的传声功效是由于围垣的墙体结构十分紧密、光洁，使声波不被墙体吸纳，进而发生反射，产生回音，形成了独特的声学现象。

俄国摄影师鲍迪罗夫·费德罗·伊万诺维奇（*Podeorov Fedor Ivanovich*）于 1900 年拍摄的皇穹宇。此时已是杂草丛生。图中可以看出，殿基是由青白石砌成的圆形须弥座，为东西南三出陛。

20 世纪 20 年代，一位美国摄影师来到天坛拍摄了皇穹宇琉璃门（上图），走进琉璃门的门洞内拍摄了皇穹宇的全貌（右页上图），三音石就是皇穹宇丹陛石下这条甬道的第三块石板。皇穹宇前丹陛石（左图），上面雕有“二龙戏珠”的浮雕。当时，皇穹宇被冷落已久，门窗斑驳。

右图：旧都文物整理委员会于1935年对天坛进行修缮，图为修缮中的皇穹宇。

皇穹宇殿内的正位是一个前圆后翘角的石须弥座，座高1.51米，直径2.53米。

须弥座上面的金龙屏风，通高391厘米，通长244.5厘米，底座高44厘米，厚26.8厘米。

非祭祀时间这里摆放着满汉双文的“皇天上帝”的神版。左边照片上的神版是缺失的。

地面的中心周围有九环扇形石。第一圈为8块，第二圈为16块，以此类推，皆为8的倍数。这里的“8”寓意八个方位，即东、南、西、北、东南、东北、西南、西北。

右图：这张照片的中央就是皇穹宇殿内的天花藻井——金龙藻井。藻井正中为大金团龙图案。

藻井之下，可以看到三层斗拱细密地排列着，层层上叠、收进，撑托藻井。

穿过成贞门的门洞，顺着丹陛桥向北望去，分别是祈谷坛的正门（常被称作南砖门，门及墙体都配绿琉璃瓦）、祈年门和祈年殿。

丹陛桥东有一方形石台，称具服台，三面有雕石栏杆，是皇帝祭祀时洗漱更衣的地方。每逢在祈年殿举行祈谷礼时，先在此台上支搭一黄云缎方形幄帐。皇帝由斋宫到祈年殿行礼，先到这里洗手，换上蓝色祭服，恭候大典开始。典礼结束后仍回这里更衣后起驾回宫。如今的具服台上搭建了一个购物商店。上图为站在具服台北望祈谷坛的正门南砖门、祈年门及祈年殿。

上图为祈年门。祈年门是祈年殿院落的正门，为庑殿顶建筑，殿宇五楹，中三间为门，崇基石栏，是中国古代最高等级门制。祈年门的中门供皇天上帝专用，皇帝进出左（东）门，百官进出右（西）门，该建筑系明初原物。西德尼·甘博于20世纪20年代拍摄。

祈谷坛

祈年殿

作为天坛、祈谷坛的主体建筑，祈年殿又称祈谷殿，是明清两代皇帝孟春祈谷之所。它是一座鎏金宝顶、蓝瓦红柱、金碧辉煌的彩绘三层重檐圆形大殿。祈年殿采用的是上殿下屋的构造形式。大殿建于高 6 米的白石雕栏环绕的三层汉白玉圆台上，即为祈谷坛，颇有拔地擎天之势，壮观恢弘。祈年殿为砖木结构，殿高 38.2 米，直径 24.2 米，三层重檐向上逐层收缩作伞状。建筑独特，无大梁长檩及铁钉，28 根楠木巨柱环绕排列，支撑着殿顶。是古代明堂式建筑仅存的一例。

祈年殿是按照“敬天礼神”的思想设计的，殿为圆形，象征天圆；瓦为蓝色，象征蓝天。建筑彩画采用最高等级的龙凤和玺彩画，龙飞凤翔，构图严谨，蓝绿红黄四色相间，纹饰严谨，凸显了祭天建筑的神圣庄严。

光绪十五年（1889 年）八月二十四日，雷雨交加。已经在帝都矗立了 340 多年的天坛祈年殿不幸被雷火击中。乾隆御题“祈年殿”匾额被击碎坠地，燃着了悬挂匾额的楣木，火势很快蔓延到殿内。尽管值守人员奋力扑救，却因为建筑过高，水不能至，最终无济于事。第二天天亮后，壮丽非凡的祈年殿已经灰飞烟灭，只留下厚厚的灰土堆积和弥漫在空气中的楠木余香。

这座大殿亟待重建！

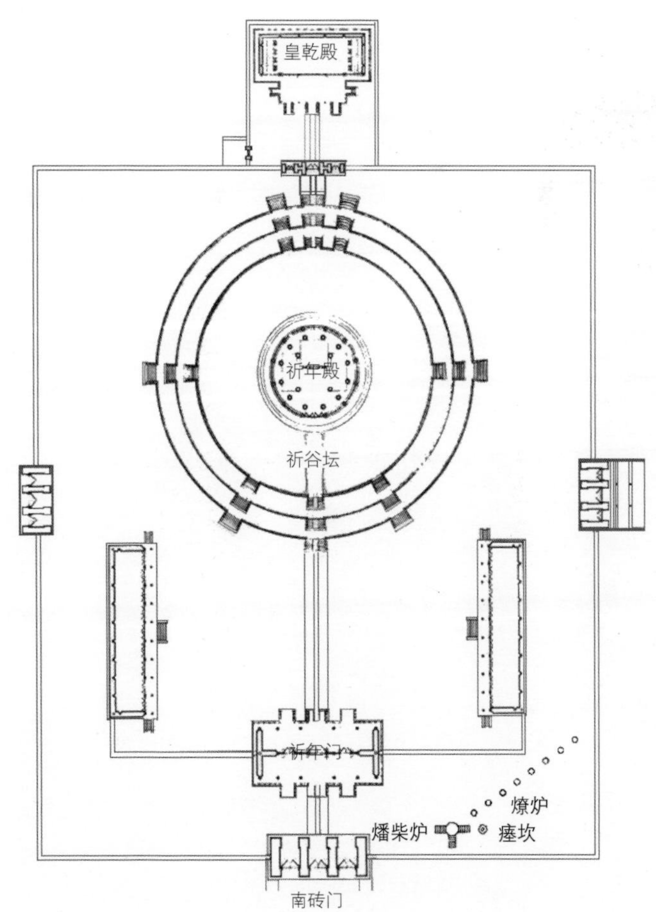

祈谷坛平面示意图

咸丰十年（1860 年），时年 28 岁的英军随军摄影师费利斯·比托跟随侵华的英法联军，在第二次鸦片战争期间，采用蛋白相片技术拍摄了大量的战地实景，以及北京最早的风光旧影。这张便是祈年殿最早的一张照片。

之后，一些早期来华的摄影师也用镜头拍下了一些早于光绪十五年那场天灾的照片，留下了大火前的祈年殿珍贵影像。因为，这时的天坛虽然琉璃瓦等被乾隆皇帝更换过，但主体上还是那座修建于明嘉靖二十一年（1642 年）的恢弘殿宇。

此照片拍摄于咸丰十年（1860年），依然是费利斯·比托拍摄的，也是最早的一张祈年殿全景照。

上图是摄影师托马斯·查尔德于 1876 年拍摄的祈年殿。机位位于祈年门内。从水平角度看，祈年殿坐落在三层汉白玉台基之上。如果从空中看去，会发现这座巨大的圆台，尺度远远超出一般建筑物的基座。实际上它本身就是祈谷坛的坛台，与祈年殿构成“上屋下坛”的建筑形式。照片里的祈年殿，基本保持了嘉靖年间大享殿初建时的外观。最大的区别是屋顶的三色变成了单色，增强了单纯与肃穆的视觉效果。

祈年殿被雷火烧毁后，无法找到前朝的建筑图样，最后只能根据参与过修缮工程的工匠的回忆来完成设计方案。历经七年重建完成。右边的两张照片是 1900 年后拍摄的祈年殿，已经是重修后的祈年殿了。

对比比托或查尔德拍摄的早期照片和光绪十五年以后拍摄的照片，重修后的祈年殿和老祈年殿还是有一定区别的。整体外观由于顶檐坡度趋缓、出檐缩短而略显粗矮，不似从前高峻。鎏金宝顶和匾额的细节也有明显区别。

1935年5月，旧都文物整理委员会对祈年殿进行了修缮，1936年10月，天坛修缮完工验收。这次修缮，祈年殿的殿匾额经当时的市政府同意，仅留下了“祈年殿”三个汉字，略去了原有的满文。下面的这张照片就是这次祈年殿修缮完毕后拍摄的，与上面那张拍摄于20世纪20年代的照片对比非常明显。

祈年殿前三层御路石，一层雕刻云朵，二层雕刻双凤，三层雕刻双龙。下图是第三层的石雕双龙御路石。

上图、右页下图：可以看到位于祈年殿内正位的金龙屏风，其通高 480 厘米，通长 426 厘米，厚 12.5 厘米。底座高 54 厘米，厚 38 厘米。屏身三扇九隔，交叉浮雕升、降龙，浮云、海水江崖，所有龙均为立体透雕。

上图：祈年殿的“九龙藻井”，周边环绕着斗拱、8根童柱、4根龙井柱以及连接它们的各级梁、檩、枋。

以祈年殿为代表的天坛建筑，设计灵魂就是——“象天法地”，以物化的方式将中华民族传统的宇宙观展现得淋漓尽致，处处体现着“天”的意象。

祈年殿大殿中内圈的4根龙井柱象征四季，中间12根金柱象征十二个月，外圈12根檐柱象征十二个时辰。中外两层共24根柱子象征二十四节气，加上4根龙井柱象征二十八星宿，再加上柱顶的8根童柱（宋代称为“侏儒柱”，意为矮小的柱子）象征三十六天罡。宝顶下的雷公柱，代表皇帝一统天下。

皇乾殿

皇乾殿是祈谷坛的另一座重要建筑，它坐落在祈年殿北面的矩形院落里，有琉璃门相通。这是一座庑殿式大殿，覆盖蓝色的琉璃瓦，下面有汉白玉石栏杆的台基座。它是祈谷坛的“天库”，“皇天上帝”和皇帝列祖列宗的神版均供奉在殿内的神龛里，每逢农历初一、十五，管理祭祀的衙署定时派官员扫尘、上香。祈谷大典前一日，皇帝到此上香行礼后，由礼部尚书上香，行三跪九叩礼，再由太常寺卿率官员将神版恭请至龙亭内安放，由銮仪卫派员率校尉抬至祈年殿内各相应神位安放、受祭。

左图：摄影师鲍迪罗夫·费德罗·伊万诺维奇于1900年拍摄的皇乾殿，此时的皇乾殿已经杂草丛生，疏于管理。

乾隆皇帝年届七十岁时，太常寺官员建议在皇乾门西侧辟一小角门，供皇帝祭祀出入以减少步行路程，乾隆欣然应允。但又恐子孙均走此门，渐成懈怠不恭，便下诏，子孙只有“寿达七十者方可出入此门”。此门故称为“古稀门”。由于乾隆之后各帝均无高寿，故出入此门者仅乾隆一帝。

左图：民国初年，疏于修缮的皇乾殿。

照片左边可以看到皇乾殿西南角的小琉璃门，这座门就是辟于乾隆四十六年（1781 年）的“古稀门”。

下图：1936 年，修缮一新的皇乾殿及古稀门。

宰牲亭

以祈年殿为核心的祈谷坛中，还有附属的宰牲亭、神厨、神库等建筑群。此宰牲亭为跟圜丘坛的宰牲亭区别，也被称为北宰牲亭。其靠近天坛内坛的东墙，距离东天门很近。用于祭祀的牺牲都是在天坛外坛的牺牲所饲养，祭祀前须经丹陛桥下的券洞隧道，入宰牲亭，在宰牲亭完成被宰杀、漂洗的程序。

七十二连房

其长 350 米，宽 5 米，共 72 间，故此得名。据说，与祈年殿三十六天罡（大小 36 根柱子）相对应，象征七十二地煞。整体呈曲尺形，连缀着祈谷坛东砖门与神厨、宰牲亭、神库，用以运送祭品。祭祀前夕，廊内悬灯，典礼所需玉帛牲醴、粢盛庶品等一应贡品，都由此送上祭坛。

古代仪礼规定，宰牲之处应距祭坛二百步以外，为了保证祭品的洁净，这条通道是全封闭的，当时也被称为“供菜廊子”。后将原有廊道的窗槛全部拆除，才形成了今天七十二间长廊的样式。

20 世纪 40 年代的祈年殿和七十二连房。

上图：摄影师托马斯·查尔德于 1876 年拍摄的北神厨东殿及甘泉井亭。

神厨

该建筑是天坛祈谷坛的附属建筑，形式为木结构悬山式，如今看到的也是明初原物。为与圜丘坛的神厨区别，也被称为北神厨。院内东殿为左神厨，西殿为右神厨，是为祈谷大典准备玉帛牲醴、粢盛庶品等三十余种贡品的专用厨房，面积近 400 平方米。根据《清会典》记载，大祀如天坛祭祀需厨役 365 名，其中供祀 71 人，着坛 52 人，宰大牲 34 人，铺排、宰鹿兔各 25 人，宰小牲 23 人，陈设 20 人，造糍、造饵、造饼各 4 人，瘗毛血 3 人，报牲 1 人，另外还有杂差厨役百余人。祭祀用品，就是由这些人员在神厨准备完成的。

神厨院内有甘泉井亭一座，旧时井水甘洌，时人谓其为“甘泉井”，祭祀时即用之调制羹汤。清人王士祯有《竹枝词》记天坛甘泉井诗曰：“京师土脉少甘泉，顾渚春芽枉费煎，只有天坛石甃好，清波一勺卖千钱。”

七星石

嘉靖皇帝于大享殿东南、北宰牲亭南边，放置巨型镇石七块。迄今已 470 余年。说是七星石，其实是七大一小共八块巨石。关于七星石有多种传说，如七块镇石说、泰山七峰说、北斗七星说等，皆属于天坛传说。

七块镇石说：明嘉靖九年，有一道士说这里太空旷，不利于皇位和皇寿，就设七石镇在这里。清朝又在东北方加一石头，表示不忘祖籍，有华夏一家、江山一统之意。

泰山七峰说：石头上刻山形纹，象征东岳泰山七峰，清入关以后，将视为“亿万年发祥重地”的长白山也置入七星石之列，在原“七星石”的东北角再增添一块较小的石头。

北斗七星说：在古人的观念中，北斗七星是非常重要的，它可用来辨方位，定季节。把天枢、天璇连成一条直线并向前延伸，就可找到一颗晶亮的星星——北极星，而北极星是北方的标志，又是天帝所在之处。因此，嘉靖皇帝设立七星石，还在七星石北建了一座祭星的七星坛。后来，七星坛被拆除，但是七月朔至七夕设坛祭祀北斗七星的活动在乾隆改造天坛之前一直存在。所以，七块大石头是北斗七星，一块小石头为北极星。

斋宫

明清帝王在祭祀前要在斋宫举行斋戒，要求不茹荤、不饮酒、不听音乐、不入内寝、不理刑名、不问疾吊丧，清正洁身，以示诚敬。天坛斋宫修建于永乐十八年（1420年），面积近4万平方米，坐落在祈谷坛的西南隅，坐西朝东面向祭坛，以示对天虔诚。建筑屋顶使用了比黄琉璃瓦低一级的绿琉璃瓦，体现了帝王虔恭敬天之意。

斋宫初建时，北京还没有修筑外城，天坛（当时是天地坛）孤悬郊野，坛墙建制也尚未完善。于是斋宫具有了完备的防御体系，内、外设两道宫墙，墙外皆环有御沟。在外御沟沿岸还筑有一圈河廊，供兵丁巡更使用。斋宫外、内东宫门是斋宫正门。砖座垂脊歇山三拱券式，覆绿琉璃瓦，门前置汉白玉石桥三座。南、北各有外、内两座宫门，均为砖座垂脊单拱券式，覆绿琉璃瓦，门前置汉白玉石桥一座。

斋宫建筑的轴为东西向，改变了“王南向”的建筑布局。因此这张照片中的斋宫外东宫门，就是斋宫正门。其为砖座垂脊歇山三拱券式，覆绿琉璃瓦。门前有三座汉白玉石桥，沿御沟建有河廊。

民国初期的斋宫外东宫门，照片中可以清楚地看出，东宫门外石桥中间为龙凤柱头，两侧为莲花柱头。

斋宫在民国时期一度被作为学校使用，下图就是北平市私立念一中学校在斋宫办学时的大门。

换个方向来看，由近及远为内东宫门及外东宫门。
西德尼·甘博于20世纪20年代拍摄。

钟楼位于斋宫外城的东北角，绿琉璃瓦顶重檐歇山式，内悬明永乐年间铸造的素面大钟一口。大典前，皇帝起驾出斋宫，开始鸣钟，到达祭坛则钟声止。

斋宫内城分前、中、后三部分。前部以正殿，即无梁殿为中心；后部是皇帝的内宅寝宫；中部是一个狭长的院子，院内两端各有廊瓦房五间，是主管太监和首领太监的值守房。

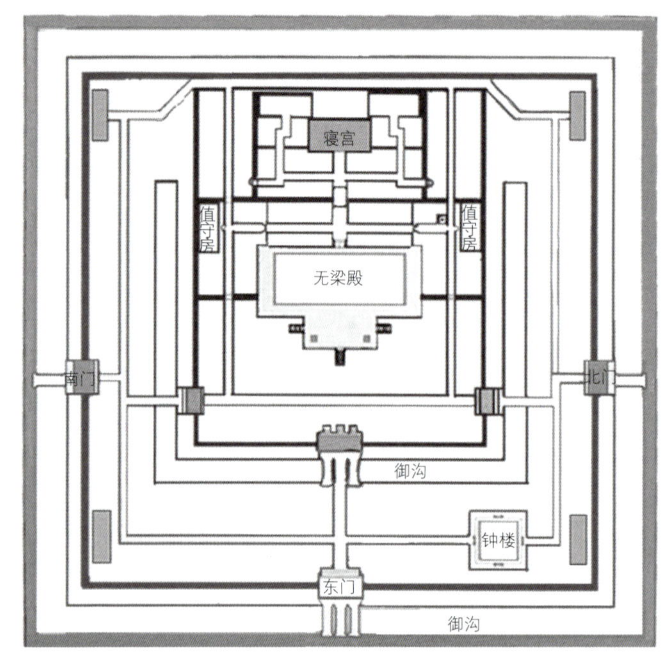

斋宫平面示意图

斋宫正殿是一座绿琉璃瓦庑殿顶、砖石拱券结构建筑，不用木制梁架，故称无梁殿。殿座全是汉白玉石基和石柱。殿宽 46.8 米，进深17.6米，穹顶高8米。建筑结构和宫殿一样，重檐垂脊，吻兽俱全。虽不及紫禁城金碧辉煌，却也是幽雅清静。

上图：斋宫无梁殿广场早期旧照。建于明永乐十八年（1420 年），绿琉璃瓦庑殿顶，殿内为砖券拱顶，殿前月台崇基石栏，三出陛，正阶十三级，左右各十五级。月台上北侧有斋戒铜人亭，南侧有时辰亭，正面台阶中间为云纹浮雕丹陛。

从明朝到清朝前期，无梁殿一直是皇帝在祭祀前三天斋戒时的居住之所。雍正在位时，为防政敌谋害，从不在宫外斋宿，而是在紫禁城中修建了一座斋宫。乾隆对祭天大典一向非常重视，在乾隆七年（1742年）修缮斋宫，第二年又填平了无梁殿后的内御河（即斋宫西部的内御河），修建寝殿和其他附属建筑。从此以后，大祀前两日皇帝在紫禁城斋宫斋居，前一日来天坛斋宫的寝殿斋居。无梁殿则成为会见阁僚和百官候驾的场所。

斋宫无梁殿前月台。照片是菲尔曼・拉里贝于1905年拍摄的。

殿前月台上非常宽阔，设有时辰碑亭和斋戒铜人亭。

皇帝斋戒期间，铜人亭内设方几一张，罩黄云缎桌衣，铜人高一尺五寸，身穿古代文官服，手持一刻有“斋戒”二字的铜牌，铜人有胡须，着唐装，是仿唐朝宰相魏征而制（魏征以敢谏著称）。目的是要使皇帝“触目惊心，恪恭莞懈”。上祭时间到，铜像立即撤去。

时辰亭高2米，是一座小型殿宇式石龛，下面设一窄高石座。为大典前由太常寺及钦天监官员奏报时辰、请驾诣坛所用，届时由上述官员将祀日时辰奏折呈送亭内，再由执事人员转呈皇帝。

祭天大典开始前，由钦天监官员将时辰牌进于时辰亭，皇帝依所奏时辰，从容起驾出宫，临坛行礼。

明清时期斋宫周围不植树木。上图为民国初年的斋宫无梁殿广场。此时尚未种树，还显得很空旷。1917 年，民国政府将清明定为植树节，时任民国大总统的黎元洪率阁僚在斋宫以东植树，国会参众两院议员也群起响应，种植了大量树木。从此，斋宫渐有郁郁葱葱的景象。下图就是植树后拍摄的斋宫无梁殿广场。

无梁殿殿外正中高悬墨底金书“敬天”匾额，殿内正面悬挂着乾隆御笔“钦若昊天”巨匾。典故引自《尚书·尧典》：“乃命羲和，钦若昊天，历象日月星辰，敬授民时。”

殿内正中设宝座，后有紫檀瘿木屏风。此屏风通高 315 厘米，通长 396 厘米。屏身高 265 厘米，长 225 厘米。屏风为瘿木精雕，屏面五扇，分别雕饰着渔樵耕读四瑞图。

1900 年，八国联军侵占北京时期，天坛受到了很大程度的破坏。右下图为一名法国军官坐在瘿木屏风前拍照。

先农坛

先农坛是明清两代皇帝祭祀先农、举行亲耕“耤田”典礼，以及祭祀山川、太岁、天神、地祇诸神的坛庙建筑群。体现了中国农耕文明的悠久和尊农、重农的思想以及尊重人与自然和谐的理念。

明永乐十八年（1420 年）始建，初名山川坛，嘉靖十一年（1532 年）增建了天神坛和地祇坛后，更名为神祇坛。万历年间，更名为先农坛。清乾隆十八年（1753 年），撤旗纛庙，移建神仓；改木构的观耕台为石料，以琉璃装饰之；改建斋宫，更名为庆成宫；遍植树木，营造坛内肃穆静谧的气氛。

照片里砖石结构的大门是内坛的东天门，三孔券门洞开，中间的门洞正对着外坛南门，即先农坛门。此照片为小川一真拍摄于 1901 年。

北京先农坛营建之初，称为山川坛。

永乐四年（1406 年），明成祖朱棣诏建北京郊庙、宫殿，永乐十八年（1420 年）营建完成，“凡庙社、郊祀、坛场、宫殿、门阙，规制悉如南京，而高敞壮丽过之”。山川坛就是营建于这一时期。

自此，奠定了先农坛日后数百年的基础格局。

主体建筑包括拜殿和正殿（今称太岁殿），以及其他附属建筑。正殿内供有太岁、风云雷雨、五岳、五镇、四海、四渎、钟山和天寿山。东西配殿各十五间，东庑奉祀京畿山川和夏、冬二季月将，西庑奉祀位春、秋二季月和都城隍。主体建筑之外，“坛西南有先农坛，东有旗纛庙，南有耤田”。可以说，这里被称为“万神坛”也不为过。而且有趣的是，这些“神灵”平时在山川坛享受香火供奉，但当对面的天地坛举行祭祀天地的仪式时，这些神灵的牌位又会被“请”到天地坛去参加“大祀”。

旗纛庙，是祭祀“旗头大将、六纛大将、五方旗神、主宰战船正神、金鼓角铳炮之神、弓弩飞枪飞石之神、阵前阵后神祇五昌等众”的神庙。因明初规定军队出征前要祭祀所过山川，故建于山川坛内。清代废去，

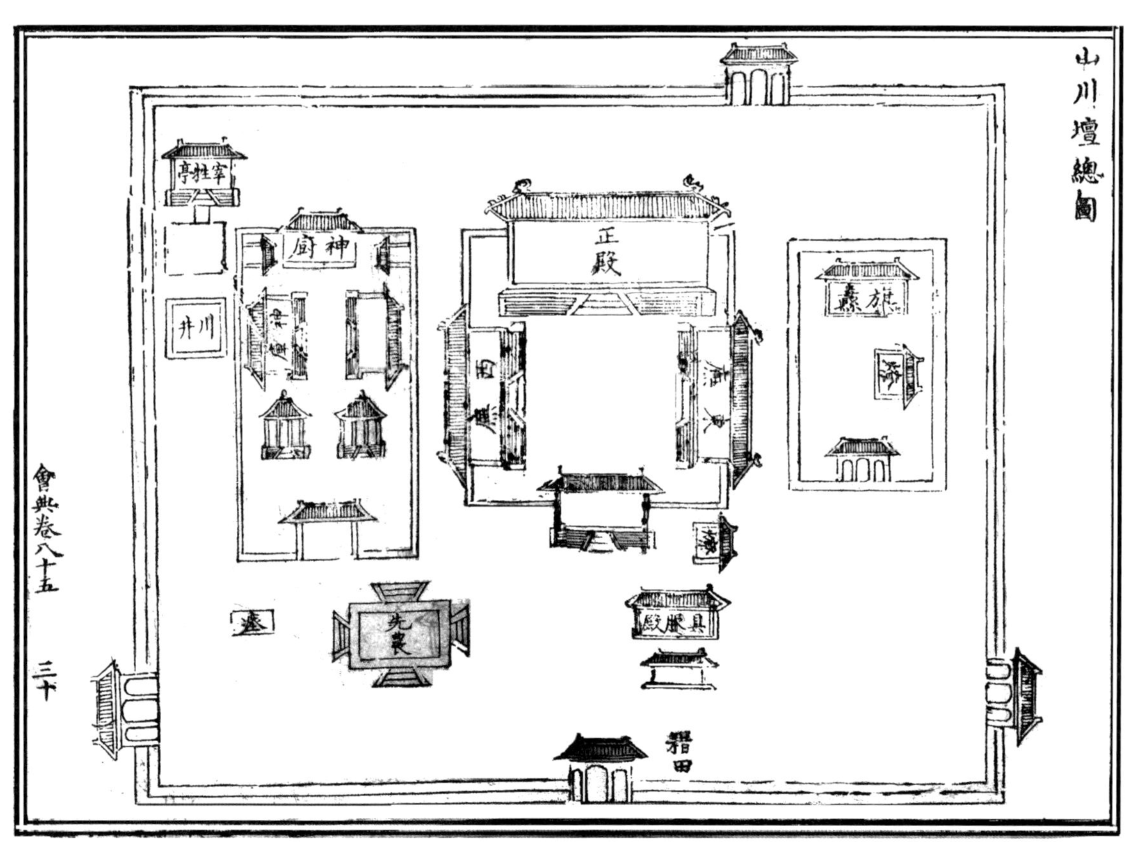

上图：山川坛总图，出自《大明会典》。

改为神仓和祭器库。

嘉靖皇帝实行天地分祀的礼制变革，罢山川坛“一坛多神”的祭祀格局。嘉靖十年（1531 年），皇帝在山川坛内坛南墙之外，增建了天神坛、地祇坛。嘉靖十一年（1532 年）完工后，山川坛正殿的风云雷雨及岳、镇、海、渎诸神神版被迁至天神坛、地祇坛祭祀，山川坛更名为神祇坛。原山川坛内只余下先农、太岁等为数不多的神版。因此，万历皇帝干脆将这座神坛更名为先农坛，而原有的正殿，逐渐被称为“太岁殿”。

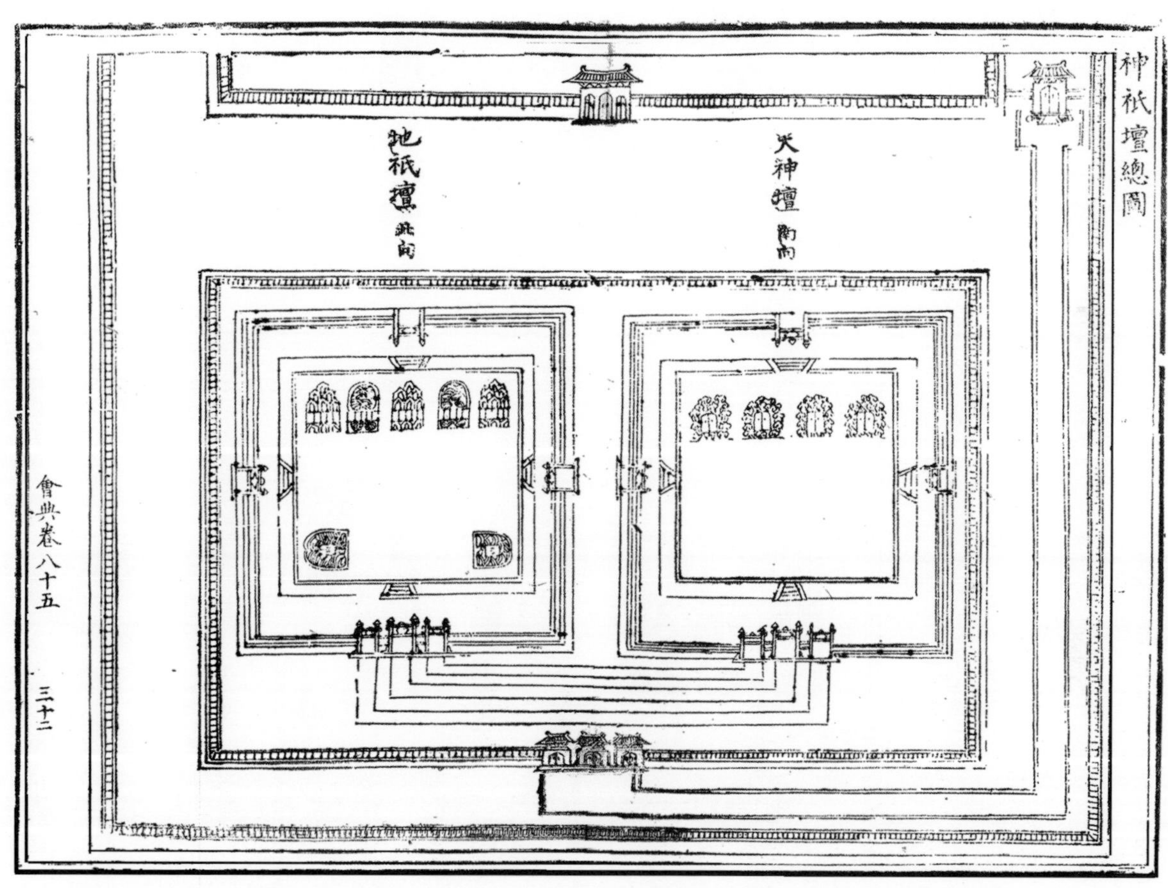

上图：神祇坛总图，出自《大明会典》。神祇坛是属于外坛的建筑，四周壝墙围绕，南侧开辟神祇门。东为天神坛，云纹石龛四座，南向，祭祀云师、雨师、风伯、雷师。西为地祇坛，石龛五座，北向，其中山形纹饰三座，祭祀五岳、五镇、五山；水形纹饰两座，祭祀四海、四渎。东、西石龛共两座，分别祭祀京畿山川、天下山川。

先农坛从明代始建到清乾隆时期大修，迄今历经数百年，建筑的构筑特色及艺术风格基本保留了明代特征。先农坛共有建筑群五组：庆成宫、太岁殿（含拜殿及其前面的焚帛炉）、神厨（包括宰牲亭）、神仓、具服殿。另有坛台四座：观耕台、先农坛、天神坛、地祇坛。另外，内坛观耕台前有一亩三分耕地，为皇帝行耤田礼时的亲耕之地。这些组群建筑与坛台，除了庆成宫、天神坛、地祇坛属于外坛建筑外，其余都坐落于内坛。

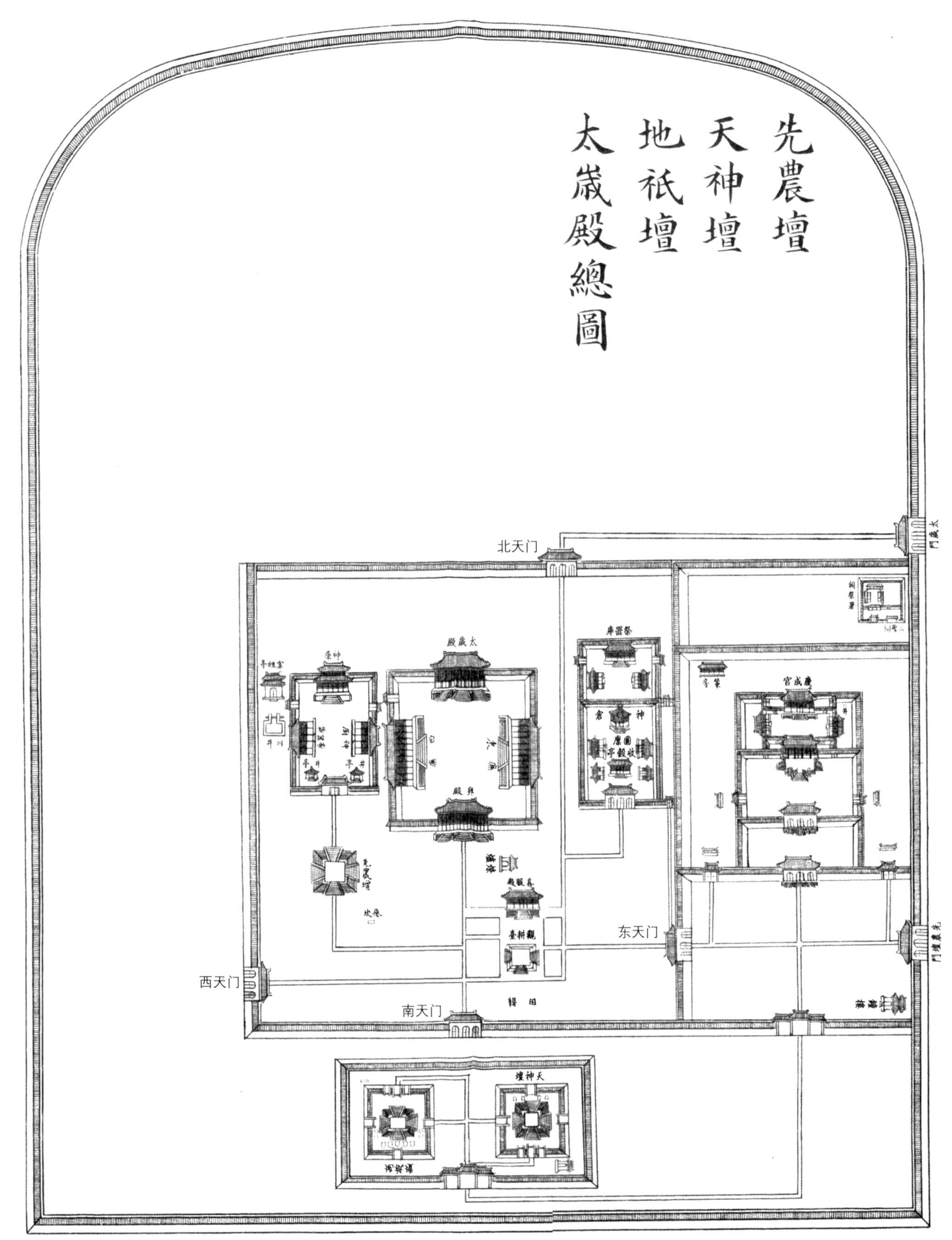

上图：清代的先农坛图，出自清代光绪时期的《钦定大清会典图》。外坛有两个东门，对应天坛西面的祈谷坛门和圜丘坛门；内坛设四门（在图中标注）：东天门、西天门、南天门、北天门。

1900年，八国联军占领北京，美军进驻先农坛，太岁殿成为其司令部。

1912年，民国政府的内务部接管全城坛庙。1914年底至1915年初，先农坛外坛北部由商人承租，开办城南游艺园。

在20世纪30年代成书的《燕都丛考》中，陈宗蕃这样描述当时的先农坛："自民国初年即改为城南公园，售票较其他公园为廉，然以僻在城南，游客人较少，坛地甚广，外坛北面之一部分，于民国三、四年间，划为城南游艺园，其余各地，均归公园管理。"城南游艺园不仅有老百姓喜闻乐见的各种娱乐项目，而且费用非常低廉，当年这里可以算得上是南城首屈一指的娱乐中心。

1929年，先农坛外坛墙垣均被拆除，坛里种的古树也被变卖，先农坛逐渐衰落。

民国初年，庆成宫南面的土地被辟为足球场。1934年，时任北平市市长的袁良到这座已经荒废的皇家祭坛勘察，并决定在此兴建北平市第一座公共体育场。"七七事变"爆发后，工程暂停。日军占领北平后将此事搁置，1938年才将建设体育场一事恢复，并于当年4月在先农坛门（即外坛南门）悬挂起"先农坛公共体育场"的牌匾。1957年6月，中国队与印度尼西亚队在先农坛体育场进行世界杯外围赛，这也是新中国男子足球队参加的第一场世界杯外围赛。

上图：先农坛体育场内景，体育场东南即为永定门城楼、箭楼。

《钦定大清会典则例》中记载："先农坛内垣东门外北为庆成宫，……正门三间，左右门各一，宫门东南钟楼一座。"

先农坛的钟楼，位于外坛东墙内，先农坛的东南角。钟楼现已无存。这两张照片是西德尼·甘博于 1917 年前后拍摄，左图是原照，下图为甘博上色后的照片。

庆成宫

明初，山川坛修建时并没有斋宫。明代天顺二年（1458 年），明英宗在内坛东墙与外坛东墙之间仿效天地坛修建“斋宫”。清代乾隆二十年（1755 年），“斋宫”改为“庆成宫”，成为皇帝行耕耤礼后，休息并犒劳随从百官茶果的地方。

庆成宫设宫门两座，内有正殿和寝殿各五间，左右配殿各三间。正殿前出月台，台基周围有石护栏，三面出陛各九级。皇帝亲耕后，在此犒劳扈从臣僚茶果。月台前设日晷和时辰牌亭。

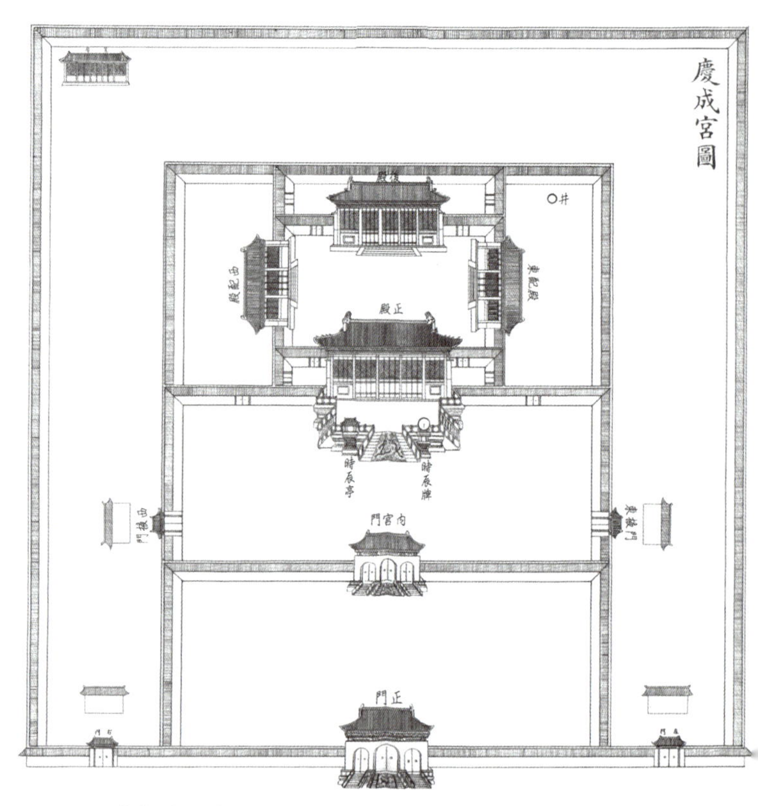

上图：清代的庆成宫图，出自清代光绪时期的《钦定大清会典图》。

1900 年前后的庆成宫宫门。

庆成宫，小川一真拍摄于 1901 年。1900 年八国联军占领北京，美军进驻了先农坛，把庆成宫作为军医院。此时，庆成宫正殿的门窗已经被美军加以改造。

上面两张照片分别是神仓圆廪和收谷亭。荷兰摄影师希特斯（*Jhr mr dr A. J. van Citters*）拍摄于 1902—1905 年间。

神仓

神仓是先农坛特有的一组建筑，用于存放先农坛内耕种耤田所收获的粮食。这些粮食不是普通人可以享用的，专供天地神庙祭祀之用。神仓建成于嘉靖十年（1531 年），最初位于旗纛庙东侧。旗纛庙在永乐时期就已建成，用于祭祀军旗、兵器等和军事相关的神灵。乾隆十八年（1753 年）撤旗纛庙，将神仓院落平移迁建于此。

神仓由前后两进院落组成，所有建筑都为黑琉璃瓦绿剪边屋顶。后院的祭器库用于存放皇帝亲耕的农具。前院当中有一座四面开敞的方亭，名为收谷亭，便于晾收谷物。

上图：20 世纪 30 年代的神仓圆廪，对比之前拍摄的照片，此时神仓圆廪墙上的门窗都是民国时期改加的，门上还挂有牌子，写着“会客室”。

太岁殿

太岁殿位于先农坛内坛北门的西南。这是一座面阔七间，单檐歇山顶的大殿，主要建筑构件为金丝楠木，覆盖着绿剪边黑琉璃瓦。

太岁殿原为永乐十八年（1420 年）修建的山川坛正殿，在殿内设坛，又称太岁坛。殿内祭祀的诸神十分庞杂，共设有七坛：太岁坛、风云雷雨坛、五岳坛、五镇坛、四海坛、四渎坛、钟山（附天寿山）神坛。东、西两庑内还设有从祀的京畿山川坛、四季月将坛和京都城隍坛。

嘉靖九年（1530 年），明世宗认为山川坛祭祀的诸神比较混乱，其中太岁、风云雷雨是天神，五岳、五镇、四海、四渎是地祇，城隍是人鬼，不应该混杂在一处祭祀。于是在山川坛的基础上改建太岁坛，专门祭祀太岁之神和春夏秋冬十二月将（清代，每年元月太庙祭享日和十二月太庙祫祭日在此祭祀太岁）。天神和地祇分别在新建的天神坛和地祇坛专门祭祀，城隍爷则被请到都城隍庙祭祀。改为太岁坛之后，太岁殿内供奉太岁之神位，东西配庑各十一间，东庑祭祀春、秋季神六位，西庑祭祀夏、冬季神六位。每年正月上旬和十二月岁末，皇帝都会派遣官员前来祭祀。同时这里也是祈雨的祭坛之一。另外，焚帛炉用来焚燎祭祀先农神、太岁神祝帛等祭品。

1900 年八国联军占领北京，美军进驻先农坛，太岁殿成为其司令部。1914 年国民政府在太岁殿设立忠烈祠，祭祀黄花岗烈士，两庑改为礼器陈列所，集中陈列展示坛庙祭祀礼器。

右页上图：希特斯于 1902—1905 年间拍摄的太岁殿，此时的太岁殿正在大修。

右页下图：是民国时期的拜殿。拜殿既是太岁殿院落的穿殿，也是官员祭太岁神的祭拜之处。先农坛辟为公园后，这里设有茶社，殿前还开辟了秋千圃和抛球场（迷你高尔夫球场），大殿上挂的“球房”牌子指的就是这个。

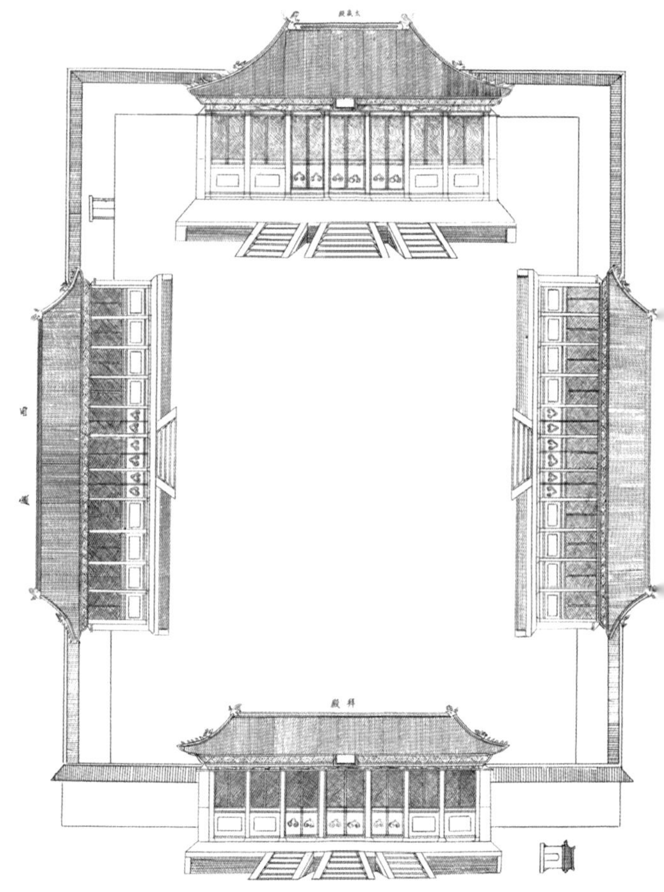

上图：太岁殿建筑群平面图，出自清代光绪时期的《钦定大清会典图》。

先农坛

始建于明永乐十八年（1420 年），为皇帝祭祀先农神祭坛。平面方形，砖石结构，四出陛。祭祀时坛上设黄色神帷，内设先农神位，面南，神位前陈设各式礼器。

左图：希特斯于 1902—1905 年间拍摄的先农坛。

观耕台

在先农坛太岁殿东南。台方约 16 米，高 1.5 米，南向，东西南出陛各九级。明代为木质台面，乾隆十九年（1754 年）奉旨改用砖石台座，四围砌黄绿琉璃砖，台围绕以白石护栏，台前为耤田一亩三分，明清两代每年三月上亥日，皇帝来此扶犁亲耕，三公九卿从耕。皇帝耕后即上台观耕。

1915 年先农坛被辟为先农公园，1918 年改为城南公园。

上图：《雍正帝祭先农坛图》（此为局部。全部为纵 61.8 厘米，横 467.8 厘米，现藏于故宫博物院），图中先农坛上搭建黄色的帐篷，里面摆着神农氏的牌位，帐篷前红、黄两张案几上，摆着祭品与祭器。坛上站着的大臣，则是九位公卿。

清初，先农祭祀与耕耤礼一度中断，直到顺治十一年（1654 年）才得以恢复，清代对它的重视程度也超过明朝。顺治恢复礼仪后，亲祭 1 次，其余 7 次遣官代耕。康熙亲政 61 年间，亲祭 1 次，其余也是遣官代耕。雍正特别重视先农祭祀，他在位 13 年，亲祭 12 次。乾隆在位 60 年，亲耕次数 28 次，更是在 75 岁高龄还行亲耕之礼。

观耕台

在“一亩三分地”内，皇帝会种上一些庄稼，这块地方出产的农产品还要专门存放在坛内的附属建筑“神仓”中，作为祭品用于京城皇家坛庙的祭祀。如今，这“一亩三分地”已经无从寻觅，故址被改建为运动场了。

观耕台及一亩三分地，观耕台北为具服殿，西北为拜殿。

照片中是城南公园时代的观耕台。为了招揽游客，在观耕台上用木材和玻璃搭建起一座西洋风格的两层八角木亭，见证了城南公园的繁荣时期。为恢复历史原貌，后将亭子拆除。

天神坛、地祇坛

嘉靖十年（1531 年），嘉靖皇帝下令对山川坛进行了一次大手笔的改动，在山川坛内坛的南墙外建天神、地祇二坛，将风云雷雨、山岳海渎等神灵自太岁殿内移出，供奉于此。嘉靖十一年（1532 年）改山川坛名为神祇坛。

《明实录》记载："嘉靖十年七月乙亥，以恭建神祇二坛。"

《钦定续文献通考》中记载："先是分雷雨风云为天神，岳镇海渎、陵山及京畿、天下名山大川为地祇，至是合建坛于先农坛南，天神在左，地祇在右。"

二坛尺寸，根据《春明梦余录》中记载："天神坛方广五丈，高四尺五寸五分，四出陛，各九级；壝墙方二十四丈，高五尺五寸，厚二尺五寸；棂星门六，正南三，东西北各一；内设云形青白石龛四，于坛北，各高九尺二寸五分。地祇坛面阔十丈，进深六丈，高四尺，四出陛，各六级；壝墙方二十四丈，高五尺五寸，厚二尺四寸；棂星门亦如神坛；内设青白石龛，山形三，水形二，于坛北，各高八尺二寸，左从位山水形各一，于坛东，右从位山水形各一，于坛西，各高七尺六寸。"

经过清代的修整，从《大清会典》中的记载来看，与明代比略有变化。地祇坛的坛门从"棂星门六，正南三，东西北各一"变成了"北三门六柱，东西南各一门二柱"。地祇坛依然在西，祭祀五岳、五镇、五山／五陵山（明时为五山，清时为五陵山）、四海、四渎之神的五座石龛依然是"北向"，不过位置由"坛北"改为"坛南设青白石龛五"。

地祇坛中祭祀的五岳为中岳嵩山、东岳泰山、南岳衡山、西岳华山、北岳恒山；五镇为中镇霍山、东镇沂山、南镇会稽山、西镇吴山、北镇醫巫闾山；明代五山为基运山、翊圣山、天寿山、神烈山、纯德山，清代五陵山为启运山、天柱山、隆业山、昌瑞山、永宁山；四海为东海（位于今山东莱州）、西海（位于今山西永济）、南海（位于今广东广州）、北海（位于今河南济源）；四渎为东渎淮河、南渎长江、西渎黄河、北渎济水。

天神坛和地祇坛今天均仅存遗址，坛址已无存。

左页上图：观耕台旁有一块太湖石，根据之前拍摄的照片来看，此石原先应该不在此处，应是辟为公园后搬到观耕台的。

左页下图：改为诵豳堂的具服殿。

具服殿，在观耕台北，面五楹，绿琉璃瓦歇山顶，和玺彩画，外有砖砌石条边月台。民国十六年（1927 年），改称诵豳堂。堂柱上悬沈瑞麟书的对联。当时为驻军长官办公处。

地祇坛的东棂星门及石龛。

地祇坛的石龛。

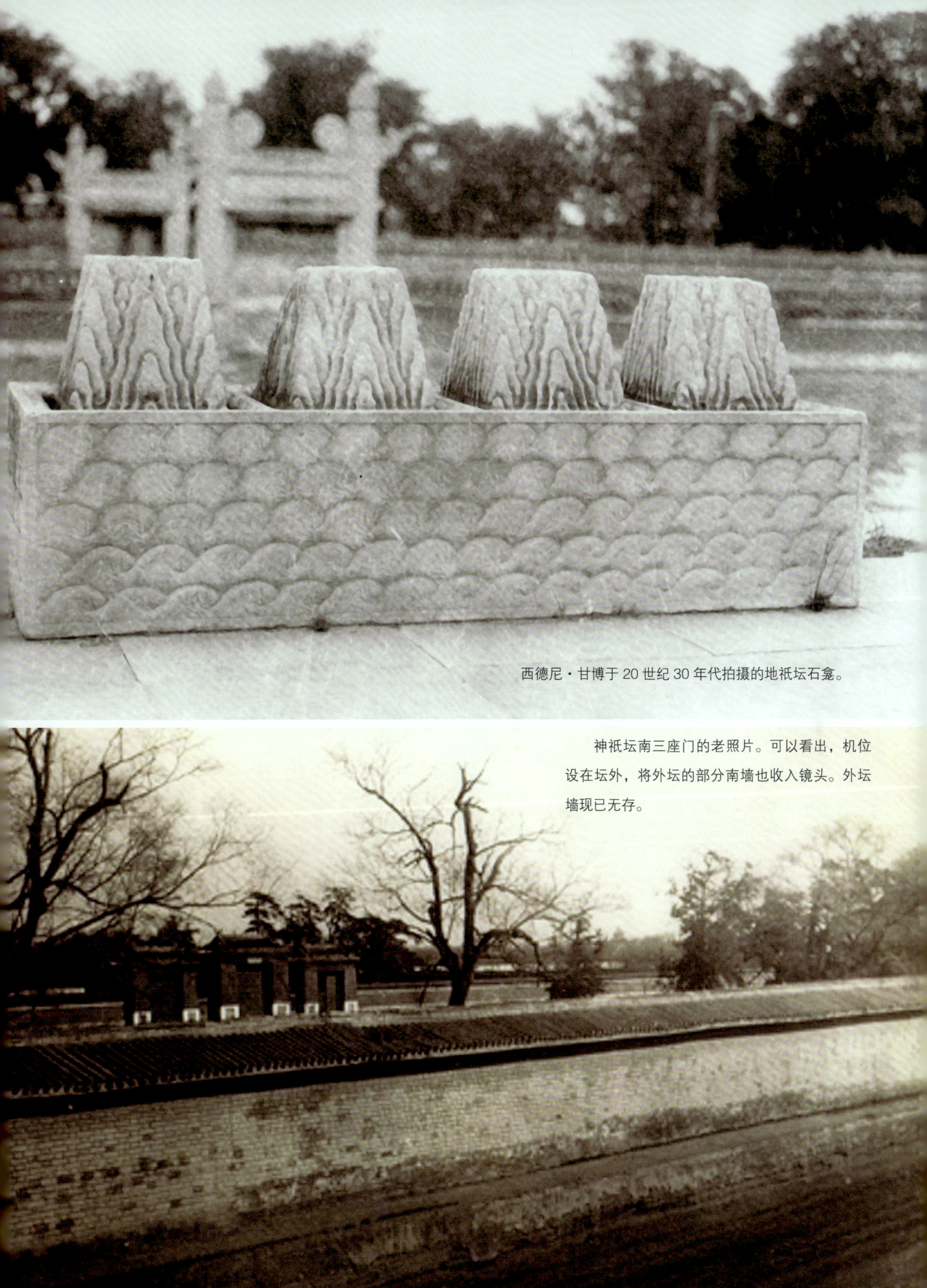

西德尼·甘博于 20 世纪 30 年代拍摄的地祇坛石龛。

神祇坛南三座门的老照片。可以看出，机位设在坛外，将外坛的部分南墙也收入镜头。外坛墙现已无存。

左页图：瑞典学者喜龙仁于 20 世纪 20 年代拍摄的地祇坛石龛及地祇坛的南棂星门。

上图：照片是由北向南拍摄的天神坛，照片右边隐约还可以看到神祇门。

下图：由南向北看地祇坛坛门及南天门。南天门是内坛的南门。

天桥

天桥既是一座桥，也是一片区域；既是皇帝祭天必走的“天子之桥”，也是“酒旗戏鼓天桥市，多少游人不忆家”的平民娱乐场所，还是北京民间艺人、民间艺术的摇篮。

老北京，一部分是以皇城为中心的皇家贵族的北京，一部分是以天桥为代表的平民的北京。这座横跨在龙须沟上的小桥起始于元，兴于明清，盛于民国，从一座有形的建筑到一种平民文化的象征，慢慢渗入老北京的血液之中。

天桥，南接永定门，北望正阳门。

中轴线上不仅有重要的建筑和坛庙，由南至北还存在一个桥的序列：天桥（一座）、正阳桥（三座）、外金水桥（五座）、内金水桥（五座）、万宁桥（一座）。天桥正是这个桥的序列的南端起点。

天桥，有两个含义：一是桥的本身，二是因桥而得名的地方。

天桥建于元朝，位于元大都的南郊，为南北方向，桥北边东西各有一个亭子，桥身很高。

明永乐年间，修建天地坛、山川坛时，在其后挖了一条排水沟，因名“郊坛后河”。后来，城内水道不断调整，郊坛后河与正阳门东护城河流经三里河的水流，在金鱼池附近汇合，再向东南方流出城外，据说附近的三转桥、南桥湾、南河塘、北河塘等地名，便是从那个时候流传下来的。

此处河流水量丰沛，此桥又是皇帝去天坛祭天的必经之桥，所谓通天之桥，故名天桥。嘉靖年间，北京筑外城，此地成为外城的中心。据说当时桥的南边是河塘，种有荷花，建有水亭，还有画舫，夏天时景色宜人，吸引不少百姓前来观看游玩。明末清初，荷塘无人管理，就此荒芜。

清代，天桥南边因接近天坛、先农坛，不许民间搭盖房舍，只有官家的几间房舍，桥北才有几家卖“碗儿酒”的小酒馆、饺子馆和小吃摊。

乾隆五十六年（1791年）整治天坛、先农坛墙外环境，疏浚排水沟渠，改筑为单拱石桥。这座单孔汉白玉石拱桥，三梁四栏，东西两侧各十根栏柱，柱顶雕莲花骨朵形，桥孔两侧券洞上各饰石雕镇水兽。这座石桥桥身陡峻，只供皇帝的轿子行走。乾隆皇帝曾亲撰《正阳桥疏渠记》，并刻碑立于桥头，后又把乾隆十八年所刻的《皇都篇》《帝都篇》石碑立于另一侧，成为“一桥二阙（碑）”，天桥平时有木栅栏封起来，除了皇上，其他人是不许通过的，一般官民只能走两侧的木桥。桥下的河道就被称为龙须沟。

天桥的北边渐渐地兴旺起来，新开不少酒楼。清人洪亮吉诗《八月二十日偕黄二暨舍弟饮天桥酒楼》中“日

上图：清末民初改建后的天桥旧影。
美国摄影师伯顿·霍姆斯（*Burton Holmes*，1870—1958）拍摄。

挟卖赋钱，来游酒家市”，且“送君约君于此桥”，可见天桥已是文人约朋会友常去之所了。

嘉庆年间，流动摊贩因天桥不需要缴纳摊位租金，逐渐集中此处，占道经营现象严重，道光以后，天桥渐渐平民化，东边主要是摊贩，西边则是各种艺人“撂地”的卖艺场所。据清《光绪顺天府志》记载：“永定门大街，北接正阳门大街，井三。有桥曰天桥。”光绪三十二年（1906年），整修正阳门至永定门的马路，天桥也改建成低拱石桥。据记载，当时天桥的桥面宽22.8米，桥身长11.3米，全长22.5米，桥的拱券跨径5.6米。

民国初年，北洋政府对天桥周边进行改造，在天桥地区修建多条马路，无形中将天桥地区连通，天桥市场、城南市场等纷纷出现。天桥地区逐步形成了以娱乐、百货为中心的平民市场。这个范围大体是从香厂到金鱼池，北到珠市口，南到天坛、先农坛的坛门，其中，永安路以南，北纬路以北是最热闹的地方。

1927年，因有轨电车行驶不便，就将天桥的桥身修平，成为平桥，但两旁仍有石栏杆。1934年拓宽正阳门至永定门的马路，就将天桥两旁的石栏杆全部拆除，天桥的桥址从此不复存在。但天桥的演艺场却在抗日战争之前达到鼎盛，其特有的热闹、杂乱的市井氛围，不同于旁边城南游艺园、新世界的现代与时髦，也无法与珠市口以北的戏院、会馆内的商业演出和雅致的堂会相媲美，却是最具京味儿的平民商业和娱乐中心。正如齐如山先生所言，入天桥，北平之社会风俗，一斑可见。

2012年决定重建天桥。由于原址在交通繁忙的十字路口，复建十分困难，因此复建位置向南移动40米。2013年底天桥复建完工，结束了天桥有名无桥的历史。

新世界游艺场

民国初年，朱启钤出任北洋政府内务总长兼市政督办，在1912年到1916年的短暂任期内，朱启钤大刀阔斧地改建了正阳门，打通南北长街、南北池子、景山前街，开辟改造社稷坛为中央公园，开辟先农坛为城南公园。其中，"新市区"的规划设计就是他在任内主持的重大项目。1914年，北洋政府成立京都市政公所，朱启钤启动了"模范市区"（也叫"新市区"）的建设。"新市区"的地址最终选在了天桥以西的香厂一带。

新世界游艺场位于香厂路与万明路交叉路口的东北角，临街斜向，外形似一艘轮船，平面呈不规则几何形，是一栋四层高的西式楼房。一楼的正门开向西南，与东方饭店隔街相对，由上海人刘宝赓出任总经理，因仿照上海大世界游艺场而建，北京的老百姓也将游艺场称为"大世界"。大世界的投资人是江西军阀陈光远，他靠搜刮江西的民脂民膏，中饱私囊。这栋楼就是他最得宠的五姨太一手策划的。她要求工程师把大楼设计成轮船外形，意指这艘船就要向"钱"（前）开。

1918年2月11日（农历正月初一）大世界落成开业，一度轰动京城。当时北京只有北京饭店楼高七层，二层以上的楼房还不多见。电梯也只有北京饭店有，新世界游艺场的电梯成为外城公共场所的首部电梯，为普通市民提供了"尝鲜"的机会和场所。刚开张的数日内，还发生了因人多争相挤坐电梯，将人踩踏致死的事件。

这栋楼首层面对的是电梯间，电梯两侧高大的铁栅栏上悬挂的都是当时的一些戏曲明星们的大幅剧照。走廊两侧陈列着几面凹凸不平的哈哈镜，照出的人面貌滑稽可笑。右手是购票处，当时采用的是通票制，购票后，人们可以在各层随意游玩。北部有小有天菜馆，专售南北大菜。东部是"崇雅社"坤伶们的女戏场，余派女老生孟小冬、程艳芳、福芝芳、李月卿、白素忱、苏兰舫、金友琴、梁春楼、金桂枝、郑菊芳、赵淑舫等数十位坤角在这里常年演出。二层东部是电影院，专演各国电影新片，南部是茶屋，北部是商场，西部是杂耍场，经常表演魔术、京韵大鼓、相声等节目。三层东部是照相馆，南部是茶屋、商场，商场中央有赠品摸彩处，西部是说书场。四层南部是咖啡馆，西部是吉士林番菜馆，北部是大菜雅座间。五层的屋顶花园是南城的最高点，是品茗赏花、远眺京城景色的理想之所。北望紫禁城三大殿、北海白塔、景山万春亭历历在目，西望苍翠葱茏的西山景色尽收眼底。

这样一座集娱乐、饮食及购物于一体的综合性商场，可以说是今天北京各大购物中心的鼻祖。

不过好景不长，随着1927年民国政府南迁，市面顿时萧条。新世界游艺场因股东意见不合也随即停业。后来成为桂系军阀白崇禧的兵营，"七七事变"时，这里是日寇的"北平犯人收容所"。1949年后，大楼先后被一些单位使用，20世纪80年代被拆除。

上图：新世界游艺场。开业后新世界游艺场还邀请欧洲知名魔术杂技演员来京表演柔术、催眠、幻术等技艺，门票照常不再加价。这些对于渴望新鲜事物的北京人来说，相当抓人眼球。

右图：日伪统治时期的天桥电影院。

四面钟

随着香厂“新世界游艺场”生意的兴隆，一些商人也想与之“抗衡”。清末曾任广东水师提督、民国初年曾任袁世凯高等军事顾问的李准，人称李军门，他聘请时任国会议员的广东人彭秀康为总经理，于 1919 年 2 月 1 日建成城南游艺园（今友谊医院位置），同时又在城南游艺园西南（今北纬饭店东门外）修建了一座四面钟，欲与“新世界游艺场”分庭抗礼。这座四面钟楼高十几米，四面皆装有钟表，状似铁锚。彭秀康言下之意，要用这只铁锚，拴住船形大世界的生意，使它无法启航，不能向“钱”（前）开，断了它的“钱”脉。

不过随着国民政府南迁，新世界游艺场和城南游艺园生意都一落千丈。新世界游艺场楼房挪作他用，里面一度还设立过一所小学，城南游艺园干脆成了屠宰场。四面钟也被破坏，四个大钟表被挖走，钟楼上留着四个大黑窟窿，再加上周围荒凉，还有土冢，晚上没路灯，就出现了“四面钟周围闹鬼”的传言。这个残破的钟楼一直存在到中华人民共和国成立以后。因天桥地区开辟街道，位于现今北纬路中间的四面钟被迫拆除，这一昔日的城南胜景也就渐渐淡出了人们的记忆。2003 年，根据老照片，四面钟又在天桥地区再次复建。

有轨电车天桥站

清朝末年，为了方便人们从马家堡火车站进入北京城，英国人在马家堡修建了第一条有轨电车线路，当时的路线是从马家堡到永定门，俗称“马永线”，可惜这条有轨电车线路存在的时间非常短暂，因为义和团运动被毁，这条有轨电车线路在被破坏后也没有修复。

20世纪20年代初，北洋政府开始投资兴建新的有轨电车线路，经过三年多的建设，到1924年底第一条有轨电车线路开通，这条线路是从前门开往西直门。到1930年，北京的有轨电车线路发展到六条，它们的运营方向分别是：1路由天桥到西直门，这就是今天105路电车的前身。2路由天桥到北新桥，这是今天106路电车的前身。有轨电车开到了天桥，也大大加强了天桥地区的交通便利，使得本来就很热闹的天桥地区更加繁荣。

天桥清真寺

天桥清真寺位于天桥福长街四条路南 2 号，民国二十年（1931 年）建成，天桥清真寺和北京其他几座清真寺区别很大，此建筑属于民国时期仿土耳其风格建筑，大门朝东上砖雕回文。大厅可供千人同时做礼拜，大殿朝西指向沙特阿拉伯的麦加。天桥清真寺见证了穆斯林与北京传统砖木建筑结合的一种建筑体量。原址 1986 年被改建为伊斯兰教经学院。

右页上图：修缮中的天桥清真寺，拍摄于 1920 年 10 月。

右页下图：是刚刚修好后的天桥清真寺，拍摄于 1931 年 5 月。

北京基督教会珠市口堂

北京基督教会珠市口堂，位于原崇文区前门大街 129 号，即广安大街和前门大街两条繁华路段的交汇处，是美以美会（卫理公会）在北京创设的一座基督教堂，也是北京目前仍在使用中的几座基督教堂之一。

珠市口堂始建于 1904 年，是 1900 年以后卫理公会在北京南城新建的 8 座教堂中的第一座，牧师是中国牧师陈大镛。起初珠市口堂并不是我们今天见到这个样子，是一座不大的小教堂，1921 年起，因为信徒增多，老教堂已经装不下所有信徒，不得不拆除老堂重建成今天看到的楼房，由李连颖主持。新珠市口堂于 1923 年建成，该堂具有简易哥特式风格外貌。从 1926 年开始珠市口教堂推行自养，但 1945 年后仍然继续通过美以美会（卫理公会）华北年议会接受美国差会的津贴。

1951 年 2 月，珠市口堂再次实行自养，负责牧师为祁廷铎。

1958 年北京市基督教各宗派教堂实行联合礼拜，60 余座教堂中保留了 4 座，珠市口教堂是其中的基督教南堂。南城其他各教派教堂信徒都被归并该堂。

1966 年 8 月 21 日开始，因“文革”珠市口堂被迫停止活动，1988 年 6 月教堂进行了维修，12 月 20 日举行了开堂典礼，恢复宗教活动。

2002 年 6 月，北京市财政局拨款 100 余万元，对珠市口教堂进行了第三次大规模加固、维修。修复后的教堂，安装了闭路电视，信徒可同时观看牧师在二层主堂进行的礼拜活动。此外，堂内还安装了电脑、打印机、电热水器、空调、灭火器等现代化设施。

北京天橋先農壇清真寺大殿南側面攝影　民國二十年五月歲次辛未建

福音堂
天 
源隆號
糧店

左页上图：这张照片是 1904 年建成的珠市口教堂，后因规模太小，教徒太多，拆除后建造了新的大教堂。

左页下图：这张照片是 1923 年建成的珠市口教堂新堂。

上图：解放初期的珠市口教堂。此时教堂钟楼还保存完好。

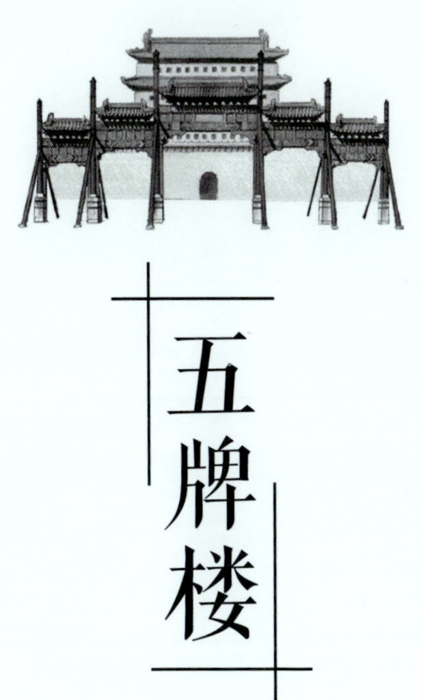

五牌楼

五牌楼与正阳桥，以及正阳门箭楼、瓮城、城楼组成了造型庄严、气势凝重的建筑群，成为老北京城南中轴的北端。其显示了中华民族建筑艺术的独特风格，也以独特的视角见证了中华民族的百年风雨！

中国素来有在桥头建立牌坊的习惯，这些牌坊被称为“桥牌楼”。五牌楼也是因正阳桥而设，其始建于明，在京城九门的牌楼中规格最高，为五间六柱五楼冲天式牌楼，上书“正阳桥”。

上图：日本摄影师山本赞七郎 (*Yamamoto Sanshichiro*，1855—1943) 于 1905 年左右拍摄的正阳桥和五牌楼，“庚子之变”中被毁坏的建筑尚在复建之中。

上图：19 世纪末的前门大街，摊棚和店铺众多，骡马车往来穿梭。此照片由南向北拍摄，可看到远处的五牌楼和正阳门箭楼。

前门大街

天桥以北，正阳桥南即是。说起前门大街，就不得不先说前门。元世祖忽必烈在金中都城东北三里处营建大都城，即今日北京城前身，城周六十里，辟十一门，丽正门为其南正中之门。明灭元后，成祖朱棣迁都北京，于永乐十七年（1419 年）将元大都南城垣向南移建 0.8 公里，丽正门则迁建到今天的正阳门位置。正统元年（1436 年）改名正阳门，民间俗称前门。正统四年（1439 年），为了加强京师的防御能力，明廷在京师各城门外添建箭楼，正阳门箭楼就是此时建成。至此，正阳门成为清末照片里的形制规模。民间俗称为前门。前门外的这条大街长约 1600 米，行车道宽约 20 米。明、清至民国时皆称正阳门大街，民间俗称前门大街或前门外大街。1965 年正式定名为前门大街。

在明嘉靖二十九年（1550 年）建造外城之前，前门大街是皇帝出城赴天坛、山川坛的御路，建成外城后，则为外城的南北主要街道。

明代，前门大街是正东坊和正西坊的分界线，以街分界，东属正东坊，西属正西坊。又因正阳门是京师正门，故前门大街比其他城门大街宽。在城市建制上，明代北京城突破了元代所遵循的“前朝后市”的定制，正阳门以南，前门大街东有鲜鱼口，西有大栅栏，是中轴线左右对称的两个商业街区。在此周围又形成了煤市口、猪（珠）市口等商业街和为解决进京应试的举子来往住宿问题建立的各地会馆。

上图：1870 年，在正阳门箭楼上向下拍摄的正阳桥及五牌楼，桥头转角楼及街面房屋整洁无颓损。照片左下角可见“八大祥”绸缎行之一的“谦祥益”。

下图：托马斯·查尔德于 1877 年拍摄的正阳桥、五牌楼及前门大街，祈年殿轮廓清晰。

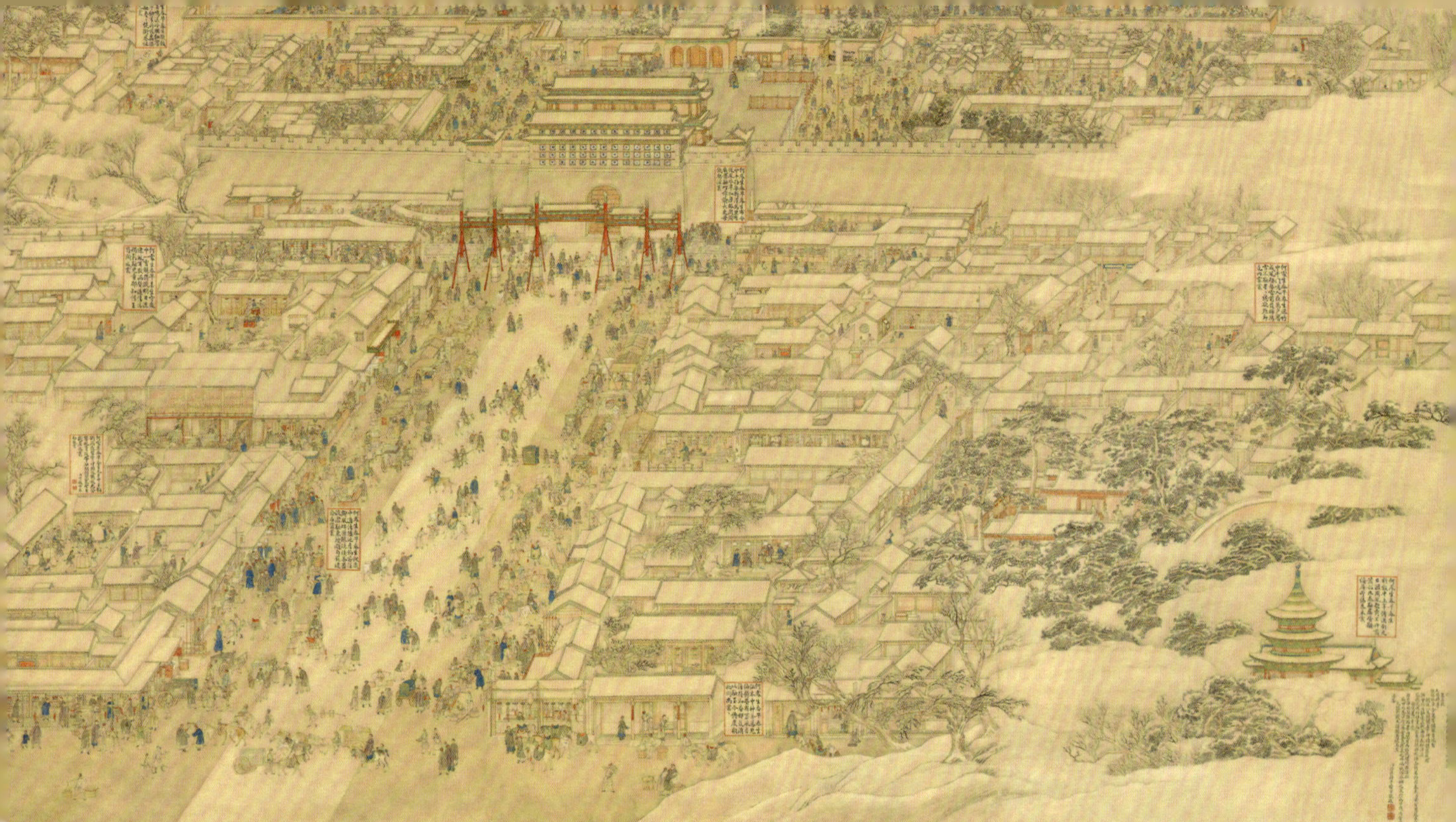

上图：清代《京师生春诗意图轴》（局部）。徐扬绘于清乾隆三十二年（1767年）。

清初，戏院、茶楼、妓院等只准许开设在外城，前门大街进一步繁荣，附近胡同内陆续形成许多专业集市，如布市、草市等，随之出现工匠作坊、货栈、车马店、旅店等，形成了前门大街两侧有里街的形式，如东侧里街有肉市街、布巷子、果子市，西侧里街有珠宝市、粮食市。逐渐形成了大商业区。

清代俞清源在《春明丛说》中描述前门大街："珠市，当正阳门之冲，前后左右，计二三里，皆殷商巨贾，设肆开廛。凡金绮珠玉，以及食货，如山积，酒榭歌楼，欢呼酣饮，恒日暮不休，京师之最繁华处也。"

正阳桥

正阳门外的护城河上，曾建有一座壮观的大桥，名为"正阳桥"。其始建于明正统四年（1439年），是明朝九门增建箭楼和护城河改建石桥工程中的重点部分。

正阳桥是内城九门护城河桥中最大的一座，为三拱券洞结构，桥身宽度超过30米。桥面为三幅结构，幅间用汉白玉栏杆分隔。中间一幅桥面为御路，御路两侧栏杆的望柱上雕刻坐狮，而东、西边路的栏杆等级略低，为罗汉栏板搭配莲瓣柱头，因此也被称为"三头桥"。

1919年，民国政府对正阳桥进行改造，为通行有轨电车，降低桥拱与道路相平，桥面石改为斜铺，撤去石栏杆，新桥两侧用水泥仿罗汉栏板建造。四角设石墩，上立铁制灯柱。改造完成的三年后铺设轨道，路面仍是斜面铺条石。20世纪50年代中期改为沥青路面，70年代护城河加盖，改造道路，正阳桥才完全消失。

中国古桥在两个桥头一般有建立牌楼的习惯，称为“桥牌楼”，而护城河的桥牌楼只建在桥外，所以正阳桥的桥牌楼只有一座，而且内城九门也仅有正阳门的护城河桥建有桥牌楼。其位于正阳桥南端、前门大街北端，上书“正阳桥”字样，是一座五间六柱五楼的冲天式牌楼，故名五牌楼。

明朝正统四年（1439 年）建成时为木结构，六根立柱均为通天柱（亦称冲天柱），每根立柱各有一对戗柱，每间上有两道额枋，枋间有镂空花板，枋上以斗拱承载楼顶，五楼均为四坡顶，正间额枋间镶“正阳桥”的满汉文匾额，夹杆石上有石雕小兽。据考证，康熙、乾隆时期的五牌楼屋顶为灰瓦绿剪边的歇山顶，经过后来的修缮重建，楼式变成了庑殿式全绿琉璃筒瓦顶。道光时期，经火灾后修缮，撤去了雀替下的云墩，在额枋下加抱柱支顶，同时加铁兜、拉杆，防止额枋继续下垂劈裂。

1900 年，义和团火烧卖洋药的“老德记”，大火蔓延，附近商铺民宅大量被焚毁，五牌楼幸免于难。1912 年，清帝退位，民国肇始，正阳桥牌楼上的满汉文的匾额也被去掉了满文，只保留汉文。1924 年修通有轨电车，车辆从牌楼明间穿过，行车震动对已有险情的木牌楼造成威胁。1935 年，五牌楼木柱朽腐，遂按原形改建为钢筋混凝土结构，因混凝土加大了承载负荷而取消了戗柱。1955 年，五牌楼因妨碍交通被拆除。1996 年，有关部门曾参照老牌楼的外形复建过一次五牌楼。考虑到对交通的影响，牌楼的中间四根立柱呈垂花样式悬空设计，跨度小于原五牌楼，匾额上书“前门大街”，相当于桥牌楼改成了街牌楼。后被拆除。

2006 年，前门大街改造工程启动，五牌楼再次严格按照历史照片和文字记载进行重建，2008 年竣工。复建之后的五牌楼与巍峨的正阳门箭楼相得益彰。

民间素有“前门楼子九丈九，四门三桥五牌楼”一说，就是指正阳门由箭楼、城楼、瓮城、正阳桥和五牌楼组成一组有机的建筑整体。正阳门有“四门”，即城楼门洞、箭楼门洞，瓮城两侧的东、西闸门各一个门洞。而其他内城城门均只有两个门洞，即城楼门洞和瓮城单侧闸门的门洞，箭楼皆无门洞，只具备防御堡垒的功能。“三桥”指正阳桥规格最高，分三路通道，且建有五个开间的牌楼。

两张图片分别是《康熙南巡图》（局部）和《乾隆南巡图》（局部）中的五牌楼，分别绘于康熙三十年（1691 年）和乾隆十六年（1751 年）。图中五牌楼的屋顶为灰瓦绿剪边的歇山顶，而非后来的绿琉璃瓦庑殿顶。

左图：英国摄影师约翰·汤姆逊（*John Thomson*，1837—1921）于1872年在前门箭楼上拍摄的前门大街。当时的前门大街上的占道非常严重。那时的出行脚力以骡马轿车为主，人力黄包车尚未传入。

左图和上图的拍摄角度几乎一样，但仔细看上面的照片会发现，远处的天坛祈年殿已经无存。祈年殿毁于光绪十五年（1889年）八月二十四日，由此可见，上面的照片应该拍摄于其后。

19 世纪 90 年代从正阳门箭楼东侧向下拍摄的正阳桥及五牌楼。

1895 年，前门大街上临街摊贩占道严重，宽阔的五牌楼只有当中一间可通行。此时匾额上的“正阳桥”还是满文在前（右），汉文在后（左）。

1900年的义和团运动中，正阳门箭楼遭焚毁，五牌楼奇迹般幸免。这两张照片皆拍摄于此后。

左图：此时五牌楼“正阳桥”匾额尚存。英国人乔治・厄内斯特・莫理循（*George Ernest Morrison*，1862—1920）拍摄。

下图：左图拍摄后不久，五牌楼的匾额就被摘去。牌楼上为了加固额枋所用的铁件清晰可见。街上已有人力车了。

上图：1900 年义和团运动中火烧老德记药房之后的前门大街惨状。乔治·厄内斯特·莫理循拍摄。

下图：拍摄于 1903 年的一场雪后。此时箭楼城台已经被清理干净。五牌楼的“正阳桥”匾额已经重新镶嵌上去了，但发生了变化
汉文在右（前），满文在左（后）。这一改变不知是清廷疏忽还是刻意讨好，但都象征了清末的风雨飘摇。

上图：山本赞七郎拍摄于 1904—1906 年间。可以看到，前门大街西侧还有庚子事件中被焚毁的部分建筑残迹。正阳桥北东侧的转角楼已毁。庚子之变毁坏的房屋在重建中。街上人力车已增多。

下图：这张照片比上面那张拍摄的时间略晚些，诸多山本赞七郎拍摄时尚未建造的建筑此时已经完工。

上图：从北向南拍摄的五牌楼。适逢慈禧寿辰庆典，正阳桥五牌楼上悬挂着龙旗。牌楼正中还悬挂了时髦的电灯。牌楼下的前门大街似乎也恢复了往日繁华的市井气息。但龙旗已经很破旧了，也显出了大清江山的没落。

左图：由南向北拍摄的五牌楼，上面悬着匾额，下面飘着龙旗。

右页上图：1906 年的五牌楼和箭楼。

右页下图：清末民初，前门大街上的人力车已经越来越多。

正陽橋

美国人约翰·詹布鲁恩（*John D. Zumbrun*，1875—1949）自 1910 年来到中国开设照相馆至 1929 年因病回国，期间拍摄了大量照片。上面这张照片就是于清末民初拍摄的前门外大街及廊坊头条胡同东口，此时的前门箭楼尚未改造，五牌楼上的匾额依旧还是满汉双文。下面这张照片拍摄的则是 20 世纪 20 年代初刚刚改造好的正阳桥，此时虽然已经是民国，但大街上的行人有的已经是新式发型，有的却还在梳着清朝时期的辫子。

左页上图：1917 年，未改造前的正阳桥。桥头栽种起了小树。

左页下图：1919 年正阳桥开始改造，此时正在改造东半边。外栏的墙以及中间的两排石狮子石栏已拆除。

上图：20 世纪 20 年代初，改造完成后的正阳桥。自行车已经出现在北京街头了。

下图："铛铛车"（有轨电车）驶上正阳桥，桥面被重新划分为三道。此时北京的机动车行车方向还是靠左行。与前几张照片比较，桥头两边的店铺也有所变化。

改造前的正阳桥和正阳门箭楼南面。

改造后的正阳桥，桥中间的栏板已经拆除。正阳门箭楼在 1915 年改造后跟上面的照片已经有了很大不同。

改造中的正阳桥。1919 年，为了铺设电车轨道，北洋政府对正阳桥进行了改造，将桥面中央栏板拆除，并拆除原有砖拱，改为钢筋混凝土结构。除此之外，为了便于电车的通行，还重新修筑桥面道路，使得拱形桥面变平。改造后，新的正阳桥两侧的罗汉栏板就是用水泥修筑的。

上图：1930 年前后，有轨电车在行驶。此时的五牌楼匾额已是汉文，但尚未改造，木牌楼已非常陈旧。箭楼门洞上书“国货陈列馆”。北京的第一辆有轨电车于 1924 年 12 月 17 日在前门正式通车。当时共有 10 辆有轨电车往返于前门至西直门之间。

上图：1936 年，改造后焕然一新的正阳桥五牌楼。1935 年，北平实行“故都文物整理实施计划”，拆除木牌楼，屋顶以下结构全部改为钢筋混凝土，撤去抱柱和戗柱。照片中可看正阳门箭楼经改造后，增加了弧形窗檐、汉白玉栏杆，两侧还有巨大的月牙形装饰部件，使它有了独立的审美价值。

1937 年 7 月 7 日，日军开始了对中国的全面侵略，虽然中国守军顽强抵抗，但在日军的飞机轰炸下伤亡惨重，在第二十九军副军长佟麟阁阵亡后，守卫北平的中国军队开始相继退出战场，最终日军在 7 月 29 日进入北平城，北平沦陷。一天后日军又占领了天津。

在日伪的统治下，北平的工商业遭到了严重的破坏，可谓百业萧条。前门大街作为首屈一指的商业区也不能幸免。据记载，到 1945 年抗战胜利，北平大部分买卖铺户都几乎被耗到了油尽灯枯的地步，许多大街上开业铺户不足三成。

左页图、上图：1937 年 7 月 29 日，日本侵略军占领北平，通过前门大街及五牌楼。

下图：日军占领北平时期建立了伪政权，照片中即伪政府成立时在前门“庆祝”时的场景。

源
正陽橋

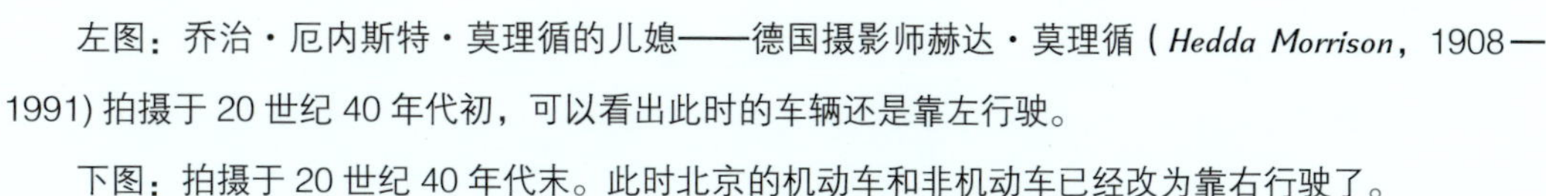

左图：乔治·厄内斯特·莫理循的儿媳——德国摄影师赫达·莫理循（*Hedda Morrison*，1908—1991）拍摄于 20 世纪 40 年代初，可以看出此时的车辆还是靠左行驶。

下图：拍摄于 20 世纪 40 年代末。此时北京的机动车和非机动车已经改为靠右行驶了。

晚清时期，汽车逐渐进入中国。当时中国还没有出台交通规则，汽车行驶有的靠左，有的靠右，很混乱。受美、法、德影响比较大的地方，如直隶、山东、山西等北方省份，汽车靠右行驶；受英国、日本影响比较大的地方，如广东、浙江、福建、上海等南方省份，汽车靠左行驶。

1934 年，国民政府推行“新生活运动”时，特意统一了交通规则，规定汽车在公路上行驶时，一律靠左。《违警罚法》第五十八条第七款中规定，车马、行人“不按左侧前进，不听禁止者，处二十元以下罚锾或申诫”。

1937 年至 1945 年，美国向中国援助了大量军用物资，其中就包括汽车。由于美国实行靠右行驶的交通规则，因而所有汽车的方向盘都在左边。这样的车辆，很难适应靠左行驶的交通规则，频繁发生交通事故。如果要在中国的道路上行驶美国汽车，就必须将这些美国汽车的方向盘进行改装。而要改装，就牵涉到一大笔改装费用。1945 年 12 月 31 日《申报》刊登文章说：“改装费须达车价百分之十二。统计全国车辆因改装而支出之费用，殊为浩大。”因此，1946 年 1 月 1 日，当局施行了《改进市区及公路交通管理办法》，将靠左行驶的交通规则，改为靠右行驶。1946 年 6 月 19 日公布的《违警罚法》第五十八条第七款规定，车马、行人“不按右侧前进，不听禁止者，处二十元以下罚锾或申诫”。

自此，中国的车辆一律靠右行驶。

左页上图：1949 年 1 月 31 日，解放军从前门进入北平城，宣告北平和平解放。

左页下图：北平和平解放，前门外大街两旁的商铺照常营业，此时的人力黄包车已改为人力三轮车了。

上图：1950 年 10 月 1 日，中华人民共和国周年大庆，前门箭楼和五牌楼上都挂满了灯笼，人民崭新的生活开始了。

棚

岩田秀则（1885—1962）于 1923 年拍摄的大栅栏东口。

大栅栏

读作“大石滥儿”（音），原本叫作廊房四条，是北京前门外一条著名的商业街，从东口至西口全长275米。也泛指大栅栏街及廊房头条、粮食店街、煤市街在内的一片区域。

据史料记载，修栅栏始于明弘治年间的北京内城。明弘治元年（1488年），弘治皇帝发现治安情况不好，便实行宵禁制度，同时安排兵丁进行巡逻。为防止夜里盗贼在大街小巷流窜，就下令在大街巷的街口建立木栅栏，栅栏由所在地点居民出资修建，栅栏口派士兵把守，以防盗贼。到了清代，外城的不少胡同也安装上了栅栏。乾隆皇帝还要求“栅顶仍钉木板，书写街道胡同各色”。据统计，当时北京已设立栅栏近两千处。其中，廊房四条的栅栏因为商家多，为了能够有效地防止盗贼，由商贾出资，做得格外的大，被称为“大栅栏”，久而久之，清朝的《乾隆京城全图》上将原来的“廊房四条”变成了“大栅栏”。

1900年，义和团运动中，大栅栏遭到焚毁，导致大栅栏只存其名。

但是两年后，大栅栏各家店铺又重整旗鼓，开张营业了。一场大火并没有烧走大栅栏的人气，大栅栏很快又繁盛如初。

老北京有首民谣说：大栅栏里买卖全，绸缎烟铺和戏院，药铺针线鞋帽店，车马行人如水淹。

这条街虽然不长，却云集了老百姓吃喝、穿戴、医药等日常生活离不开的著名商号。比如同仁堂乐家药铺、长盛魁干果店、聚庆斋饽饽铺、天蕙斋鼻烟铺、长和厚绒线铺、张一元文记茶庄、厚德福饭庄等，都是久负盛名的店铺。

而大栅栏街区至今保存着明末清初的“三纵九横”的格局，“三纵”指的是煤市街、珠宝市街以及粮食店街；“九横”指的是大栅栏的九条东西向的胡同。

下图：大栅栏商业街内景和里面的一个灯笼铺。

五牌楼南的前门大街一带在新中国成立前，是北京最繁华的商业街区。这里有众多的名店老店，数不清的饭馆酒楼、食品店、银号、钱庄、金店、药店、绸布店、鞋店等。如，明代嘉靖年间就开业的六必居酱园；闻名京城的月盛斋、都一处、壹条龙、致美斋、正阳楼等肉铺、酒馆和饭庄；以生产饽饽著称的正明斋、聚庆斋；喝茶讲究的，来买前门大街的森泰和大栅栏里张一元茶庄的茶叶；吃药讲究的，到大栅栏里的同仁堂去抓药；老北京有“头戴马聚源，脚踩内联升，身穿瑞蚨祥，腰缠四大恒”之说，除四大恒之外，马聚源帽店、内联升鞋店和瑞蚨祥绸布店三家老店铺都在前门大街一带；廊房头条里的天宝金店、三阳金店都赫赫有名；成立于光绪三十一年（1905 年）的“京师劝工陈列所”，在民国时期是非常时尚的商场。此外，还有卖炒肝的会仙居，卖烩爪尖的泰丰楼，制酱汁鲤鱼的东升楼，卖酱肘子的普云斋，卖鲜水果的义茂鲜果局，卖海味的通三益，卖鞋帽的鲜鱼口黑猴鞋帽店（后为立新百货店），洗澡休闲的兴华园浴池，打磨厂的三山斋眼镜……前门地区的商铺林林总总，五花八门，不但以售卖一种或几种商品见长而著称，还有一个共同点，就是都非常重视信誉、讲究诚信，这也是商家生存发展的根本。

这里能成为商业繁华区，还因为有戏园子和火车站这两大优势的加持。昔日，这里是京城戏园子最集中的地方，多达十余家，仅大栅栏就有三庆园、广德楼、庆乐园、同乐园等，还有一家北京城最早的电影院大观楼。前门东、西的两座火车站的建成，更方便南来北往的人会聚前门大街，这里的人气也更加兴旺。

左图：1945 年航拍的前门外大街及大栅栏地区。房屋铺户鳞次栉比，处处显示了前门地区密集的商业氛围。照片中心从左至右即为前门大街，笔直的中轴线两旁是左右对称的巷口胡同。照片最右端就是前门大街的北端——五牌楼。照片右上方还能看到宣武门和连绵不断的内城城墙。

正阳门

民间俗称前门，是明清两朝北京内城的正南门。在京师诸门中，规制最为隆崇。它不仅是一座完整的古代军事防御性建筑，而且是中国封建社会后期城市布局、礼仪制度和建筑艺术的形象体现。

明永乐十七年（1419 年），明成祖朱棣营建北京城，将元大都城南垣南移 0.8 公里，城楼迁到了现在的位置，沿元时名称丽正门。正统四年（1439 年）加筑箭楼、左右闸楼，形成瓮城，改称正阳门，为老北京“京师九门”之首。现存城楼和箭楼，是北京城内唯一保存较完整的城门。

上图：1906 年，修缮一新的城楼。

这三张照片为托马斯·查尔德于 1875 年拍摄。

上图：摄影师将机位设在西闸楼城台上拍摄的城楼。城台上内侧的宇墙防人掉落之用。城楼东侧露出屋顶的便是一处铺舍房（明代称铺舍房，清代称堆拨房）。

正阳门城楼占地 3047 平方米，坐落在砖砌城台之上，城台南北上沿各有 1.2 米高的宇墙。城楼为灰筒瓦绿琉璃剪边，重檐歇山三滴水结构；楼上楼下均四面有门，面宽七间，进深三间，上下有回廊；楼身宽 36.7 米，深 16.5 米，高 27.3 米，楼体连城台通高 42 米，在所有城门中最为高大。铺舍房是城垣顶上驻军的值班房，供守城兵士休息或堆放守城武器之用。面阔三间，进深一间，为硬山式。

右页上图：瓮城内景。瓮城南北长 108 米，东西宽 88.6 米。瓮城四向各辟一门，均为拱券式门洞。瓮城内东北角的是观音庙。明崇祯十五年（1642 年），蓟辽总督洪承畴在松锦之战中战败降清，却讹传为英勇殉国，于是崇祯皇帝下令在正阳门建祠堂祭祀，并写下祭文设立于庙中，得知真相后，捣毁庙中供奉的洪承畴塑像和牌位，将祠堂改为观音庙。

右页下图：正阳门西闸门外拍摄的西闸门和箭楼。因长时间曝光，闸门内外进出忙碌的车队拍摄得非常虚。

闸楼面阔三间，灰筒瓦绿琉璃剪边，歇山小式屋顶，外侧辟箭窗两排共 12 孔，下设闸门以通行人。城台上外侧的雉堞起盾牌作用。内城雉堞高为 1.9 米，宽为 1.5 米，厚为 0.75 米，其间距在 0.5 ~ 0.8 米之间。

箭楼占地 2147 平方米，为一座砖砌壁垒式建筑。顶为灰筒瓦绿琉璃剪边、重檐歇山顶；上下共四层，南楼北厦；南侧面阔七间，宽 62 米，进深 12 米；楼高 26 米，连城台通高 38 米，是北京所有箭楼中最高大者。

Nº60. CHEN MËN,
AL GATE
PEKING.

上图：一位来自美国的牧师查尔斯・凯利（*Rev. C. A. Killie*，1857—1916）于 1900 年 6 月中旬前拍摄的正阳门。这是一张正阳门未毁前的照片。正阳门城楼在 6 月 16 日开始封闭，此日之后，洋人也不再被允许登上城楼了。照片中，瓮城内的两座庙，西北角为道教寺庙关帝庙，东北角为佛教寺庙观音庙。两座庙于 1967 年被拆除。

右图：从正阳桥上拍摄被毁后的箭楼。

1900年，义和团运动在北京蔓延。6月16日，义和团一把火烧了前门大街上出售洋药的“老德记”，火借风势，一路烧开，前门大街上鳞次栉比的金店、绸布庄、药店、食品店……全都毁于一旦。大火不仅烧毁了前门大街的商铺和众多民房，还殃及正阳门箭楼。祸不单行，不久，驻扎在瓮城内的英军印度兵在正阳门城楼上做饭，不慎失火，又将正阳门城楼烧毁。除了城楼底座及门洞残存外，周围一片狼藉。

1902年1月，在西安避难一年多的慈禧太后和光绪皇帝返回京城，按计划，从马家堡火车站下车后，銮驾要从永定门往北走，通过正阳门回到紫禁城。但此时的正阳门光秃秃的，十分难看。如此迎接慈禧太后和光绪皇帝，不成体统。于是，官员们让承修正阳门工程的厂商在城楼上搭了一个临时的彩牌楼。当时接驾的直隶总督陈夔龙，在《梦蕉亭杂记》中写道：“辛丑两宫回銮有期。余奉命承修跸路工程，以规制崇闳，须向外洋采办木料，一时不能兴工。不得已，命厂商先搭席棚，缭以五色绸绫，一切如门楼之式，以备驾到时藉壮观瞻。”

慈禧太后路过正阳门，心里颇不是滋味。回宫后便下了一道懿旨：“门楼为中外观瞻所系，急需修建。”当时清廷已无钱，她下旨命令“全国二十一行省，大省报效二万，小省报效一万”，如此凑齐了重修的费用。

正阳门命运多舛，历史上曾几次惨遭焚毁。明万历三十八年(1610年)，箭楼失火。《明史》卷二十九《五行志》中对这次火毁记载道：“三十八年四月丁丑夜，正阳门箭楼火”。崇祯十七年(1644年)四月二十九日，李自成率部撤离北京时，放火焚毁宫殿及内城九门城楼。清乾隆四十五年(1780年)五月，正阳门外的一铺面房不慎失火，恰遇风大助燃，火势蔓延，累及正阳门箭楼。道光二十九年(1849年)十一月，箭楼失火。同治五年(1866年)瓮城东门洞千斤闸自燃。

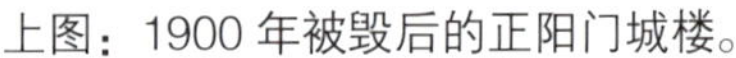

上图：1900 年被毁后的正阳门城楼。

下图：1900 年的前门瓮城内，可以清晰地看到被毁的箭楼遗迹和瓮城内的火车车厢。

上图：1900 年庚子国变之后，停在前门瓮城内的火车车厢。这几节车厢曾是慈禧在西苑的“小火车”，被德国人打算运往德国“作纪念”。

下图：1901 年 12 月，为迎接“两宫回銮”而搭建的临时彩牌楼。

上图：1903 年，重建中的前门城楼。

瓮城中堆放着各种建材。脚手架并非金属，而是长竹竿，用麻绳捆扎，而且为了防止绳结散开还塞了楔子。正阳门是交通要道，照片中可见，修建过程中每天依然人车来往、川流不息，并无妨碍。

下图：1904 年，重建中的正阳门，梁架和歇山顶已经架起，主脊已上完。

袁世凯和陈璧奉旨重修正阳门，由于工部保存的工程图纸和档案在战乱中被毁，只能模仿崇文门的城楼和宣武门的箭楼并放大，又加上费用一时不能凑齐，修复工程耗时三年。据直隶总督袁世凯和顺天府府尹陈璧上呈的《修正阳门工程奏折》记载：“光绪二十八年（1902 年）十一月二十六日开工，三年完工，光绪三十二年（1906 年）五月全部报齐。”重修花费白银 40 余万两。

修缮过程中的城楼，以及东闸门外的火车站前等候的马车。

左页上图：1905 年，重建的正阳门基本竣工，部分梁架还没有拆卸。满汉文的华带牌已经挂上去了。

下图：1906 年重修后的前门瓮城全景。

上图：1906 年，修缮一新的正阳门城楼。

1913 年 4 月 3 日，隆裕皇太后的灵柩通过前门瓮城。

1914 年左右，航空拍摄的正阳门区域。此时大理院已经建好，棋盘街东南的栏杆已经改造成弧形。

正阳门地处北京中轴线核心区域，也是进出内外城的汇集点，再加上正阳门外地区商业繁荣，每天城门进出车水马龙。1901 年和 1906 年瓮城两侧相继开通的“京汉”与“京奉”两条铁路也使交通量剧增，进一步增长的外来人流使正阳门更加不堪重负。1915 年在中央公园（今中山公园）举行全城居民代表大会，外城的居民通过正阳门就花了一个多小时。

时任交通部总长、内务部总长兼北京市市政督办的朱启钤在资金短缺、破坏风水的舆论压力和拆迁安置等难题下，经过与众多专家的不断论证与讨论，向总统袁世凯提出《修改京师前三门城垣工程呈》，提出对正阳门进行改造，主要为：1. 拆除瓮城月墙及东西闸门，瓮城内原观音庙、关帝庙保留，瓮城中间辟为绿地广场。2. 将所有荷包巷商户迁入前门新建的百货商场。3. 在城楼两侧的城墙上，东西各开凿两个门洞，使进出内外城的通道由一个变为五个。同时在新开凿门洞的南北方向，各铺设一条马路，设置为单行线。4. 聘请德国设计师罗斯凯格尔（*Curt Rothkegel*，1876—1946）对箭楼南北及两侧进行改建装饰。

1915 年 6 月 16 日上午，朱启钤在正阳门箭楼上举行了改建开工典礼。他手持一把木柄上刻有“内务总长朱启钤奉大总统命令修改正阳门，爰于 1915 年 6 月 16 日用此器拆去旧城第一砖，俾永便交通”字样的银镐，率先刨掉了第一块城砖。1915 年 12 月，整个改造工程竣工。

三张照片基本上是同角度拍摄，可见正阳门的逐步变化。

上图：正阳门瓮城，左下角可见“荷包巷”。当时，正阳门外商业日益繁荣，瓮城东西的荷包巷成为临时集市，商民支棚架屋，严重阻碍交通。

绕正阳门瓮城左右为弓，或云形似荷包（圆形的袋），故名荷包巷。——《燕游异闻随录》

中图：“荷包巷”已拆除。

下图：1915 年，改造中的正阳门。

改造中的箭楼。

德国设计师罗斯凯格尔对箭楼进行加工设计，增加了弧形窗檐、汉白玉栏杆及栏杆围出的平台，箭楼两侧还增饰巨大的月牙形部件，使它有了独立的审美价值，堪称古建筑改造的神来之笔。

1917 年，正阳门改造后的箭楼北面，可以清楚地看到“之”字形的登城梯道和平台。

上图：1918 年 11 月的箭楼南面。照片为美国人西德尼・甘博拍摄。一、二层箭窗上有华盖式的窗檐，一层箭窗下方还有一圈带栏杆的挑台。最为醒目的是箭楼上悬挂了两个筹款计数钟和条幅，条幅上有“欧战协济会”字样。

1914 年第一次世界大战爆发，中国作为协约国响应号召，从国内派遣了不少劳工出国支援协约国的后勤工作。

国际上的七个社会团体（基督教青年会、基督教女青年会、救世军、天主教战事研究会、犹太教公益会、军营服务团、美国图书公会）发起了一项募捐活动，旨在照顾欧洲战场中的士兵、工人以及俘虏，初期目标为 1750 万元。1918 年 9 月，为募捐成立了专门的组织机构——欧战协济会。1918 年 11 月 6 日，北洋政府国务院电告各省督军和省长，称此次募捐已得到大总统的允许，希望各省能与当地美领事相助办理，并邀集各机关人员、士绅、商、学界人士襄助，以表示我国对协约国的支持。据记载，中国最终募集款项 125 万元，其中直隶地区募集捐款在 33 万元以上。正阳门箭楼上的筹款钟就是募集资金的金额表，每天统计调整，然后公示给所有的捐款民众。

1913 年的正阳门内。从两侧登城的马道上方隐约还可以看到瓮城的两个闸门。

1917 年的正阳门城楼，从门洞隐约可以看到北边的中华门。

从箭楼门洞北望正阳门的城楼。

美国人约翰·詹布鲁恩于1920年前后拍摄的正阳门城楼。

上图：民国时期正阳门城楼和箭楼改造后从空中拍摄的全景，城楼旁边就是前门火车站。

下图：日本人岩田秀则 1923 年拍摄的前门楼子。

上图：改造后的前门地区交通更加通畅，而且景观也更加美丽。

左图：前门城楼下等候接活儿的人力车车夫。

20世纪20年代，英国、美国、法国等西方国家凭借着政治特权和经济优势，大肆对中国进行商品倾销，使中国的民族工业面临强力冲击，各界群众多次开展抵制洋货、提倡国货的爱国运动。在各界舆论的强烈呼吁下，刚刚成立不久的南京国民政府于1928年10月开展提倡国货运动。同年，北平国货陈列馆成立，其馆址就设在正阳门箭楼。当年11月，北平国货陈列馆正式对外开放。

上图：作为国货陈列馆时代的前门箭楼，上面还有电影院。箭楼上东、西分别装饰有“电”“影”两个字。

关帝庙、观音庙

北京有“九门十座庙”一说，是指每个门的瓮城内都有一座庙，只有正阳门瓮城内有两座庙，西侧为道教寺庙关帝庙，东侧为佛教寺庙观音庙。这两座小庙，结构紧凑，黄顶白碑，灰墙环绕，环境宜人。

内城九门，除安定门、德胜门的瓮城内供奉的是真武大帝外，其余七座瓮城内皆有关帝庙，但以正阳门关帝庙规模最大，香火最盛。其建于明朝万历年间，由山门、石座、供桌、关圣帝君殿组成。据史料记载：庙内有“义圣忠王”四字碑和明万历年撰的碑文拓片，其中部分碑文为董其昌所书。

关帝庙中有山西工匠张一忠制作的铁磬，重百余斤，虽为铁质，却发出铜音。庙内还有“三宝”尤为珍贵：第一件为三柄大刀，最大的长二丈、重四百余斤，其余两柄分别为一百八十斤和一百二十斤，均为清嘉庆十五年（1810年）陕西绥德城守营都司马国镒在前门外打磨厂三元刀铺定铸。每年农历五月初九，关帝庙都要举行一次磨刀典礼，届时将刀抬出，请三元刀铺的工匠按照普通磨刀法举行仪式将刀磨光，再抬回原处。第二件宝物为关帝画像一轴。据说是唐代画圣吴道子的手笔，1900年的庚子国变中丢失。第三件为关帝庙前的明代汉白玉石马，雕刻精细，是明代遗物，清末到民国初年，屡次拆改正阳门一带，石马不知何时丢失。

关帝庙农历每月十五日开放庙门接受香火。每年农历除夕到初二的开庙日，游人最多，每当开庙时，庙里庙外坐满道士手抱签筒接待求签香客，仍应接不暇，同时庙里还施舍道教善书。清代杨米人的《都门竹枝词》中说道："吕祖祠中好梦留，白云观里访仙游。灵签第一推关庙，更去前门洞里求。"形容了关帝庙面积虽然不算大，但香火的旺盛比白云观、东岳庙这样的大庙一点不差。

这两座建筑是正阳门建筑群的组成部分，在 1967 年被拆除。

美国人西德尼·甘博拍摄的前门关帝庙及山门前的铜香炉。

上图：正阳门城楼下的关帝庙。

上图：关帝庙内景。

上图：关帝庙内关羽像。

上图：城楼与下面的关帝庙。

上图：关羽旁是周仓和关平像及张飞、赵云等蜀国大将塑像。

上图：关帝庙内的关羽坐骑——赤兔马像。

火车站

正阳门火车站有东站和西站两个部分，两站分别是由英法两国修建，两个车站虽然隔街相望，其间却没有铁路相连。

《庚子记事》中记录："保定府至京铁路，车站在正阳门外西月墙，每日火车来往，直抵西门洞。今天津至京铁路，自马家堡分道，由永定门迤东墙缺进城，绕天坛后，穿行崇文门瓮洞，直抵正阳门。东月墙停车，车站即在东城根。"

当年的西车站是京汉铁路到北京城内的终点站，主要用于货物运输。而东车站是京奉铁路至北京的终点站，主要是客运。

京奉铁路正阳门东车站

1901 年 3 月，英军为适应战时军运需要，并加强对北京的控制，趁机将关内外铁路自京郊的马家堡迁筑至永定门，又强行将永定门东侧城墙扒开，绕过天坛的外坛墙东边，把铁路修至皇城脚下的前门东，这里与东交民巷的使馆区已经是一墙之隔了。

1901 年的东火车站及货场，此时的车站还是露天站台。

车站东的城墙上原有一个正阳门东水关，是北京南北走向的御河的南出水口——御河北起后海，穿后海永安桥，过地安门西，然后一直南行，东侧连通天安门前金水河和北京皇城护城河，继续南行，至正阳门东城墙，穿过水关出口，流入内城外的护城河。英国人修建铁路时，将此门扩建，命名为“water gate”，更加方便东交民巷使馆区与火车站的往来。

1902 年的正阳门东车站。

1902 年前后的火车站及站台，远处的前门箭楼正在准备搭建重修。

1905 年前后的正阳门东火车站。

1905 年前后的铁道及站台。

1906 年后，从前门门楼上东望，城墙北边是东交民巷的使馆区域，南边是新建的火车站，虽有一墙之隔，但有水关相通。

1902年11月，建立正阳门东站，为关内外铁路北京方向终点站。1902年12月10日，正阳门东站开通运营，但当时并未建正式站舍。车站从开通运营到站舍完全竣工历时数年。1903年1月，在正阳门瓮城东侧开始修建站舍。1904年5月，修建栅栏，严禁无票旅客及闲杂人员进站。1906年4月，在栅栏内始建客票房。之后，车站正式竣工启用。

车站是由英国人金达(*Claude William Kinder*，1852—1936)设计修建的，车站被设计成欧式建筑风格，在建筑的细微处还融入了云龙雕饰等中国文化元素。站舍大楼外立面由灰、红两色砖块砌成，其间夹白色石条。正中巨大拱顶高悬，拱脚处镶嵌大块云龙砖刻雕饰，南侧穹顶钟楼耸立。七层的钟楼四面皆有大钟，遥遥可望，能准确为人们报时。充满异国情调的站舍，与周边的古老建筑和城墙，形成中西建筑风格的鲜明对照。

车站大楼建筑面积3500平方米。站内有三座站台，长377米。普通候车室在大楼内，一、二等候车室则另有候车厅。候车厅总面积达1500平方米。问事房、客票房、行李房分设于车站西端及水关两处，到达行李房则设于西端。车站以客运为主，货运为辅，由于国内数条铁路干线在此交汇，这是当时中国最大的火车站，也是最繁忙的铁路交通枢纽。

京奉铁路源自1880年修建的唐（山）胥（各庄）铁路，全长仅9.67公里。1887年，在京津方向上延至阎庄，改称唐阎铁路。同年延至芦台，改称唐芦铁路。1888年延至天津，改称唐津铁路，长130公里。1897年，又延至右安门外马家堡。而此前已于1894年，在另一方向上延至山海关，改称津榆铁路。1907年5月31日，历时20余年、耗资5088.4万元建成的关内外铁路全线通车，成为联结北京与东北的交通大动脉。其干线全长849.39公里，加上各支线总长1400公里，并改称“京奉铁路”，京即北京，奉即奉天（今称沈阳）。全线设站87座，为东北及华北各路通海之枢纽。至此，正阳门东站也有了新的名字：京奉铁路正阳门东车站。

不过“京奉铁路正阳门东车站”只是开站时的称呼，随着时代变迁，车站站名曾六度变更，打下不同历史时期的烙印，从一个侧面反映了20世纪中国社会和北京铁路的发展变化。

拍摄于20世纪30年代的东车站及广场。

车站紧挨前门东边的城墙。

正阳门东车站前广场上来往的黄包车显示了这里客运的繁忙。

1901年12月至1937年8月，称正阳门东站；1937年8月4日至1938年6月9日，称前门站；1938年6月10日至1945年10月11日，称北京站；1945年10月12日至1946年3月8日，称北平站；1946年3月9日，根据交通部平津区特派员办公处公报（路字第906号）处令，改北平站为北平东站。1949年9月30日，北平东站改称北京站。直至1959年9月，新北京站建成，人们又称此站为老北京站。

京奉铁路正阳门东车站也记录了很多历史，1905年，革命志士吴樾刺杀“五大臣”发生在这里；1912年、1924年孙中山曾两次从这里抵京；1924年，冯玉祥发动北京政变并安营扎寨在这里；1931年“九一八”事变后，500名北平学生组成的“南下救国示威团”也是从这里出发。

新中国成立之后，这里一度成了“国门”和“首都迎宾门”。毛泽东首次对苏联进行国事访问从这里出发；金日成、胡志明到访中国都是从这里开始友善之旅；抗美援朝志愿军的英雄代表们也是从这里凯旋，周总理还亲自赶到火车站迎接。1959年，参加“第一届全国运动会”的各地运动员代表乘列车陆续到京，也是在这里抵达。

1959年后，这里不再作为火车站使用，而被改建成北京铁路工人文化宫，候车室则被改造成剧场使用多年。20世纪70年代，为修建地铁让路，以钟楼为中心作了“镜面对称平移”。钟楼的位置原本是在车站的右侧，改建时，钟楼左侧的部分建筑被拆除，并在钟楼右侧重建，只有钟楼以北西墙和北墙西边一段真正保留了原有的结构和砖墙，其余的墙体是改造后的钢筋混凝土结构。建筑外观仍保存了历史原貌。

东车站以西就是正阳门了，照片展示了前门区域的街道路况。此时瓮城已拆除，照片左边，箭楼的月牙形装饰部件、城楼下的观音庙清晰可见。

岩田秀则于 1923 年拍摄的东车站的站台。

拍摄者在天桥上远眺正阳门箭楼和火车站，一辆火车正“轰隆隆”地开过来。

正阳门东车站的正面照。

日占时期。1937 年日军发动“七七事变”，在 8 月 8 日占领正阳门东车站。1939 年 4 月，北京和南京（浦口）间通车，举行了庆祝通车的仪式。这个“庆祝北京南京间通车”的字是带有灯光的，夜间也能醒目地看到。

京汉铁路正阳门西车站

1900 年，八国联军占领北京后，为了便于运输军用物资，法军将卢汉铁路从卢沟桥延至正阳门，建立正阳门西车站，卢汉铁路改称京汉铁路。正阳门西车站，也称前门西站，与同时期英国人修的正阳门东车站遥相呼应。与东车站不同的是，西车站的建筑物如今已无存。

清光绪三十二年（1906 年）至宣统三年（1911 年）间，正阳门西车站旅客运输主要办理普通客车及快车两种。1938 年，侵华日军将车站改称北京西站。1945 年，日本投降后，车站更名为北平西站。

20 世纪 40 年代初，西车站取消了客运业务，所有进京列车都到达东车站。中华人民共和国成立后，西车站更名为北京西站，作为货运站使用。1957 年，西车站连同其到广安门站之间的一段铁路同被拆除。

上图：1915 年左右拍摄的正阳门西车站的站房。

上图：站房及西边的铁轨。远处就是宣武门城楼。

上图：1917 年左右拍摄的正阳门西车站的站台。

1913 年 4 月，隆裕太后葬礼之后，遗体被送至西车站。由于光绪帝的“崇陵”还没有修完，所以，隆裕太后的梓宫也只能“恭奉暂安”。奉移时由民国政府的仪仗队、军乐队前引，传统的满族执事：门纛、曲律（满语音译，即小纛旗）、影亭、亮轿、曲柄黄伞、鹰、狗、骆驼、刽子手、帐篷等随后。用的是 96 人的“落地满黄”的“皇杠”（即黄杠、黄罩、黄杠绳、杠夫戴的青荷叶帽插着黄雉翎，举黄色白光的拨旗，上书“恭奉暂安”字样），一直抬至西车站，将运至河北易州梁各庄行宫内暂安，等候崇陵竣工后，与光绪帝一起入陵。

右页上图：隆裕遗体被抬至火车站。

右页下图：隆裕太后移灵时所用的专列是慈禧生前乘坐过的专列。

D-06
Bier Entering Funeral Car.
16

中华门

作为皇城的南门、明清两朝的“国门”象征，此门的名字总是随朝代的更迭而变换，中华门是民国时期的名号。庄严厚重的建筑风格，展示着皇城与市井的分界。从这里开始，繁华喧闹的市井气息渐渐消散，气氛庄重沉稳起来。

始建于明朝永乐年间，依照南京故宫的洪武门而建，称大明门；清顺治元年（1644 年）改名为大清门；1912 年改名为中华门；1954 年，为扩建天安门广场，被拆除；1976 年，在原址修建了毛主席纪念堂。

上图为中华门时期，由日本建筑师小野氏拍摄。

史上最早的北京全景照片

右页这张照片是费利斯·比托（*Felice Beato*，1832—1909）于 1860 年拍摄的大清门及棋盘街全景，也是目前为止发现最早的以中轴线为中心拍摄的全景照片。

1839 年，法国人达盖尔（*Louis Daguerre*，1787—1851）发明了银版摄影法，也被称为达盖尔银版法（*Daguerreo type*），摄影术从此诞生。1840 年，鸦片战争爆发，西方人凭借《南京条约》敲开了中国大门，摄影术随之进入。1844 年，法国人于勒·埃及尔（*Jules Itier*，1802—1877）在广州拍下了中国的第一张照片。之后，上海、厦门等通商口岸陆续出现了西方摄影师的身影和他们拍摄的照片，但是作为皇都的北京城，仍然不允许外国人居住，拍摄照片更是无从谈起。1860 年第二次鸦片战争，英法联军闯进了北京城，给了随军摄影师一个大好的机会。

彼时，28 岁的英军随军摄影师费利斯·比托和法国的查尔斯·杜宾（*Charis Dupin*）随英法联军来到北京，不过，不知何种原因，杜宾拍摄的照片并不多。而比托作为一个战地摄影师，在来中国之前已经拍摄了从中东地区到印度的多场战争照片，但是由于受当时摄影曝光等技术限制，他的战地摄影只能是以战斗结束后的战场景象为主。1860 年，他在香港加入英国军队的行列并随军北上，在天津北塘登陆后攻占大沽炮台的战役中，他拍下了许多残酷的战争场景，留下了惨烈的纪实摄影作品。接着，由于八里桥之战中清军溃败，英法联军长驱直入。到达北京后，比托的兴趣转向了古老神秘的北京城，他拍摄了北京最早的风光旧影，留下了关于城墙、宫殿、庙宇、园林等许多具有历史价值的蛋白照片，第一次向世人展示了大清帝国的都城——北京。

1860 年秋季的一天，比托把照相机安放在正阳门城楼的西侧城墙上，将镜头由西向东，依次调转角度，一共拍摄了六张照片，经过拼接，最终为他眼前这座古老的都城留下了第一张全景照片。这张照片原照高约 23 厘米，长约 173 厘米。照片中没有战争的硝烟和狼藉，古都北京是那样的肃穆、祥和。这座城市特有的感染力是每一个发现美、记录美的摄影师无法抵挡的。这张照片的原注释是：Panorama of Peking, Taken from the South Gate, Leading into the Chinese City, negative October 1860.

照片中，棋盘街东侧的各部衙门屋宇，棋盘街西侧的各府房舍，还有棋盘街周围的铺舍房都非常清楚。东、西江米巷的房屋鳞次栉比、整齐簇新。当天的能见度很好，从前门城墙上北望天安门、太庙、紫禁城、北海白塔和左崇文右宣武的城门楼，甚至远处的西山都清晰可见。整个北京的天际线和谐、恢弘、庄严、肃穆。

1915 年末至 1916 年初，横匾更换成了传统的宫廷式样的华带牌竖式题额。

1917 年 7 月 1 日至 12 日，由于张勋复辟，中华门又短暂地换上了“大清门”满汉文横匾。

1917 年 7 月 13 日之后，恢复之前的中华门竖匾。

1952 年为扩建天安门广场，在苏联专家的建议下于 1954 年被拆除。

1976 年毛泽东逝世后，在原址修建了毛主席纪念堂。

棋盘街

门南边的这块地方，明朝时曾是闹市街道，俗呼“棋盘街”。

可见我国传统棋种（围棋、象棋）在社会上产生的深远影响，人们将这个中间御路似“楚河汉界”的象棋盘命名为“棋盘街”。

据《大清会典》记载：“大清门，三阙上为飞檐崇脊，门前地正方，绕以石栏，左右石狮各一，下马石碑各一。”其中的这块“正方地”就指棋盘街。由于大清门是皇城的南门，因此通过门前东西向的棋盘街，无论官员平民，都要下马或下轿，且在此街两端也各设一通下马碑。

棋盘街是明清时期北京繁华的商业中心，买卖兴隆，热闹非凡。

《长安客话》描述道：“大明门前，棋盘天街，乃向离之象也。府部对列街之左右。天下士民工贾，各以牒至，云集于斯，肩摩毂击，竟日喧嚣，此亦见国门丰豫之景。”

棋盘街还是禁兵屯驻的营地，每遇皇帝大典出宫时，御林军先期在此扎营，这时各店铺收摊关门。

1882 年，法国公使秘书罗伯特•德•赛玛耶伯爵（*Robert de Semallé*，1849—1936）（中文名：谢满禄）拍摄的大清门和棋盘街。

东江米巷、西江米巷

合称为江米巷。金、元时期，江米巷本是金代闸河、元初金口河等人工运河河道的一部分。后来，城市变迁、运河河道废改，约在元末明初时期形成一条新兴胡同。

由于南粮经运河北运，南方的糯米在北京俗称江米，据学者考证，元代文明门外的皇家粮仓丰裕仓储存江米，久而久之，这个地方便被人们称作江米巷。

《元史》中记载："丰裕仓，……，掌收贮中宫位下糯米。"

《明宣宗实录》中，宣德十年（1435年）有记载："夏四月辛酉，造江米巷石桥。"

江米巷地区在元代属于城外。明永乐十八年（1420年），扩建北京城，将该地区圈入城内。胡同北面不远便是紫禁城，由于位置适中，明朝就在这里建立起不少中央衙署，如明朝的前军都督府设在西江米巷东口，锦衣卫也在西江米巷中部北边。太常寺、通政司等中央机构也在此处。

当时，东江米巷西口有座"文德"牌楼，西江米巷东口有座"武功"牌楼，一文一武遥遥相对，将两座牌楼中间的"天街"从江米巷划分了出来。街巷既为一体，又有区分。

1900年庚子国变后的棋盘街东、南侧已经是一片瓦砾，貂皮巷、巾帽胡同从此消失，棋盘街南边的连房也是残垣断壁。左上角可以看到的建筑是户部大堂，未被损毁。

上图：1900 年，八国联军在清朝户部大门前的照片。庚子国变，户部被八国联军一抢而空。

户部的主要职能为负责全国土地、户籍、货币、财政、赋税、官员俸禄等诸多事务。清代中央各部院衙署，基本上都位于正阳门以北，皇城千步廊两侧。其中銮仪卫、太常寺、都察院、刑部、大理寺等位于其西侧，宗人府、吏部、户部、礼部、兵部、工部、鸿胪寺、钦天监、太医院等则位于其东侧。

“五府六部”的营建，让“东文西武”的中国传统文化理念与两条胡同联系到一起，大约在明代中后期产生了东、西江米巷的称谓。

李诩在《戒庵漫笔》中提到“嘉靖六年六月十九日夜，京城雨雹交作，次早东江米巷南，李学等家房上有钱八十四文，一一壁立瓦栊中”，由此可见，这时期便有了“东江米巷”的确切记载。

户部街

在大清门、千步廊东侧有一条南北走向的街道，因是户部大门前的街道，被称为户部街。其位置约在如今天安门广场国旗杆东侧地下通道出入口以南。

清代，这里有家“户部街马记”，就在宗人府衙门大门口旁，紧邻户部街，因此得名。它售卖的酱羊肉、烧羊肉，因味道醇香、营养丰富而名满京城。嘉庆年间，太医院的太医都会来这家店的后厨，有的还亲自对烧羊肉的烹饪提供宝贵的建议。慈禧对这里的酱羊肉情有独钟，据说夏日到颐和园避暑，每顿夜宵都得吃这家的烧饼夹羊肉。

《道咸以来朝野杂记》中曾对这家饭馆有如下描述：“正阳门内户部街所制酱羊肉为北京第一，外埠所销甚广，价之昂亦无比，然购买者并不因此却步。”

“户部街马记”在 20 世纪 50 年代天安门广场扩建时迁到了前门外，这便是老字号：月盛斋。

上图：1900 年庚子国变后，八国联军军队穿越大清门时的场景。照片中可看到，“东十连房”已经损毁。其时，周边房屋也已焚毁，独留大清门依然完整。

1900 年 8 月 14 日凌晨，八国联军向北京发起总攻，15 日逐步攻占了北京各城门，随即与清军在京城各处展开巷战。8 月 16 日晚，八国联军基本上已经占领北京全城。慈禧太后、光绪帝和亲贵大臣离京、下罪己诏，又派奕劻和李鸿章与八国联军谈和。慈禧太后等人逃至怀来县，随后又辗转逃亡至大同、太原，最后到达西安。

上图：两宫回銮，即将进入大清门时拍摄的照片，门旁的官员下跪恭迎。照片中可见，为迎接“回銮”，棋盘街经过了修整，“东十连房”已重建，石栏杆也修缮一新，战争的痕迹似乎已被抹去。

1901 年 10 月 6 日，慈禧带领光绪帝及众大臣从西安启程回京，与西逃时的狼狈凄惶不同，回京之路风光无限、浩浩荡荡，走了整整三个月，1902 年 1 月 7 日，自保定乘火车至北京马家堡车站，乘銮驾经永定门入正阳门，再经大清门回到紫禁城。此即“两宫回銮”。

下图：1903 年前后，修缮后的大清门。三门紧闭，已然恢复往日的秩序。每扇门上九九八十一颗门钉清晰可见。

1903 年的大清门及棋盘街广场似乎恢复了往日的秩序，天街与御道上拉起围挡，无法通过。广场东侧的房舍，包括东江米巷的敷文牌楼及北侧的礼部衙门已然踪迹全无，成为一片空地。

1904 年后，敷文牌楼已重建，棋盘街东边的广场上堆满了正在重修正阳门的材料。

上图：1912 年 10 月 9 日以后的中华门，木质匾额，为王治馨书写。门前的公告牌上写着“由此往北只许行人往来”，可以称得上是“步行街”了。从中间的门洞可以看到天安门城楼，从两侧的门洞可以看到“千步廊”。

王治馨，字奇裁（1868—1914），山东莱阳人。副榜（科举时代会试或乡试取士，除正榜外另取若干名，列为副榜）出身。清末在袁世凯手下当差，1900 年被保举为知州。不久，袁世凯调任直隶总督，命赵秉钧创办巡警，王治馨亦投身警界，受到赵秉钧重用。后调奉天，任巡警局总办。东三省总督徐世昌对他也很赏识。民国以后历任内务次长、京师警察厅总监。1913 年 9 月，调任顺天府尹，为北京的最高行政长官。王治馨因受宋教仁遇刺案的牵连，于 1914 年 6 月 27 日被袁世凯下令逮捕，10 月 23 日被枪决。

1912 年，清帝退位，民国建立，曾代表“国门”的大清门须更换名称。于是在辛亥革命周年庆的前一天——1912 年 10 月 9 日，王治馨书写的“中华门”木横匾替换了原石匾，至此，国门改称“中华门”。王治馨被枪决后的 1915 年末，袁世凯下令把城门、紫禁城宫殿（除去清逊帝仍居住的后三宫）、牌楼等处的满汉双文匾替换为汉文匾。由于中华门横匾式样与此不统一，也一并更换为传统的“华带牌”。

石匾换成木匾，还诞生了一个流传甚广的故事：工匠们原计划在“大清门”石匾背面刻上“中华门”，摘下后才惊诧地发现，背面竟是“大明门”，原来清朝已经用过这个方法了，不得已，只得临时制作一块横木匾。这个故事虽有趣，但真实性却颇受质疑，其中一个理由就是大清门石匾狭长，因为既有满文又有三个汉字，若背面刻“大明门”三个字，则间距过大，甚为不美，作为“国门”象征，不可能如此草率。

1914 年前后的中华门及棋盘街，中华门东边的瑞金大楼已经盖起。右下角可见，栏杆已经改成弧形。御道两侧已经栽种上了小树。

上图：1913 年 2 月，隆裕太后去世，民国政府下令举国哀悼。中华门门前也扎素彩、搭牌坊。

右图：1916 年 7 月 4 日，袁世凯出殡队伍通过中华门时的照片。此时中华门牌匾已换成华带牌。

右图：1917 年 7 月 12 日张勋复辟失败后，讨逆军通过中华门。此时，中华门前正在用杉篙搭脚手架，将张勋复辟时挂上去的大清门牌匾摘下，换回中华门牌匾。

1928 年，德国摄影师汉茨・冯・佩克哈墨尔（*Heinz von Perckhammer*，1895—1965）拍摄的中华门，透过门洞可以看到远处的天安门。这块匾额就是宫廷式样的“华带牌”，立幅竖式题额。

此时千步廊已经拆除，棋盘街上也已绿树成荫。东边还可以看到 1921 年建成的北京邮政管理局大楼，该楼地上三层，地下一层，三层之上是圆形的四面钟楼。其长期作为京邮政总部所在地，于 1977 年被拆除。

中华门前搭的临时牌楼，上书“五族腾欢”。

上图：拍摄于 1957 年初。中华门及两翼的皇城城墙完好。人民英雄纪念碑主体已建成。棋盘街改为汽车总站。

下图：拍摄于 1957 年夏。纪念碑基座周边还在进行施工，中华门依旧，棋盘街的公共汽车总站已经盖好了整齐的候车棚。资料记载人民英雄纪念碑是 1958 年 4 月 22 日落成，同年 5 月 1 日隆重揭幕。

“敷文”和“振武”牌楼

棋盘街东西两座牌楼是明成祖朱棣营建北京宫殿时建造的，东江米巷西口的牌楼称为“文德”，西江米巷东口的牌楼称为“武功”，两座牌楼的型制和样式相同。这个名称是以明皇城为中心，按照“左文右武”的规制排列，在北京城传统中轴线两侧形成对称格局，共同烘托居中坐北朝南的大明门，构成严整的空间序列。从另一个角度讲，这两座牌楼也是大明门的附属建筑——北有大明门，南有正阳门，东西有两座牌楼，这就形成了一个整体，中间是一个大的“天井”棋盘街。后慈禧改为“敷文”“振武”。

敷文牌楼在 1900 年义和团围攻东交民巷各国使馆时被毁，1902 年复建；1912 年“北京兵变”期间再次毁于战乱；1915 年袁世凯筹备登基时复建，改为水泥构件的仿木形式。1955 年，因妨碍交通被拆除。

牌楼分为“冲天式”和“不出头式”两类。“冲天式”也称“柱出头式”，其间柱高于明楼楼顶；“不出头式”的最高点是明楼正脊。两类牌楼又分为“一间二柱”“三间四柱”“五间六柱”等形式；顶部的楼数则有一楼、三楼、五楼、七楼、九楼等形式。在北京城的牌楼中，规模最大者为“五柱六间十一楼”。宫苑之内的牌楼多为“不出头式”，而街道上的牌楼则多为“冲天式”。

上图：在庚子国变中被毁后，1902 年修缮一新的敷文牌楼（自西向东拍摄）。此时的敷文牌楼是木结构，匾额为满汉双文书写，型制为四柱三间夹三楼的冲天柱式，一高两低的三座屋顶为悬山顶，四根立柱各设一对戗柱。因位于道路较狭的巷口，其开间尺度略小于大街上的牌楼。

自西向东拍摄横跨东交民巷西口的敷文牌楼。跟上一张照片对比就会看出，此时的敷文牌楼已是 1915 年后再次复建的了，匾额是汉字。两边建筑的变化也很大：左边即是瑞金大楼——为驻华的外国机构提供办公场所，可以说是涉外写字楼。右边栏杆内是美国使馆驻军的操场。

换个角度，自南向北拍摄的瑞金大楼。照片中的大街是公安街（原户部街，1928 年改称公安街）。瑞金大楼北边是在礼部原址上建起的邮政管理局大楼（1917 年左右修建，约 1922 年建成并投入使用）。棋盘街一角的树木已经郁郁葱葱。

1916年前后的西交民巷东口，可以看到振武牌楼及旁边的河北银行大楼和远处的清末大理院大楼。西交民巷的其他银行建筑此时尚未建成。

西交民巷东口的振武牌楼，牌楼侧前方有着红色钟楼的建筑是河北银行（1977年扩建天安门广场时拆除），侧后方的钟楼建筑为大陆银行（1926年建成，现存，在今天安门广场西侧路边）。

东交民巷

如今的东交民巷西起天安门广场东路（清代、民国时称户部街、公安街），东至崇文门内大街（民国时称崇文门大街），全长近 1.6 公里（算上西交民巷，约 3 公里），是老北京最长的一条胡同。

明代时，东江米巷设有六部中礼部以及鸿胪寺和会同馆，但主要只接待来自安南、蒙古、朝鲜、缅甸等四个藩属国使节，因此会同馆又被称作四夷馆。到了清代，会同馆改名四译馆，并修改政策，只允许外国使节在这里居住四十天。

咸丰十年（1860 年）第二次鸦片战争中国战败后，根据《天津条约》，列强纷纷在东江米巷建立使馆，此时江米巷的名称早已名不副实，于是，东、西江米巷就因其谐音分别改为东交民巷和西交民巷。

1861 年 3 月，英国公使正式入驻东江米巷御河西的淳亲王府（当时名为梁公府，系康熙帝七子淳亲王允祐后代的府邸），经与恭亲王奕䜣商议，以每年 1000 两白银租下；法国公使正式入驻安郡王府（当时名为纯公府，系努尔哈赤之孙安郡王岳乐的府邸）；美国公使入驻一位美国公民位于东江米巷的私宅；俄国公使则入驻清初在这里修建的东正教教堂俄罗斯馆。清廷与日本是从 1877 年（光绪三年，明治十年）才正式建交，初期日本公使馆位于今东交民巷 21 号的位置，1894 年爆发中日甲午战争，两国断交，签订《马关条约》后，两国复交。随着各国公使馆均选择这一带为馆址，东交民巷逐渐被称作使馆区。但这时的使馆区只是地理概念上的，实际上是官府、商家、居民杂居的。

那时，东交民巷尚有中国人居住。大学士徐桐曾住该巷路南，外国人屡欲购其房产，皆被严词拒绝，并写下“望洋兴叹，与鬼为邻”的对联贴在大门上，一时间传遍京城。

1900 年，东交民巷使馆区受到义和团和清军的联合“打击”，遭受重创。之后，根据《辛丑条约》的规定，东江米巷改名 Legation Street（使馆街），其在中方绘制的地图中则正式更名为东交民巷。各个使馆联合将东交民巷区域用城墙和碉堡等军事化设施封闭起来，自行派军队管理，清政府在这条街上的衙署，仅保留了宗人府和吏、户、礼三部，其余尽数迁出。而位于户部衙署之南，东交民巷之北的礼部衙署被部分

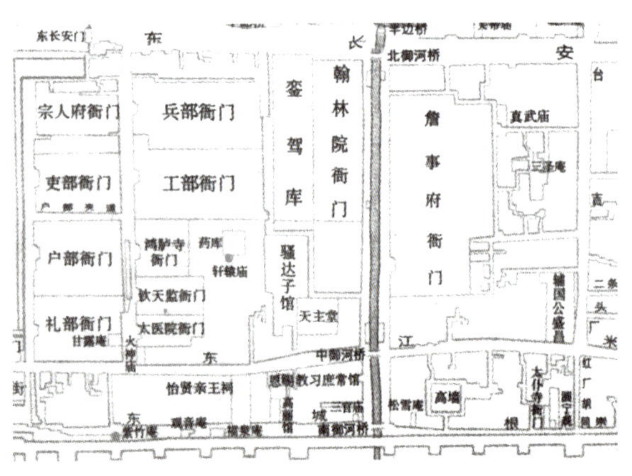

清乾隆时北京城图（局部）东江米巷区域

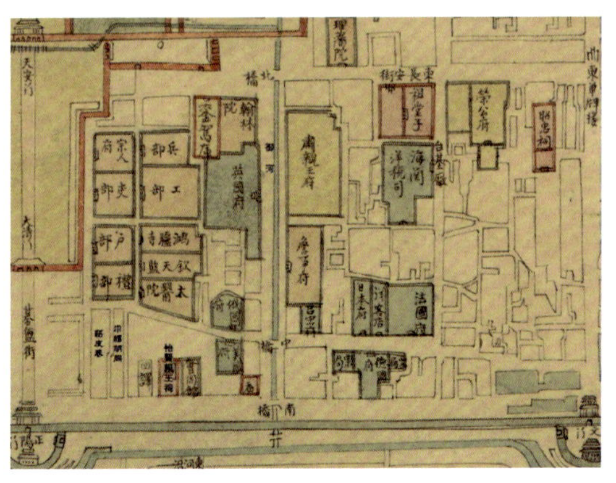

北京全图（局部）（约刊于 1861—1887 年间）

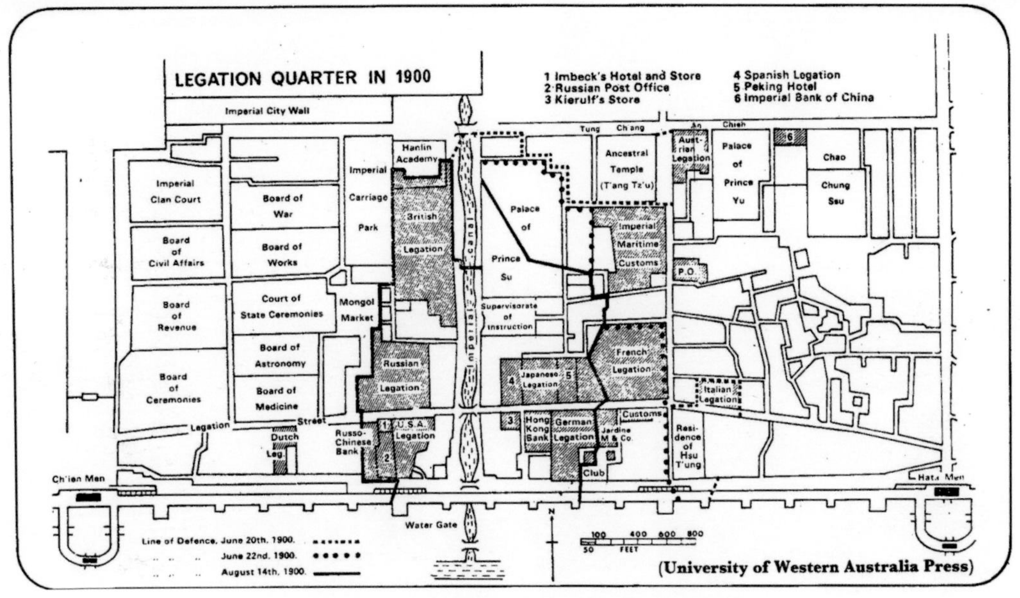

上图：1900 年的东交民巷公使馆平面图。

LEGATION QUARTER AND ITS SURROUNDING

上图：1900 年之后的东交民巷区域平面图。此为奥地利人斐士（*Emil Sigmund Fischer*，1865—1945）所著的《京师地志指南》（*Guide to Peking and its Environs*）配图。

保留，北半部分仍旧为礼部，南半部分则划归使馆区，并在之后短短的几年内建成法国医院。之后使馆区内出现英国汇丰银行、麦加利银行，俄国俄华道胜银行，日本横滨正金银行，德国德华银行，法国东方汇理银行等外资银行，还开办了邮局、医院等，出现了大量西式建筑。

1927 年，蒋介石在南京成立国民政府。1928 年后各国使馆相继迁往南京，但东交民巷旧址未废。

1949 年 1 月 31 日，北平和平解放，中国人民解放军入城时全副武装昂首通过东交民巷。1950 年 1 月 6 日，北京市军管会颁发布告，庄严宣布在北京市内帝国主义兵营的占地一律收回，其建筑全部征用。一些与新中国建立正常外交关系的国家，继续在东交民巷建立使馆。1959 年开始，按照中国政府的安排，各国使馆先后迁往东郊建国门外。东交民巷建立使馆的历史从此宣告结束。

拍摄于 1900 年的北御河桥。

1899 年前后，自南向北看中御河桥。

下图：1910 年，东交民巷内的御河南段（由北向南拍摄），远处为北京内城的正阳门东水关——御河从北向南流出城墙的南出水口，从此处流入内城外的护城河。此段水路在 1901 年之前有座南御河桥。

1900 年，英军攻入广渠门后进入外城。因内城城墙坚固高大，一时无法攻克正阳门和崇文门，焦虑之际，一个英属印度士兵发现东水关河水干涸，就破坏了水关下的铁栏杆，冲进北京内城，直接进入了被清军和义和团围困的东交民巷使馆区。庚子国变之后，英国人配合前门火车站（京奉铁路正阳门东车站）的建设，刨开城墙墙体，将水关扩建为门洞，方便出入，并在门洞外修通了到达火车站的路。门洞建成以后，命名为“水关门”，上边镶嵌的石匾题刻着英文“WATER GATE”，意为“水门”。20 世纪 60 年代，水门随城墙一并拆除。现地理位置为正义路南口。

在以英国使馆为主导的“使馆界”市政改造中，1901 年拆除南御河桥，将南御河桥至中御河桥之间河道改为暗沟，作为六国饭店的停车场。1926 年又将中御河桥至北御河桥之间河道改为暗沟，路面中间辟为绿化隔离带，仍以原先的东西河沿为道路。20 世纪 30 年代，北御河桥以北的南河沿改为暗沟后，将北御河桥拆除。剩下的中御河桥在修建马路时，被埋入地下。1945 年抗日战争胜利后，将原御河东、西河沿分别命名为兴国路和正义路。1949 年后，将东、西两侧路统一命名为正义路。

东交民巷内的原怡亲王祠堂。

上图：1900 年庚子国变后的东交民巷使馆区惨景。可以看到城墙以北和东交民巷以南很多房屋都是残垣断壁。

东交民巷的界墙

《辛丑条约》规定：

划定使馆区。将北京东交民巷划定为使馆区，成为“国中之国”。在区内中国人不得居住，各国可派兵驻守。整个东交民巷使馆地界的面积约1.3平方公里，比原各使馆占地面积的总和增加了约20倍。使馆界四周围以高墙：南墙利用北京内城南城垣，东、西、北三面建6米高的界墙，墙上砌有雉堞和射击孔，相隔一定距离砌有红漆钢顶炮台。围墙带有八个碉堡并带有铁门，作为使馆界的出入口。围墙分由各国按统一图纸建造。

《辛丑条约》签订后，东交民巷地区四周的界墙和各个大门逐年渐次修建完成，这些界墙和大门分别由美国兵营、英国兵营、意大利兵营、奥地利兵营、德国兵营、日本兵营等国按不同的区域分别派兵把守和管辖。此外，在东交民巷地区四至内的各个大门和兵营大门等出入口，列强们也各自派兵巡逻保卫。自此，整个东交民巷地区划为使馆界，界内由各国使馆自行管理，东交民巷成为“国中之国”“城中之城”。而“国中之国”的各门和围墙均设有碉楼、枪眼……这或许是中国历史上绝无仅有的，如此多国家（民族）在距离代表权力中心的“皇城”如此之近处“安营扎寨”！

上图：东交民巷地区北侧中段界墙及东交民巷北门。

上图：东交民巷地区西河沿西侧北墙，墙上悬挂着英国国旗。

上图：东交民巷东侧（界）中段界墙（射击孔和炮台）。

上图：东交民巷西北门。

东交民巷西南门。

东交民巷东南门。

东交民巷东南门及门前广场。

六国饭店，又称各国饭店，位于今天北京正义路南口路东的东交民巷御河桥路东。

六国饭店所建之地是在原来太仆寺的位置，而且只占了太仆寺的一部分，另一部分为比利时使馆所占。《燕都丛考》中说："昔日之太仆寺，今为六国饭店、比国使馆地。"据此估计，太仆寺规模不小，《京师坊巷志稿》记载："太仆寺署在中心台，迤西则会同四译馆，教习庶常馆在焉。俱详衙署。怡贤亲王祠，详祠祀。有毗卢庵、松雪庵、元明寺，东有武郡会馆。"太仆寺内有"堂三楹，东有当月印房、土地祠、文昌阁，西有主簿厅、茶房"。

庚子国变后，八国联军入侵北京，辟东交民巷为使馆区。在这里除了建设使馆之外，还建设了各国的兵营、医院、银行、洋行，以及这家 1905 年由英、法、美、德、日、俄六国合资建成的六国饭店。六国饭店地上四层，地下一层，有客房 200 余套，是当时北京最高的洋楼之一，更是京城第一家大饭店。百余年来，它见证了中国近现代史上诸多重大事件。在清末和民国一直是高官、名流出入的场所，另外，当时这里还是下台的军政要人的避难所。直到 20 世纪 40 年代后这种地位才逐步被北京饭店取代。

六国饭店和北京饭店是当时京城最高档的两家饭店，给北京民众第一次带来西方的面包、咖啡、牛排，和一整套的餐饮礼仪：雪白的餐巾如何叠放，刀叉如何使用，用餐时应当尽可能不发出咀嚼的声响，包括凡事女士优先这样的绅士法则。交际舞进入北京也始于六国饭店。

现在原址上修建的是华风宾馆。

1901 年，一个比利时人在御河东侧建造了一家名为 Grand Hotel des Wagon Lits 的西式宾馆。当时的造型是传统的欧式山字形两层砖楼，很古典庄重。这座宾馆就是六国饭店的前身。

1903 年，饭店经过了改建，改建后的造型现代化了许多，不过还是二层。

1905 年，饭店被推倒再建为四层，由于是英、法、美、德、日、俄六国合资，所以取名为六国饭店。六国饭店坐东朝西，面对御河。六国饭店的北边圆顶欧式建筑为日本横滨正金银行。两座建筑之间的御河上即为御河中桥。

上图：英国公使馆大门。英国公使租下东交民巷北边御河西岸的梁公府，基本沿用其内部建筑，只是新建了一座二层凯旋门样式的大门。庚子国变之后，英国使馆又占了其北侧的翰林院，东侧的銮驾库、鸿胪寺以及兵部、工部的一部分，作为兵营，位置非常有利。使馆的北墙斜对面就是紫禁城，其界墙上的炮台和枪眼正对着天安门和太庙。1924 年孙中山北上，提出严厉抗议，英国人才卸下大炮。此地 1949 年后曾归英国代办处使用。现为东交民巷正义路西侧 5 号院。

梁公府本是清康熙帝第七子爱新觉罗・允祐的宅邸——淳亲王府。根据清代爵位降等世袭的制度，到了其孙奕梁这辈，爵位已降为镇国公。

英国使馆前，御河岸边有座纪念 1900 年北京解围的“方尖碑”。按照与周边人物对比，此碑高度应有三米以上，碑体通身平整光滑，简洁凝重。据资料显示，当时碑上用英文刻着“20th JUNE TO 14th AUGUST 1900”（1900 年 6 月 20 日至 8 月 14 日）。1945 年 11 月 24 日，国民党政府行政院发布处理东交民巷等有关外国租界官有资产和官有债务的公告《接收租界及北平使馆界办法》，要求将其“移置馆内”。

上图：法国使馆大门。托马斯·查尔德于 1876 年拍摄。

英法联军攻占北京后，法国军队占领了位于东江米巷御河东岸的肃王府，欲将法国使馆建于此处。此时的肃王府主人是肃亲王爱新觉罗·华丰，而第一代肃亲王豪格是清太宗皇太极的长子，清朝开国功臣，著名的八大铁帽子王之一，王爵世袭罔替。如此显赫的王府，事关大清脸面，负责与英法联军谈判的恭亲王奕䜣断不答应，后应允将位于东江米巷胡同与台基厂交界口西北角的宗室景崇府（当时名为纯公府，系努尔哈赤之孙安郡王岳乐的府邸）租给法国。法使开始拒不接受，几经交涉，在恭亲王提出可仿英国使馆成例，自行修葺，并准许在纯公府西侧花园的空地自建房屋，一切修缮费用，均在“租银”内扣除，法国代表才勉强同意。

当清廷将纯公府拱手交给法国人时，纯公府的主人纯堪正奉命在遵化守护东陵，家眷仍在府内照常生活。为此，他们必须腾开府邸，迁徙他处。

庚子国变中，义和团围攻东交民巷，由于法国使馆位于使馆群的外围，损失惨重，使馆内的部分建筑损毁。

《辛丑条约》签订后，法国使馆重新修缮，范围进一步扩大，将使馆与位于台基厂中段路西海关总税务司之间的柴火栏胡同以南及原法使馆西北部的民宅区一并纳入新法国使馆。现为东交民巷 15 号。

1862 年（同治元年），美国正式设立驻华使馆，蒲安臣（*Anson Burlingame*，1820—1870）出任美国第一任驻华公使。

使馆建立在东江米巷路南、邻近路北的俄国使馆。庚子前，美国驻华使馆馆址面积并不大，原为不同建筑风貌的民房。土地原本为美国公民卫三畏（*S. Wells Williams*，1812—1884），也就是《中国总论》（*The Middle Kingdom*）一书的作者所有，他答应将土地借予美国政府使用，直到他去世，他的哲嗣继续保持这项承诺。

在庚子国变、围攻东江米巷使馆的战斗中，美国使馆处于列国使馆的西南防守区域，据记载，美使馆遭受了来自南面城墙上清军炮火的袭击，破坏很严重。

1901 年《辛丑条约》签订后，美国使馆暂时占用东交民巷三官庙（位于东交民巷御河段南端和东交民巷交汇处西侧）作为临时办公之用。1903 年后，美国使馆迁移到荷兰使馆以西，并趁机占有、侵吞和兼并了东交民巷胡同西段路南的貂皮巷、巾帽胡同、四译馆、庶常馆一带，作为美国军队操场、军营和使馆新区。

1971 年 7 月的一天，周恩来总理在此会晤了时任美国国务卿的基辛格博士。

现为前门东大街 23 号（原东交民巷 44 号）内建筑群。

最初的美国公使馆是一处私宅，为中国传统建筑，临近东交民巷三官庙。庚子国变中，使馆损毁严重，遂以三官庙作为临时办公处所。照片中的美国国旗所在即为三官庙。

荷兰于1873年开始在北京设使馆，位于东交民巷西段路南，邻巾帽胡同。旧馆在义和团运动中被毁，后在原址扩占怡贤亲王祠和附近民房、石厂、澡堂等，于1909年建成。

1903年后，搬到东交民巷西口的美国公使馆的大门。

1910 年之前拍摄的美国使馆区和法国医院。照片左侧是使馆医院、中间是使馆大门，最大的建筑是办公楼。大门外、一街之隔的就是法国医院。

上图：日本使馆大门。日本公使馆最早设在东四六条的民房内。1884 年 7 月，日本购买法国公使馆西侧的民宅加以改建。改建工程由日本第一代“四大建筑师”之一的片山东熊主持。1885 年 5 月开工，次年 8 月完工。图中的日本公使馆大门就是片山东熊设计的，大门采用拱券门形式，券顶以菊花纹样装饰。

义和团围攻东交民巷期间，日本公使馆并没有遭到损毁。不过，《辛丑条约》签订后，日本以旧馆地域狭小，不敷使用为由，占肃王府、詹事府及柴火栏一部分，兴建新馆。新公使馆由日本著名设计师真水英夫主持，1909 年建成使用。因此，在东交民巷有两个日本公使馆。

拥有东西两翼大楼的法国医院。1902 年，东交民巷西口的法国医院建立，床位 34 张，有门诊部、放射科、电疗室和药房。

上图：俄国使馆大门。俄国使馆位于英国使馆南边。早在 1727 年，根据中俄双方签订的《恰克图条约》，俄国驻京人员居住的东交民巷南馆正式成为俄罗斯馆，这是外国人在北京建立的第一个专供本国人居住的场所。后来，馆内建起了一座教堂。1861 年，俄国以英法联军和清政府之间的调停者身份迫使清政府屈服，两国外交关系随即升级为大使级外交关系，原俄罗斯馆改建成俄国驻华公使馆。《辛丑条约》之后，俄国公使馆与英国公使馆共同扩张，兼并了清太医院、钦天监、兵部和工部署衙的一部分，在原使馆西侧修建了俄国兵营。新公使馆建起了包括公使馆主楼在内的 5 栋两层的俄式洋楼及 3 栋俄式平房。1959 年底，最高检察院进驻原俄罗斯公使馆办公。如今，院内还保存着建于 1732 年的圣玛利亚教堂。

上图：奥匈帝国使馆大门及主楼。英法等国在北京设立公使馆后，奥匈帝国以“利益均沾”为由，要求在北京设立公使馆。地点位于台基厂北口路东，路西侧就是清代皇室祭祀祖先的堂子。庚子年，奥匈公使馆遭受重创，原有的欧式建筑已成为废墟。《辛丑条约》签订后，奥匈帝国重建时又占用了裕亲王府（和硕裕亲王，为清顺治帝次子裕亲王福全，未得世袭罔替，此时已是镇国公荣毓府）及附近民宅，扩大了使馆面积，修建了新公使馆和兵营。如今保存下来的公使馆是 1910 年前后建成的。位于台基厂头条的奥匈帝国使馆大门，四根陶立克柱支起一个三角山花形成门头，上立国徽，大门刷白色涂料，简洁典雅，目前此门仍保存完好。使馆主楼坐北朝南，地上二层，南立面中央三开间及两端两开间略向外凸。进入主楼大厅，迎面是双分式大楼梯通向二层。建筑虽然已逾百年仍气度非凡。奥匈帝国分裂后，此处划给匈牙利。

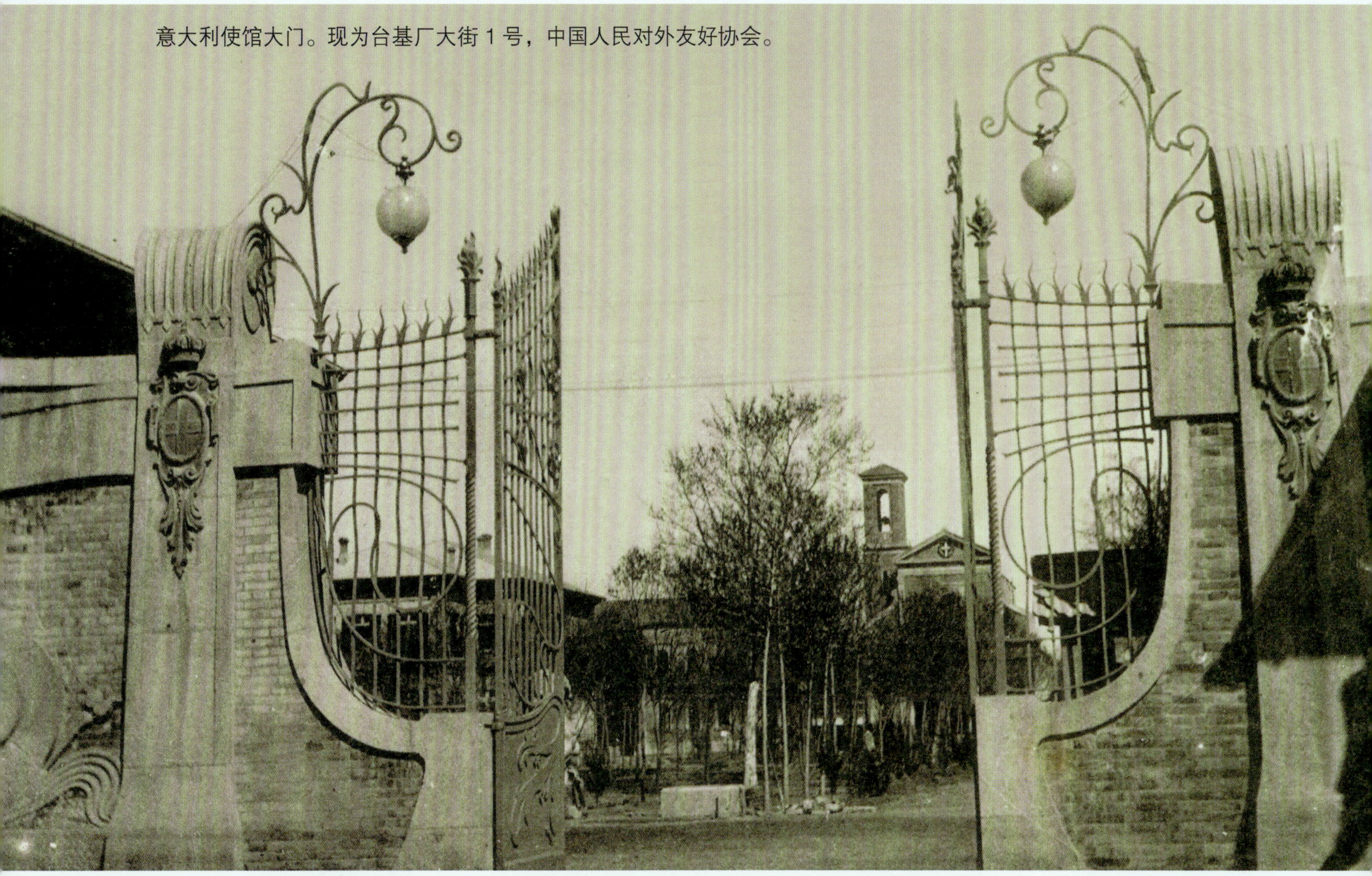
意大利使馆大门。现为台基厂大街 1 号，中国人民对外友好协会。

堂子

满族自入关以来，建立清王朝。作为女真族后人，其民族固有特色宗教“萨满教”也随之入关，且在清代早期起到了重要的作用，甚至一度被称为“国教”。

萨满，是我国北方少数民族在历史长河中信仰的宗教之一。萨满教的神职人员即“萨满”，作为人与神之间沟通的媒介，是诸多早期女真部落以及其他民族部落敬重和信任的重要成员。其作用类似于智者、预言家。而萨满教在国都京城之中所聚集的场所，并非寺庙，而是称之为“堂子”。堂子是满族及其祖先女真族族人摆放牌位、档案，用以祭祀苍天、神灵及祖宗的地方。堂子的祭祀，又称为“诣堂子”“拜堂子”，是清朝作为国家级别典礼的重要活动。皇太极称帝后，明确规定：“凡官员庶民等，设立堂子致祭者，永行禁止。”这就确立了汉人无论官职大小，不得进入堂子。

《清实录》之中记载：“顺治元年，九月己亥日，建堂子于玉河桥东。享殿三间，有闱廊，阔五丈三尺五寸，深三丈三尺。檐柱、高一丈二尺六寸。八角亭一座，围二丈六尺五寸，檐柱一丈七寸。收贮旧飨神房二间，阔一丈七尺，深一丈五尺五寸。檐柱高一丈，殿门一间，阔一丈三尺五寸，深一丈五尺，檐柱高一丈一尺二寸。祭神八角亭一座，围二丈二尺，檐柱高九尺四寸，大门三间，阔四丈，深二丈。檐柱高一丈八寸。围墙外神厨房三间，阔三丈五尺，深二丈，檐柱高一丈。”

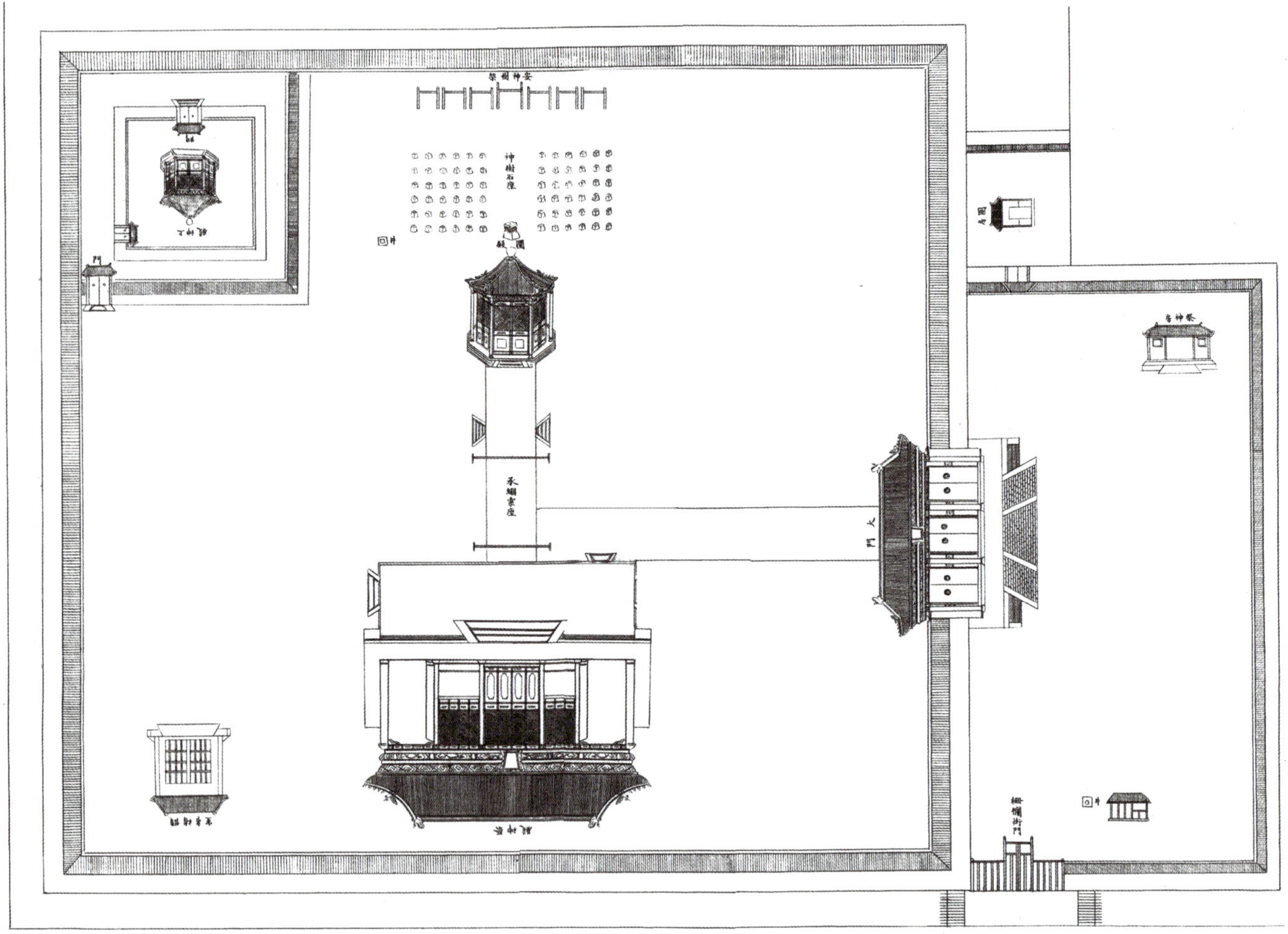

上图：清代的堂子图，出自清代光绪时期的《钦定大清会典图》。

堂子主要建筑有：祭祀殿，又称飨殿，面阔五间，单檐歇山顶，坐北朝南。往南为拜天圜殿，又称亭式殿，坐南朝北。再往南设有立竿石座。稍后两翼分设皇子、亲王、郡王、贝勒、贝子、公等致祭时立竿之石座，凡六行，行各六重，坐南朝北。东南为上神殿，又称尚锡亭，形制如圜殿，坐北朝南。

祭祀殿供奉释迦牟尼、菩萨、关羽。圜殿供奉纽欢台吉、武笃本贝子二神灵。堂子拜天圜殿不仅祀天神，而且也祭祀远世的祖先神。

1901年清政府签订《辛丑条约》后，堂子原址被划入意大利使馆区。清政府欲以其他土地更换堂子所在地，但意大利方面拒绝更换，清政府只能在新的地点重新修建堂子。但新地场地有限，一切按照尺寸，比例缩小。尽管昔日的堂子并非富丽堂皇，新建的堂子更远不及昔日堂子的规模。清末，清廷日衰，大规模的萨满教祭祀最终被取消，只保留了小规模的祭祀。清亡后，北洋军阀当政，堂子成了美术展览馆，中华人民共和国成立后一度是文物局所在地，后因修建北京饭店贵宾楼而将新堂子建筑彻底拆除。

左上图：拆除前的老堂子。

上图：20 世纪 20 年代，一场大雪后的北京，照片左下角就是新堂子。

左图：新堂子的圜殿。供奉纽欢台吉、武笃本贝子二神灵。堂子拜天圜殿不仅祀天神，而且也祭祀远世的祖先神。

左下图：新堂子的祭祀殿，又称飨殿，为单檐歇山顶建筑。

下图：民国时期，新堂子的祭祀殿已经作为美术展室使用。

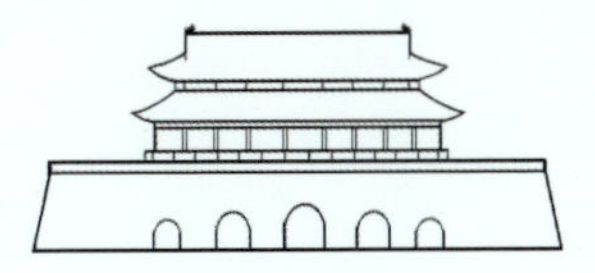

天安门

作为明清两代北京皇城的正门，天安门城楼高大雄伟、巍峨壮丽。门前有雕琢精美的外金水桥七座，威武敦厚的大石狮两对，浑圆挺秀的华表一对。凡遇国家大典，如皇帝登基、册立皇后、命将出征等，都要在城楼上举行隆重的颁诏礼。

始建于明永乐十五年（1417 年），初名“承天门”，清顺治八年（1651 年）更为现名。明清时期的天安门前是一个封闭的“T”字形宫廷广场，北端为天安门，中有千步廊，南端为大明门（大清门），东、西两端分别为长安左门（东长安门）和长安右门（西长安门）。四周宫墙环闭，属皇家禁地，平民百姓难以进入。上图为 1914 年的天安门城楼。

千步廊

千步廊在天安门以南，中华门（明朝称大明门，清朝称大清门）以北御道的两侧和天街（即今长安街）的南侧。自中华门两边起，各有东西向廊房一百一十间，延伸至最北边又分别往东、西折向，有北向廊房各三十四间，东接长安左门，西接长安右门，皆连檐通脊，共二百八十八间，此即“千步廊”。

千步廊是明清两朝中央政府的办公之地。主要是六部、五府和军机事务的办公地。位置分布遵循“文东武西”“左文右武”的格局，文官在东千步廊，武官在西千步廊。

左文：明朝时有吏部、户部、礼部、兵部、工部、鸿胪寺、钦天监、太医院等衙门，清朝时增设了翰林院。

右武：明朝时有中军、左军、右军、前军、后军的五军都督府和锦衣卫、太常寺、通政使司等衙门；清朝时则为銮仪卫、太常寺、督察院、刑部、大理寺等衙门。

由于千步廊属于中央政府的办公场所，在明清时期是“闲人免进”的地方。辛亥革命后，千步廊开放。

北洋政府内务总长朱启钤，出于城市交通方面考虑，对广场及其周围进行了系列改造。民国三年（1914 年）拆千步廊，1914 年 11 月至 1920 年，在东、西三座门和中央公园门前修筑沥青路，部分小街修石渣路。1924 年北京开始通行有轨电车，有三条路线通过公安街、司法部街及东、西长安街。拆除的千步廊的木料用来建设北京的第一个公园——中央公园（今中山公园），据说园内的来今雨轩、投壶亭、绘影楼、春明馆、上林春一带廊舍，就是用千步廊木料建成。同时，还拆除了天安门东、西三座门的两侧围墙。

进入民国以后，千步廊一带的各部衙门，也改变了原有的功用。千步廊以东，由北至南的宗人府、吏部、户部、礼部衙门所在地被改成了消防队、警察厅、烟酒事务局、邮政局，户部街也改名为公安街；再往东的兵部街改成了东公安街。千步廊以西，先是西皮市，再往西则是因刑部和大理院都在这条街西侧而得名的刑部街，民国时期这里改为司法部和法院，刑部街随之改名为司法部街。

1900 年 8 月 15 日，八国联军占领北京，之后在天安门前举行了阅兵仪式。此时的天安门正遭受着帝国主义的羞辱。

上图：1914 年之前的天安门广场，此时千步廊都还存在。中间南北向的石板路则是“御路”。

左图：1900 年 8 月 14 日八国联军侵占北京后，在天安门上由北向南拍摄，能看到金水桥、华表、连檐通脊的西千步廊。广场上都是八国联军士兵。

从照片上看出，金水桥的南面是一条东西向街道，称为“天街”。天街东西长约 370 米，南北宽约 80 米，路面铺设石板，东端是长安左门，西端是长安右门。天街的中间，向南延伸的部分叫御路，御路的南端为中华门。天街中部与中央御路交叉相连。

右图：千步廊中间的御道上行进的八国联军士兵。

1915 年的天安门广场，此时千步廊已经拆除，在路两边栽种了小树，两侧的皇城城墙还保持完整。自中华门至天安门，这一块原皇家禁地，也被开辟成一条南北方向的道路，名为“中华路”。

这张照片是由北向南拍摄。跟上图相比，两侧小树枝叶繁茂不少，远处高大的建筑是正阳门城楼。

从中华门门洞望向天安门。

下图：这张全景照片最左边的街道，清代时是户部和吏部中间的夹道，被称作“户部夹道”，民国时被称为“富贵街”，1919 年 5 月 4 日，因为不满参加巴黎和会的中国代表在《凡尔赛和约》上签字，并将第一次世界大战时期德国租借山东半岛的权利交换给日本，三千多名爱国学生组成队伍，从天安门出来后，在东交民巷受阻，便是绕行至公安街和富贵街，前往赵家楼的。当天在赵家楼，爆发了震惊全国的“火烧赵家楼”事件。

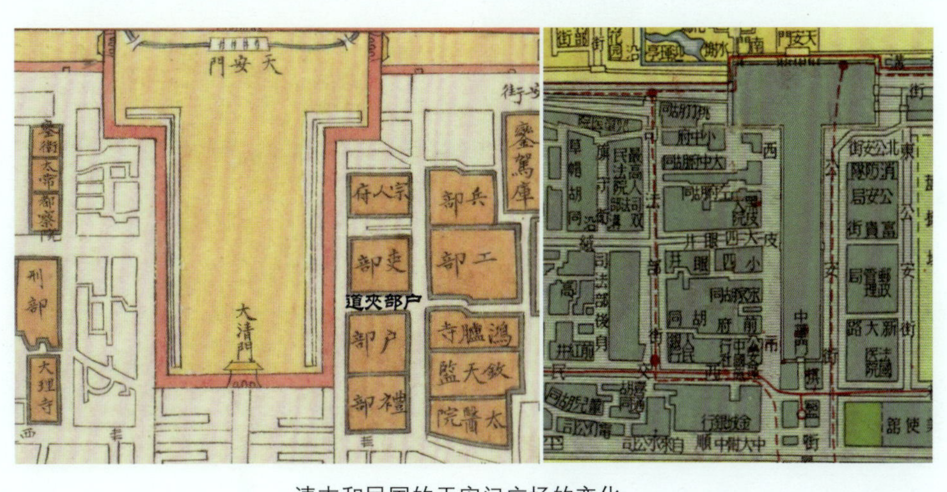

清末和民国的天安门广场的变化

左图：1945 年航拍的天安门广场西侧，该照片是由东向西拍摄。照片中最显眼的这栋建筑就是大理院大楼，该楼坐西朝东，楼前的街道就是司法部街。照片的右下角还能看到长安右门。

光绪三十二年（1906 年），清廷颁行《大理院审判编制法》，改大理寺而设大理院。光绪三十三年（1907 年），正式定大理院为全国最高终审机关，配置总检察厅。中华民国成立之后，大理院被保留。1927 年，中华民国国民政府定都南京，将大理院改为最高法院；1928 年，公布《国民政府最高法院组织法》，定最高法院为全国终审审判机关，可以说，大理院是中华民国最高法院的前身。

中华民国北京政府时期的大理院，仍设在清朝宣统二年（1910 年）在司法部街（原名“刑部街”）建造的大理院衙署。大理院撤销后，此处大楼仍为司法机关使用。中华人民共和国成立前，北平地方法院、河北高等法院在这座大楼办公。中华人民共和国成立后，最高人民法院、最高人民检察院等单位都曾在该处办公。1958 年，为兴建人民大会堂，包括该大楼在内的司法部街被拆除。

大理院为一座四层楼，南北长 110 多米，东西宽 60 多米。大楼中央的圆顶塔楼东、南、北三个方向镶有三面大钟；大楼南、北两端各有一座稍矮的圆顶塔楼。北侧塔楼距离西长安街不足百米。大楼平面呈标准的“日”字形，楼内有两个开阔的天井，每个天井的面积超过两个篮球场。大楼中厅有宽阔的红木楼梯环周向上，环抱一个约 20 平方米的小天井，小天井四周挂有铁网，防止人坠落。阳光通过这三个天井照亮大楼内部。大楼共设有 8 个门：正面 3 个（中央的圆顶塔楼下方 1 个，其南北两侧楼体中央下部各 1 个），南北各 1 个，背面 3 个（正中 1 个是地下室出口，1956 年大楼整修后成为机关员工上下班必经出入口）。背面两侧各有一座外裸式盘旋钢铁楼梯，既作为进出楼的通道，也是紧急情况下的疏散通道。

1911年辛亥革命后，中华民国成立，袁世凯经南北议和，1912年就任中华民国首任大总统。1915年12月12日，袁世凯“接受拥戴”，复辟帝制，欲改中华民国为“中华帝国”，下令废除民国纪元，改民国五年（1916年）为洪宪元年，史称洪宪帝制。12月25日，前云南都督蔡锷领导护国军誓师北上讨袁。袁世凯在内外交困的无奈情况下于1916年3月22日宣布撤销帝制，洪宪王朝不过维持了83天。1916年6月6日，袁世凯因尿毒症不治而亡，时年57岁，同年8月24日正式归葬于河南安阳。

在长安街上有两座水泥的牌楼，都与袁世凯有关。一座位于公安街北口，称作“公安街坊”，额曰“履中”；一座位于司法部街北口，称作“司法部坊”，额曰“蹈和”。两座牌楼均面向长安街，是为纪念袁世凯登基当“洪宪皇帝”而建的。

1950年9月初，在天安门道路拓宽工程中，此牌楼被拆除。

上图：蹈和牌楼，位于司法部街北口（原刑部街），牌楼题额“蹈和”。

右图：履中牌楼，位于公安街（原户部街）北口，牌楼额题“履中”。

千步廊周边

清朝灭亡以后，“千步廊”一带的各部衙门，纷纷改变、迁移。

宗人府的北部被夷为平地，售卖给民众，南部被消防队占用。宗人府以南的吏部衙门，被北洋政府的京师警察厅接收，由于当时北京被称为“特别市”（相当于如今的直辖市），北京特别市的公安局也随着警察厅在此办公，于是，户部街改名为公安街。吏部以南的户部先被改为财政部，后来财政部迁往西长安街，其附属的全国烟酒事务局则留在原址办公。户部以南的礼部衙门被改为邮政局。至此，原来的宗人府和吏部、户部、礼部在新时代的变革中退出了历史舞台。

户部街再往东原本是兵部街，1900 年后，街东侧的兵部、工部、鸿胪寺等衙门所在地被英、俄占据为使馆和兵营，几个衙门被迫迁出，这条街也随之改为东公安街。

千步廊以西的第一条街道是一条半壁街，叫作西皮市，街上大多是土法制革的小作坊，街道由此得名。再往西则是刑部街，街道西侧由北至南有銮仪卫、太常寺、都察院、刑部和大理寺。随着清末改良，都察院拆除，建大理院大楼。民国肇始，将大理院楼改为地方法院，刑部改为司法部，其街道亦改名为司法部街。后来，司法部址又一次变更为公用局和省党部，1928 年，司法部街也随之更名为省党部街。

长安左门、长安右门

千步廊是从南至北，再分别往东、西延伸的，尽头有两道门——这两道门取名长安，寓意平安长久之意：东面的，明代叫作长安左门，清代时改叫东长安门，民间称龙门；西面的，明朝时叫长安右门，清代时改叫西长安门，民间也称虎门。这两道门使得这个广场形成了闭环，并分别把太庙和社稷坛的大门含在了里面。两门是通往天安门的必经之路，也是文武大臣进入皇城上朝的必经之路。由于千步廊的格局走向，影响了围绕它的城墙走向，最终形成了一个 T 型广场。

明清时，京城科考每三年一次，定在农历三月。各地举人须首先集中在东侧的千步廊，经朝廷礼部会试考中为贡士后，才可参加殿试，再由皇帝甄选排名。进士分三甲：一甲三名，赐进士及第，状元、榜眼、探花，合称三鼎甲；二甲赐进士出身；三甲赐同进士出身。凡考取三甲进士，会在太和殿上传呼姓名，在黄纸上书写姓名，一路向南经太和门、午门、端门、天安门，左转出长安左门，张挂在临时搭起的“龙棚”内。这就是被称为“金殿传胪”的仪式。考中的进士，也就是民间说的金榜题名，跳过龙门，所以民间把长安左门称为“龙门”。但西侧的千步廊和长安右门则是秋审、朝审的地方。清代的秋审是每年各地方在秋季前须将判处死刑的案件上报刑部，先集中于西侧的千步廊，再由三法司（刑部、大理寺、都察院）会同其他官员进行审核，然后奏请皇帝裁决，裁决后亦经天安门送出长安右门，公之于众。朝审，则是复审刑部在押的死刑犯，他们由长安右门的南门洞走入，跪在“朝审”公案桌前，听候复核。此处好似羊入虎口，再难生还，所以民间将长安右门呼为“虎门”。

长安左门。此门于 1952 年拆除。

长安右门。此门于1952年拆除。

民国初年，刚刚改造后的外三座门。

路边指示牌上写着：往西车马由此边走。

东三座门、西三座门

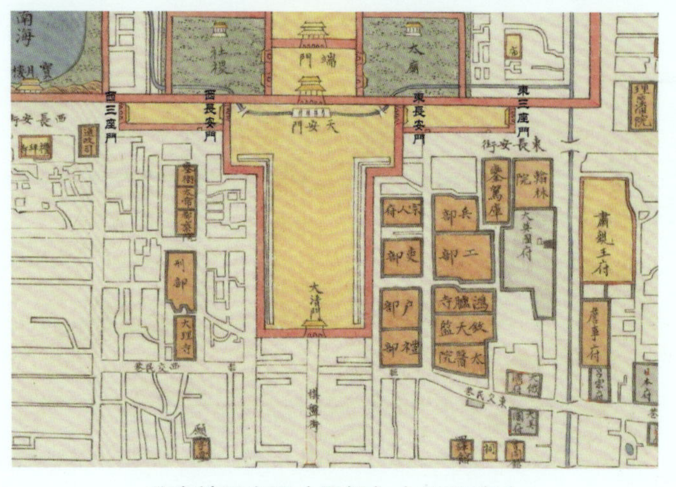

北京地里全图（局部）（1865 年）

清乾隆十九年至二十五年（1754—1760），重修皇城。在天安左门往东又修建了一座门叫东三座门，位置在南池子南口到北御河桥中间。天安右门往西也修了一座门，叫西三座门，位置约在中南海东墙与皇城南墙相接的地方。

据《国朝宫史》卷十一记载："皇城外围墙三千三百四丈三尺九寸，有天安、东安、西安、地安四门，又，天安门外东、西、南三面围墙四百七十一丈三尺六寸，正南门榜曰大清门。东为长安左门，西为长安右门，重建于乾隆十九年至二十五年，工竣，又增筑长安左门外围墙一百五十五丈，长安右门外围墙一百六十七丈五尺一寸。各设三座门。"

《日下旧闻考》载："乾隆十九年，于东西长安门外增筑围墙，各设三座门。"

而且，在天安左门连接东三座门的南墙上又修建了东公生门，在天安右门连接西三座门的南墙上修建了西公生门。清朝时东、西公生门主要是大臣们上朝的通道。

三座门在民国时仍然保存完好。1913 年，为开通长安街，将东、西三座门改建为红墙、黄琉璃瓦歇山小式顶之三孔券门，仍称东、西三座门。1951 年，三座门因影响交通被拆除。

20 世纪 40 年代的三座门。此时不论是行人还是车辆都已经靠右行驶了。

天安门

天安门是明清两代北京皇城的正门，由城台和城楼两部分组成。城楼长 66 米、宽 37 米、高 34.7 米。

城台下有券门五阙，中间的券门最大，位于北京皇城中轴线上，过去只有皇帝才可以由此出入。

天安门前的河道叫“外金水河”，外金水河上飞架七座汉白玉雕栏石桥。中间一座是专为皇帝而设的御路桥；御路桥两旁是供亲王及宗室行走的王公桥；王公桥两旁是供三品及以上的官员行走的品级桥；品级桥两旁是供四品及以下的官员及兵弁、夫役行走的公生桥。外金水河的南、北两岸，各有一对石狮。

外金水河的南岸及天安门城楼的北面，各有一对通高（连同须弥座）为 9.57 米的华表。

费利斯·比托于 1860 年末拍摄的天安门。这是天安门有史以来第一次用相机记录下来。当时已是秋日时分，天安门西侧的华表前已成草地，城壁处的朱漆早已斑驳不堪，一如晚清的颓败。

1900 年，经历过庚子之变八国联军炮火洗礼后的天安门。城楼上炮弹轰炸的痕迹清晰可见。

1900 年时的天安门北面。

1901 年的天安门城楼。

天安门始建于明永乐十五年（1417 年）。初建时完全仿照南京的承天门建造，最初时，它仅是一座三层五间式的木结构牌楼，名字叫作“承天门”，寓“承天启运、受命于天”之意。设计者为明代御用建筑匠师蒯祥。

天顺元年（1457 年），承天门遭雷击起火被焚毁。成化元年（1465 年），由工部尚书白圭主持，由蒯祥设计并领衔重建了承天门。由牌坊式改建成宫殿式，也奠定了今日天安门的形制。崇祯十七年（1644 年），李自成攻入北京，仅逗留 40 日便被迫撤出，撤退前草草登基，当晚“焚毁宫殿及九门城楼”，承天门再次被毁。清顺治八年（1651 年）在废墟上进行了大规模改建，重修为一座城楼，名字也改成“天安门”，取“受命于天，安邦治国”之意。

天安门除了历经战火焚毁，风雨剥蚀，自然损坏之外，还曾遭受过八国联军炮击以及地震等破坏。清末民初时期，天安门进行过简单的修补，1949 年开国大典之前，北平市政府对天安门进行了简单修缮，包括屋面拔草、瓦面查补打点、清理鸽粪、修补门窗等。1952 年，北京市政府对天安门城楼进行了一次较为全面的修缮，包括更换腐朽的木构件，更换破损门窗，重新油饰彩画。

天安门现在已经是首都北京的象征，更是我们伟大祖国的象征，每到国庆节或重要节日，这里都会举行盛大的庆祝活动。

1911年宣统帝溥仪退位之后，隆裕作为太后十分自责，于1913年2月22日郁郁而终，享年45岁。在北洋政府的安排之下，隆裕太后作为清末最后一位皇太后，北洋政府以国葬的规格为其举办了葬礼仪式，而这也是清末皇室最后一次大丧仪式。

左图：北洋政府在天安门金水桥上为隆裕太后设立的临时灵堂。

下图：天安门城楼前，扎了七门八柱的特大素彩牌楼，正中嵌以“国民哀悼会”字样。

上图：1913 年 10 月 10 日，袁世凯在天安门就任中华民国第一任大总统并举行阅兵仪式。此时的天安门挂起了五色旗和十八星旗。天安门的匾额已经成了单一的汉字匾额（右图为匾额细节图）。

袁世凯把归属于民国政府的故宫三大殿及各大城门楼的匾额全部换成了单一的汉字匾额。只有依据《清室善后优待条例》，属于清室的部分还保存着满汉双文匾额。

1914 年 10 月 10 日，天安门城楼进行了一次修缮。修缮后，天安门城楼栏板豁口扩展到一个正间的宽度。

1915 年前后的天安门。天安门前挂着牌子写着“大典筹备处”，这个“大典”指的是袁世凯当皇帝的登基大典。

1915 年前后的天安门及华表。

1919 年 5 月 4 日，北京三千多学生在天安门前集合并举行游行示威，反对巴黎和会强加给中国的不平等条约，即“五四运动”。

上图：1928 年，北伐成功，北京改名“北平”。天安门悬挂孙中山像和青天白日旗。

上图：自 20 世纪 20 年代起，天安门上开始张贴标语。此时的标语：速废除不平等条约。

左图：1928年8月4日，天安门上悬挂孙中山画像。

日本人岩田秀则 1923 年拍摄的天安门城楼与外金水河及金水桥。

1937年12月14日，南京陷落的第二天，伪中华民国临时政府在北平成立，管辖山西、河北、河南、山东及北平、天津两市。古老的天安门，默默地忍受着屈辱。

上图：1938年12月，天安门前汪伪政府所立“反共救国纪念壔”（“壔”同“塔”），此塔于1945年拆除。

上图：赫达・莫理循于 20 世纪 40 年代拍摄的天安门前的华表及石狮。

左图：1948 年，修缮后的天安门上挂起了蒋中正的画像。

下图：天安门北边的端门。

太庙

太庙是明清两代皇帝祭祀祖先的家庙，是根据中国古代“敬天法祖”的传统礼制建造的。根据“左祖右社”的建筑布局规制，太庙位于天安门、端门以东，与社稷坛相对称。

始建于明朝永乐十八年（1420年）。太庙平面呈长方形，南北长475米，东西宽294米，共有三重围墙，由前、中、后三大殿构成三层封闭式庭园。辛亥革命以后，太庙一度仍归清室所有，1924年辟为和平公园，1950年改为现名“劳动人民文化宫”。上图为太庙前殿外观。

中国古代皇帝祭祀祖先的家庙，夏朝时称“世室”，殷商时称“重屋”，周时称“明堂”，秦汉起称“太庙”。最早太庙只是供奉皇帝先祖的地方，后来皇后和功臣的神位在皇帝的批准下也可以被供奉在太庙。

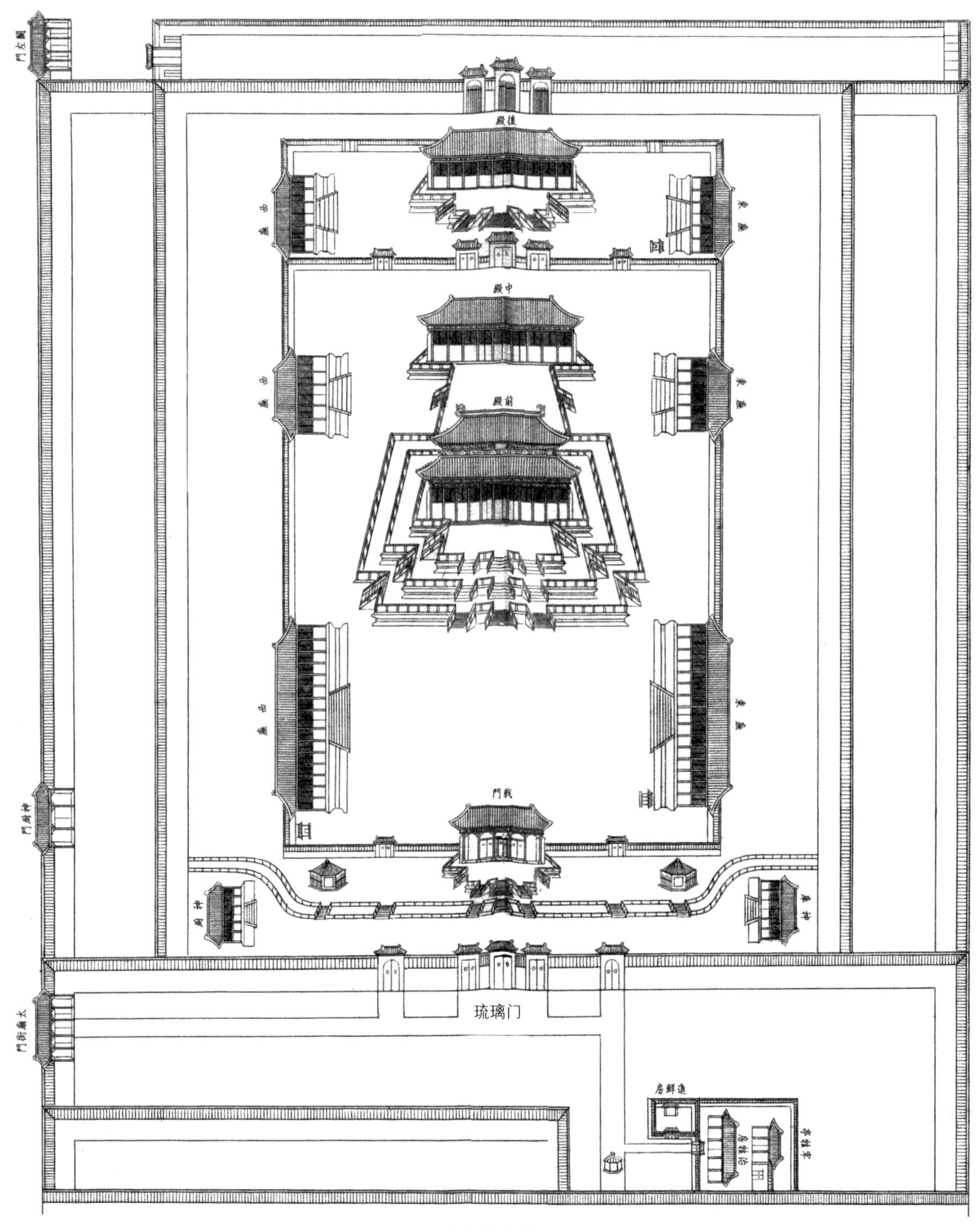

上图：清代的太庙图，出自清代光绪时期的《钦定大清会典图》。

北京城的太庙始建于明永乐十八年（1420 年），总面积 19.7 万平方米，有三道红墙环绕。

太庙的正门设于天安门内御路东侧，在外垣之上，称太庙街门，是皇帝祭祀太庙时所走之门。该门与天安门内御路西侧社稷坛门相对称。太庙对外开放后，将正门改设在长安街上，即现劳动人民文化宫的正门。

五彩琉璃门是祭殿的正门，在中垣的南垣正中。此门得名于五彩琉璃的装饰。门内为玉带河及金水桥，其作用和名称与紫禁城之内的金水桥相同。

设在内垣之上的正门叫作戟门，得名于门内外曾陈列有 8 个戟架，每个戟架上陈戟 15 支，共陈戟 120 支。戟门的屋顶曲线平缓，出檐较多，与一般清代建筑相比，具有明显的明代特点。

戟门内的中轴线上布置有前殿、中殿、后殿三座大殿，是中心建筑，黄琉璃瓦庑殿顶，巍峨雄伟，庄严肃穆。

前殿，也称享殿，是举行祭祖大典的场所，矗立于三层汉白玉须弥座上。殿内 68 根大柱及木构件均为名贵的金丝楠木，地铺金砖，天花为贴金彩画。大殿之后的中殿和后殿都是黄琉璃瓦庑殿顶的九间大殿，中殿称寝殿，后殿称祧庙。此外，还有神厨、神库、宰牲亭、治牲房等建筑。

太庙以古柏著称，树种为侧柏、桧柏，多达数百棵。多为明代太庙初建时所植，少数为清代补种。树龄高者达五百年以上，低者亦三百年以上，千姿百态，苍劲古拙，环绕太庙中心建筑群，与黄瓦红墙交相辉映，形成庄严、清幽的环境。

上图：琉璃门嵌于太庙中垣南面正中，始建于明代。形制为三间七楼牌坊式，正楼三间，下为拱门三道。正门两侧各有方门一道。黄琉璃瓦顶，檐下黄绿琉璃斗拱额枋。

戟门

上图：太庙前殿。始建于明永乐十八年（1420 年），嘉靖十五年（1536 年）因更改庙制而略做修改，嘉靖二十年（1541 年）遭雷击焚毁，嘉靖二十四年（1545 年）复建。大殿十一楹，深四楹，重檐列脊，殿额为满汉文对照。太庙前殿外的三重台基用汉白玉石栏环绕，月台御道正面依次刻有龙纹石、狮纹石和海兽石。殿内大梁为沉香木，其余用金丝榆木；地铺金砖；天花板及四柱均贴有赤金叶。

前殿

除了皇帝、皇后及皇亲国戚可以升附太庙，接受供奉之外，对国家有重大功勋的功臣，死后牌位也可摆在太庙的东西配殿。每年的春、夏、秋、冬四季首月的农历初一，这些牌位都会被捧到享殿，而皇帝则会亲自来这里祭祖。这被称为“四孟时享”，是常规性的祭祀仪式。每遇到国家重大事件时，皇帝本人会来到寝殿向祖宗上香报告，这被称作告祭。此外，规模最大的祭祀仪式在每年除夕前一天举行，历代帝后神主都将被恭请到大殿合祭，叫“祫祭”。

至清亡，前殿有宝座 35 座，另有大小供桌、铜灯、铜祭器等物。

上图：从戟门北望太庙前殿。

太庙前殿旧照。

前殿布局：

正中室为太祖高皇帝、孝慈高皇后（天命）；东一室为太宗文皇帝、孝庄文皇后、孝端文皇后（天聪）；西一室为世祖章皇帝、孝康章皇后、孝惠章皇后（顺治）；东二室为圣祖仁皇帝、孝懿仁皇后、孝诚仁皇后、孝昭仁皇后、孝恭仁皇后（康熙）；西二室为世宗宪皇帝、孝圣宪皇后、孝敬宪皇后（雍正）；东三室为高宗纯皇帝、孝仪纯皇后、孝贤纯皇后（乾隆）；西三室为仁宗睿皇帝、孝和睿皇后、孝淑睿皇后（嘉庆）；东四室为宣宗成皇帝、孝全成皇后、孝穆成皇后、孝慎成皇后、孝静成皇后（道光）；西四室为文宗显皇帝、孝德显皇后、孝钦显皇后、孝贞显皇后（咸丰）；东五室为穆宗毅皇帝、孝哲毅皇后（同治）；西五室为穆宗景皇帝、孝定景皇后（光绪）。其中，太祖、太宗、世祖、圣祖、世宗、高宗、仁宗的神座均为南向，宣宗、穆宗神座皆为西向，文宗、德宗神座皆为东向。

神座为硬木制成，饰以金漆，帝座雕饰蟠龙，后雕饰翔凤，铺垫、靠背均用黄云缎制成。每代帝后神座前设一张笾豆案，祭时，每案上设：（每位）玉爵三、金箸二、金匙一、镫一、铏一、簠二、簋二、笾十二、豆十二；案前设俎一，具牛、羊、豕各一；其前立花香案，设镀金铜炉、铜烛台及香盒；再前为帛篚。案前右侧设祝版案，左侧设福胙桌。祀时，案前陈乐舞。

上图：太庙享殿东配殿内景。这里供奉着配享的满蒙有功亲王的牌位。清代供奉十三人，如代善、多尔衮、多铎、允祥、奕䜣等。每间设一龛，内置木制红漆金字满汉文牌位。

享殿西配殿内供奉配享的满蒙汉文武功臣的牌位。清代供奉十三人，如鄂尔泰、张廷玉、傅恒、僧格林沁等。内部设置同太庙享殿东配殿一样。

中殿

前殿之后是中殿。始建于明永乐十八年（1420 年）。宽九楹，深四楹，通过石露台连接前殿，殿外的石阶下左右各有两个石灯。殿内供奉清朝的历代帝后神龛，皆为南向。

明时遵九庙之制，太庙中殿隔为九室，可容九庙，九庙若满，就只能迁祧了。清顺治帝入关后全面承继明朝的太庙，却没有继承明朝的亲尽迁毁制度，九庙已满，不得不仿照奉先殿改制的方式，将太庙中殿九室扩展为十七室。这样一来，除太祖帝后仍居正中一间一室外，其余八间每间改辟为二室，这样一共就有了十七室，每室供奉一代帝后神龛。至清亡时，尚有六室未用。可以说，清朝是从九庙制变成了群庙制。

中殿内每一室内都设有神龛，龛内供奉牌位。龛有门，悬挂黄绫幔，内设褥、枕等物，意为帝后寝宫。帝后神牌置褥上，牌为木制，连座为四方形，饰泥金漆，镌刻满汉谥文。龛外列放帝后神椅，其数与龛内神牌数同，计十一帝、二十四后，共三十五把神椅。每龛旁有黄漆木盒，左边陈设有帝后的玉册，右边陈设有帝后的玉宝。祀祫时，先一日由官员上香，及期将神牌置神椅上，移至前殿，奉安神座木托上。祭毕奉回。

太庙中殿内景旧照。

后殿

在太庙中殿后是祧殿，始建于明弘治四年（1491 年），黄琉璃瓦单檐庑殿顶，面阔九间，进深四间。殿内陈设如寝殿。清代正中供奉肇祖、左兴祖，再左显祖、右景祖。每季首月“明享”，皇帝委派官员在本殿祭祀，岁未将先祖牌位移至享殿“祫祭”。此殿自成院落，四周围以红墙。

1911 年清亡后，根据《清室优待条件》中的第四款“宗庙陵寝永远奉祀，民国政府派兵保护”，只是，不再关乎国家政权。1924 年，溥仪迁出紫禁城。太庙也永远结束了作为皇家祭祀之地的历史。太庙被辟为和平公园，1950 年改为现名“劳动人民文化宫”。

由西向东拍摄的太庙享殿、中殿及祧殿。照片左侧为配殿。

1913 年，从故宫午门望太庙享殿、中殿及祧殿。

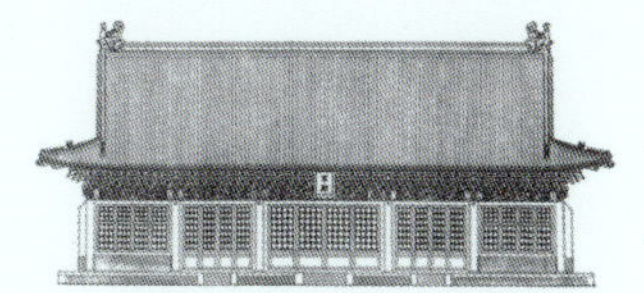

社稷坛

“社”是土神，“稷”是谷神，意指疆域国土、衣食之源。因此，历代王朝视“社稷”为国家的象征，每年都举行重大的祭祀典礼。根据“左祖右社”的建筑布局规制，社稷坛位于天安门、端门以西，与太庙相对称。

据考证，社稷坛所在的地方，唐代时是幽州城东北郊的一座古刹，辽代扩建为兴国寺，元代又被圈入大都城内，改称万寿兴国寺。明代，朱棣迁都北京后，于永乐十八年（1420 年），在此基础上兴建了社稷坛。1914 年，辟为中央公园。后为纪念孙中山先生，改为中山公园。

明初承袭元制，社稷祭祀是太社、太稷分坛而祭，“异坛同壝”。洪武十年（1377 年）改为同坛而祭，永乐十八年（1420 年），明成祖迁都北京，沿用南京社稷坛“同坛同壝”格局，将社稷坛建造于“午门外之右”。北京社稷坛是现存唯一的帝王祭祀社稷神的国家祭坛。

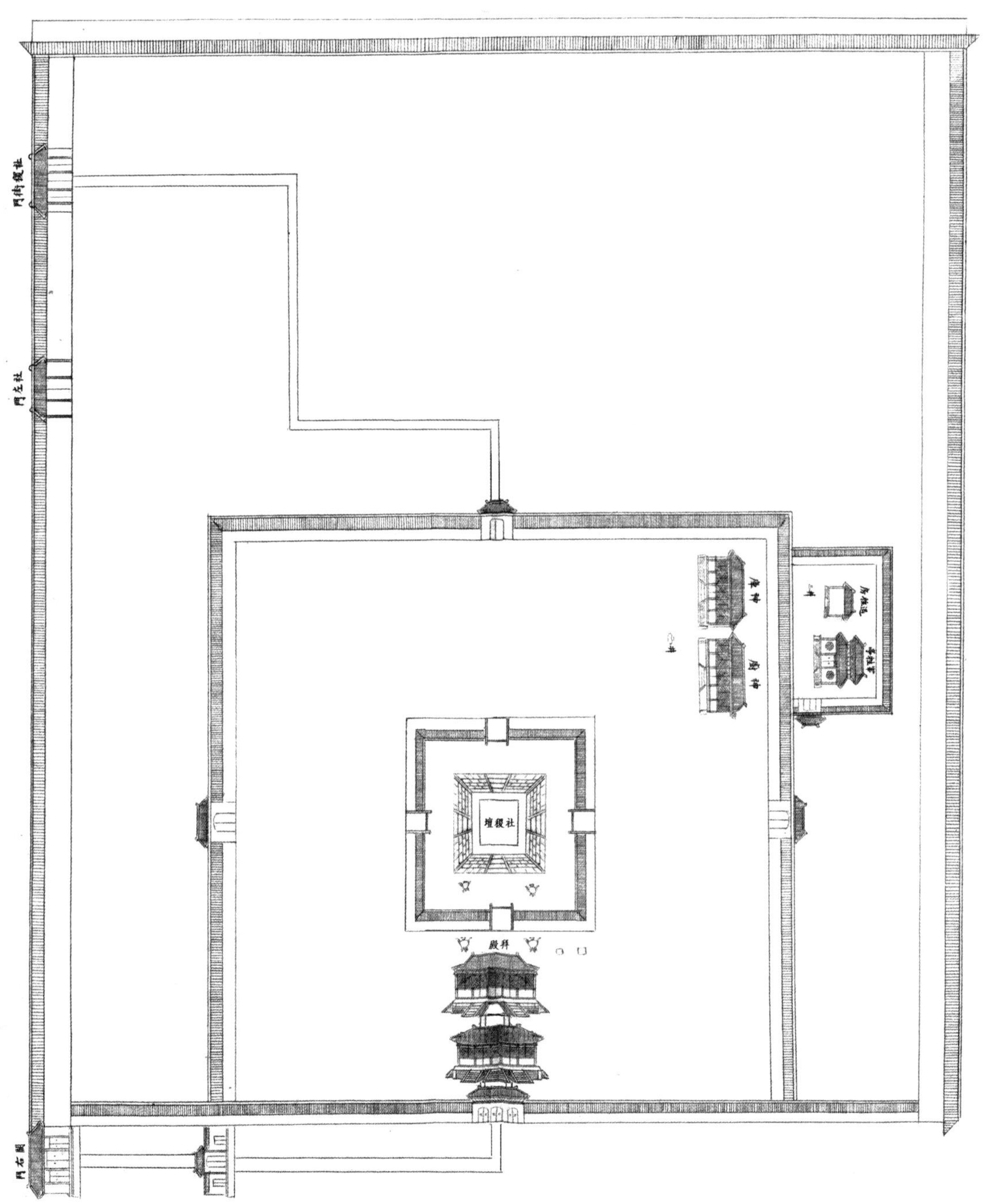

上图：清代的社稷坛图（此图方位为上南下北）。出自清代光绪时期的《钦定大清会典图》。

土属阴，因此社稷坛坐南朝北，与太庙（坐北朝南）相反。

1913年，自西向东拍摄的社稷坛、拜殿及远处的午门。

社稷坛整体布局略呈长方形，有内外两重垣。外坛东垣上设三个门。内坛四面皆有门，北门为正门。

坛为白石砌成的正方形三层平台，四出陛，各四级。坛上层铺五色土：中央黄土、东方青土、南方红土、西方白土、北方黑土，象征土地及五行。坛中央原有一方形石柱，为“社主石”，又名“江山石”，象征江山永固、社稷长存。

《大明会典》记载：“先是社主用石，高五尺，阔二尺，上微尖，立于社坛，半埋土中，近南，向北。稷不用主，至是埋石主于社稷坛之正中，微露其尖，仍用木为神牌，而丹漆之。祭则设于坛上。祭毕，贮库。坛设太社神牌，居东。太稷神牌居西。俱北向。”

坛北建享殿五间，拜殿五间，以备风雨行礼。明清两代，每年春秋的仲月（农历的二月、八月）上戊日清晨，都要举行大祭，如遇出征、班师、献俘等重要的事件，也在此举行社稷大典。明永乐十九年（1421年）至清宣统三年（1911年），举行过1300余次的祭祀大典，祈求风调雨顺、五谷丰登、国泰民安。清帝退位后，社稷坛闲置。

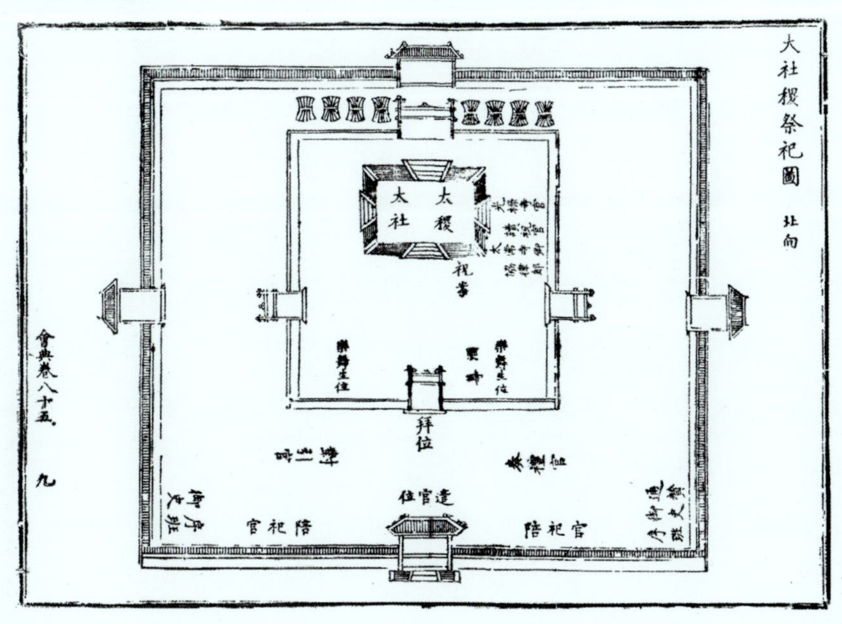

左图：明代的社稷坛祭祀图（此图方位为上南下北）。出自《大明会典》。

上图：民国时期，由北向南拍摄的社稷坛。
社稷坛北的两个鼎炉，与《钦定大清会典图》中所示一致。

1913 年民国政府接管社稷坛并对其进行大面积的整修。1913 年 3 月 29 日，隆裕太后去世，北洋政府定于 4 月 24 日至 26 日在太和殿公祭三天。朱启钤时任交通总长，负责天安门内外指挥等事宜，在社稷坛巡查时，发现这里已然一片荒寂，荆莽丛生，蛇鼠为患。因无人管理，看守的太监擅自种植苜蓿，饲养牛羊，以致满地污秽。朱启钤清醒地认识到，社稷坛“地址恢阔，殿宇崔嵬，且近接国门，后邻御河，处内外城之中央，交通綦为便利”（《蠖公记事・序》），社稷坛旧址是开设现代城市公园的不二之选，因而萌生了把这块“地望清华，景物钜丽”的宝地，改建为北京第一座公园的念想。1914 年 3 月，朱启钤改任北洋政府内务总长，他向大总统提交了《修改京师前三门城垣工程呈》，其中包括将社稷坛改为公园的建议和计划，得到了政府批准。

朱启钤决定在 1914 年 10 月 10 日，即辛亥革命三周年纪念日那天，改“社稷坛”之名为“中央公园”，成为当时北京城内第一座公共园林。公园试行开放三天，接待市民参观。朱启钤在天安门西辟一门（今中山公园南门），后又在社稷坛西门外再辟一门（今中山公园西门）。民国四年（1915 年）将原在礼部的“习礼亭”迁建于园内，民国六年（1917 年）从圆明园遗址移来始建于清乾隆年间的“兰亭八柱”和“兰亭碑”。

1925 年，孙中山逝世后，曾在坛北的拜殿停灵，并举行公祭，1928 年改拜殿名为中山堂，以志纪念。同时，公园改名为中山公园。此时的中山公园又增建了一些建筑：东有松柏交翠亭、投壶亭、来今雨轩，西有迎晖亭、春明馆、绘影楼、唐花坞、水榭、四宜轩，北有格言亭等。

1937 年日军占领北平后，改为北平公园，10 月后又改成中央公园。1945 年抗战胜利后恢复中山公园的名称，沿用至今。

北望社稷坛，两侧是芍药圃。

下图：在社稷坛南棂星门外向北拍摄。可看到棂星门外的石柱、北边的拜殿。《钦定大清会典图》记载："壝垣周七十六丈四尺，厚二尺。甃以四色琉璃砖，上覆四色琉璃瓦，皆如其方色。四面各一门，楔阈皆石。朱扉有棂，门外各石柱二。"

1925 年，孙中山逝世后，曾在社稷坛北的拜殿停灵，政治人物和北京各界市民前往拜殿吊唁。

作为孙中山的公祭场地，社稷坛也进行了大规模的搭建。在公园大门处搭建了素雅的三彩牌楼，上挂孙中山生前手书“天下为公”（下图）。社稷坛正门搭建的牌楼上挂着孙中山生前手书“博爱”（右页上图）。社稷坛的坛址上也搭建了牌楼（右页下图）。

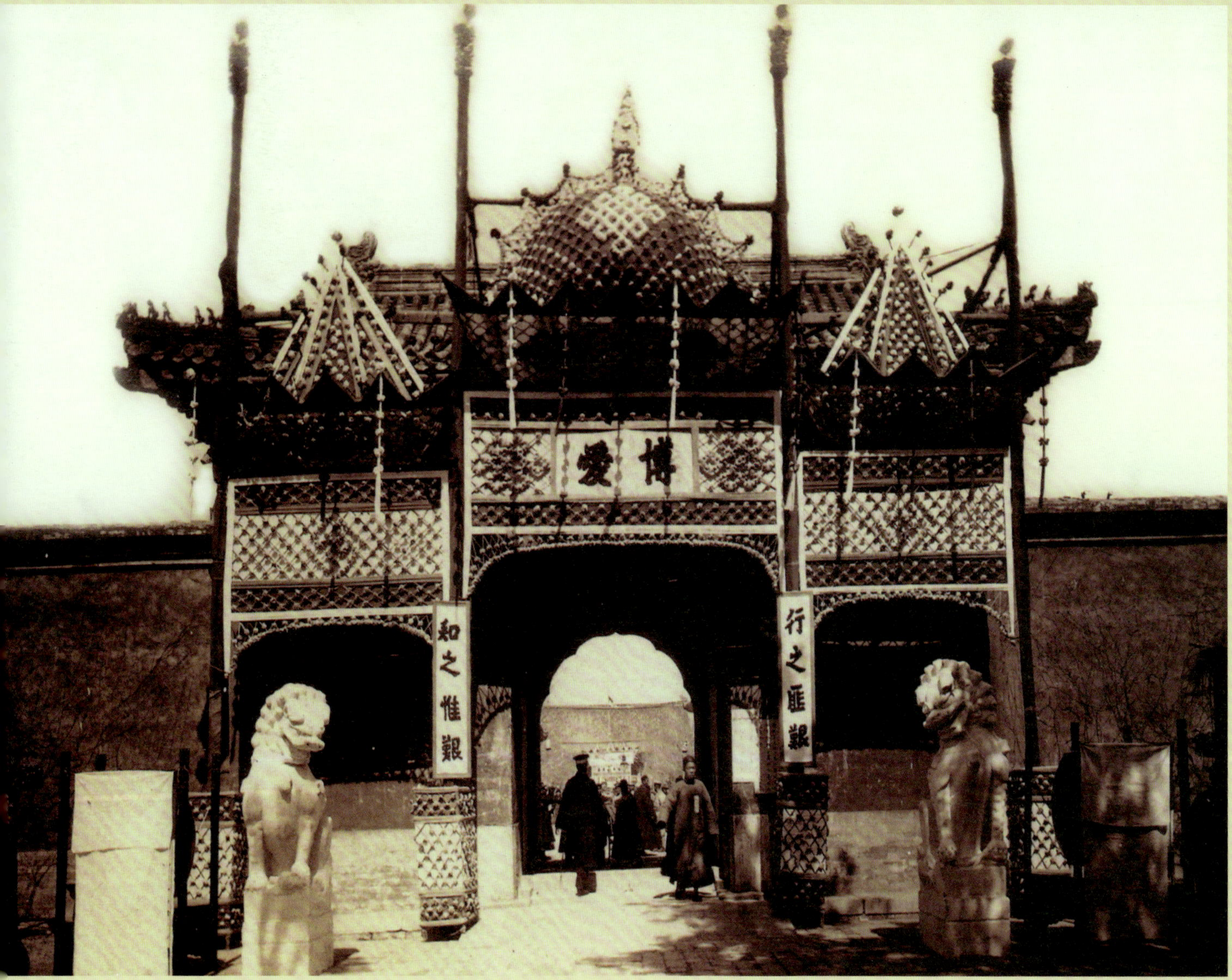
博愛
知之惟艱
行之匪艱

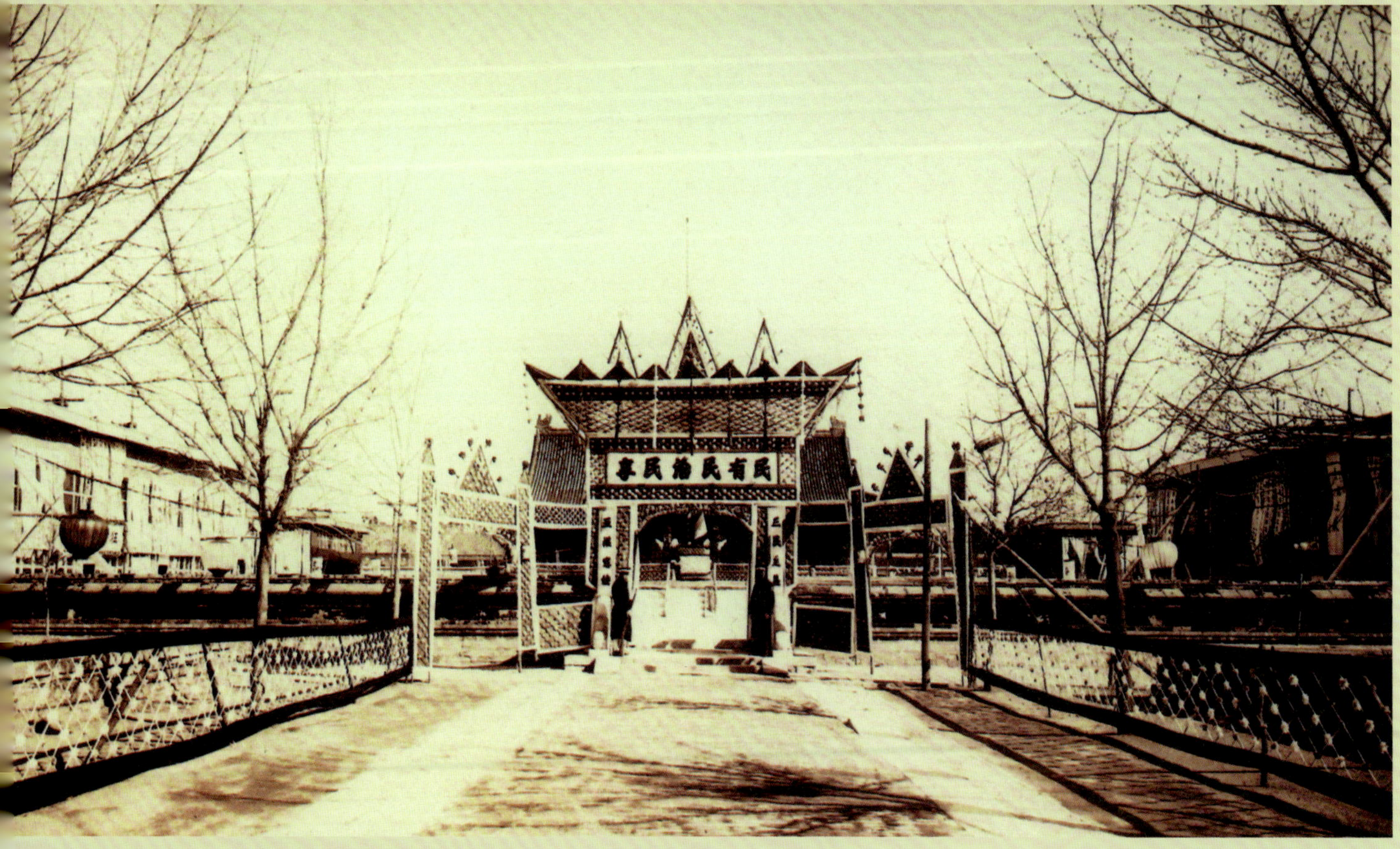
民有民治民享

史料中未发现社稷坛拜殿的损毁或重建记录，应是明朝遗物。1928 年改拜殿名为中山堂，以纪念孙中山先生。

1938 年，北平沦陷，中山堂被强行改名为“新民堂”。

公理战胜坊

1900年，义和团运动爆发，6月20日，德国驻华公使克林德从东交民巷使馆区乘轿子前往总理衙门交涉回国事宜，行至东单北大街西总布胡同西口处，被巡逻至此的清军神机营队长恩海要求停轿盘查，克林德在轿中拔手枪向清军射击，被恩海开枪击毙。

1901年1月16日，清政府和西方列强签订的《辛丑条约》第一款规定，清朝要派遣亲王赴德国就克林德被杀一事向德国皇帝道歉，并要求在克林德被杀地点建一座纪念碑。克林德纪念碑于1901年6月25日开工建造，1903年1月8日竣工，位于西总布胡同西口的克林德毙命之处，横跨在东单北大街上。落成典礼上，醇亲王载沣代表清政府前往碑下致祭。克林德牌坊的三块坊心石上分别镌刻着用德语、拉丁语、汉语三种文字书写的以光绪皇帝名义下达的对克林德之死表示惋惜道歉内容的谕旨。牌坊之所以叫“碑”，是因为上面挂有一额，上书“克林德碑”。1918年11月11日，第一次世界大战结束，作为战胜国的中国于当月13日拆毁克林德纪念碑。

1919年，法国驻北京外交代表会同中国方面，以战胜国的身份命令德国人将堆放在东单北大街的克林德纪念碑散件运至中山公园，重新组装竖立，并将原有文字全部除掉，另外镌刻了“公理战胜”四字，以作为第一次世界大战胜利的纪念。从此这座牌坊被称作“公理战胜”坊。由于在拆的过程中，部分构件损坏遗失，所以重建后的牌坊只有四柱三间三楼。

1920年7月4日，北京政府在北京中央公园内为新落成的纪念坊举行落成典礼。1952年，在北京召开亚洲太平洋地区和平友好会议，决定将此坊改名为“保卫和平”坊。

立在东单路口原址的“克林德碑”。该牌坊为汉白玉蓝琉璃坊，四柱三间七楼。

1920 年移到中央公园后的“公理战胜”坊。

无灯台的中央公园“公理战胜”坊。

1926 年，在“公理战胜”坊前增加石灯台一座，灯台石料全部来自圆明园。

已经改名为“保卫和平”坊时代的照片，“保卫和平”四个字为郭沫若所题。原石灯台已经于 1952 年拆除。

中央公园南门内“公理战胜”坊东的喷水池，民国四年（1915 年），俄侨瑞金氏捐建。

由西向东拍摄的南门喷水池，背景是天安门城楼，此水池于 1969 年拆除。

习礼亭

上面两张照片是习礼亭，习礼亭的功能是明清两代，各地初次入京的文武官员和外国使臣朝谒皇帝前习礼之地，所以叫习礼亭，也叫演礼亭。该亭建于明永乐十八年（1420 年），为黄琉璃瓦朱棂石阶的六方亭，原址在正阳门内兵部街鸿胪寺衙门内，清光绪二十六年（1900 年）八国联军入侵北京时，鸿胪寺被焚，此亭幸免。不久后，英军强占鸿胪寺做操场，清政府被迫将习礼亭迁至户部街礼部衙门院中。清末，礼部改为典礼院。1912 年典礼院为盐务署占驻，1915 年 4 月，迁移此亭至中央公园。

由西往东拍摄中山公园北面的筒子河，河上开满荷花，照片中的建筑就是午门。西德尼·甘博拍摄于 1924—1927 年间。

二烈士塑像

中央公园内曾放置两位领导滦州起义的烈士王金铭、施从云的铜像。滦州起义，是清新军第廿镇部分官兵，为响应辛亥革命武昌首义，于 1911 年 12 月 1 日所采取的革命行动。王金铭、施从云当时任新军第廿镇第七十九标第一、二营管带。由于起义行动暴露，提前宣布独立，于 1912 年 1 月 3 日由滦州组织北方革命军政府公推王金铭为大都督，施从云为滦军总司令，通电全国，要求袁世凯接受共和。袁世凯调第三镇统制曹锟，配合通永镇总兵王怀庆领兵镇压，由于七十九标第三营管带张建功叛变，起义军伤亡惨重，被迫乘火车西进。1 月 5 日与袁军激战于滦州以西雷庄，袁军诡称停战议和，邀施、王谈判，被王怀庆诱杀，英勇就义。

1924 年 10 月“北京政变”后（冯玉祥与胡景翼、孙岳在北京发动政变，囚禁总统曹锟推翻直系军阀政府），参加当年滦州起义的官兵为追崇革命先烈，由冯玉祥发起、鹿钟麟主办，分别为辛亥革命烈士王金铭、施从云塑铸了全身戎装铜像，分别安放在中央公园（今中山公园）社稷坛拜殿南的东西两侧。左手扶刀右手叉腰者为施从云，左手持望远镜右手持镜带者为王金铭，基石上并嵌着镌有“滦州起义”始末及诸先烈殉难经过的铜版（不久即被破坏），每像三面围植松柏绿荫。

1926 年，直奉军阀重新勾结，国民军退出北京，当时王怀庆任京畿卫戍司令，到中央公园时，见二人铜像巍然屹立，感到非常尴尬，遂唆使警察当局拆去。当派去的警察执行这一任务时，为正义所感，暗将铜像完整地埋于坛北门外东侧柏树林地下。1928 年北伐军打垮直奉军阀进入北京后，冯玉祥又将铜像取出，重新做一长方形基石，将二烈士像并排复立于公园南门内“公理战胜”坊以北迎面处，坐北朝南，基座上也装有铭文铜版。

1944 年末 1945 年初抗日战争胜利前夕，日寇军火不足，在北京市内大肆搜集铜制品时将两尊铜像运走，去向不明。日本投降后国民党政府询问此二铜像，当时中山公园曾派刘宜君到天津车站、码头等处寻找，但未找到。后查阅到 1945 年 8 月的公园历史档案中记载着“北平沦陷后园内纪念物被毁情形，业经收藏终被提毁之件——二烈士，铜像”之语。

关于铜像的底座，原底座为石质，四周刻有水纹形图案，上有安装起义人姓名、起义经过铜版的凹槽，后二底座倒放在社稷坛北坛门外格言亭以北的柏树林中，当石桌凳供游人休息用。后建的二烈士长方形石质底座，在铜像被拉走后上面安装一块无名太湖石，1986 年建孙中山先生铜像时无名太湖石和底座拆去移作他用。

上图：公理战胜坊后的滦州起义领导人王金铭、施从云铜像，手持望远镜的是王金铭，叉腰手扶刀者为施从云。

右图：铜像背影。1945 年，这两座雕像被日本人拆走。

格言亭

1915年，朱启钤的好友、时任总统咨议的雍涛捐资兴建了这座全园唯一的西洋式亭子，认为既增添了景观，又可利用石柱内侧刻的先人格言规诫世人。该亭原建在外坛的南大门内，后因建“公理战胜”坊，1918年移至现处。

全亭为西式圆形八柱亭，白石筑成，直径6.6米，高约8米，亭外四周有栏杆围绕。栏杆是以12个球型石墩分4组，每组3个，中间用铁管相连，四周有出口。

八则格言

丹书之言曰：敬胜怠者吉，怠胜敬者灭；

孔子之言曰：自古皆有死，民不信不立；

孟子之言曰：国之本在家，家之本在身；

子思之言曰：温故而知新，敦厚以崇礼；

程子之言曰：主一之谓敬，无适之谓一；

武穆之言曰：文官不爱钱，武官不惜死；

朱子之言曰：尽己之谓忠，推己之谓恕；

阳明之言曰：知是行之始，行是知之成。

西德尼·甘博拍摄的格言亭。此时的格言亭尚未移位。

右图：1918 年，被移到社稷坛北门外的格言亭。

1955 年，因认为格言亭上的格言不合当时的环境，公园将石柱上的字迹全部磨掉。

下图：兰亭碑亭，现已无存。亭中石碑为圆明园“坐石临流”亭中旧物，1917 年被搬到中央公园。为添置景观，仿圆明园“兰亭”之形建造此亭。亭面阔五间，进深三间，为七檩歇山、黑筒瓦过陇脊屋面，单檐，四周围廊，檐柱间下设木坐凳，金柱间安装门窗，台明南、北两面筑三步如意台阶。1971 年，公园将从圆明园中运出，又在“社左门”内存放了 30 年之久的珍贵文物“兰亭八柱”清理出来，与碑一起重建为兰亭八柱碑亭。

四宜轩

水榭及桥亭

四宜轩

原为社稷坛时期的关帝庙，庙舍四间，砖木结构，建筑为硬山黑瓦顶。据朱启钤先生讲，原供神像6尊，关云长面西坐在中央，周仓站在近侧，下边侍立左右的是其部将关平、赵累、王甫、廖化。1919年改建时与后檐衔接横建房三间，建筑面积38.2平方米，后改为临时集会之处所，取名四宜轩。四宜轩东侧有名石“绘月”，石高六尺，围七尺，原为圆明园含经堂遗存之物，石上镌刻有乾隆题写的“绘月”二字。

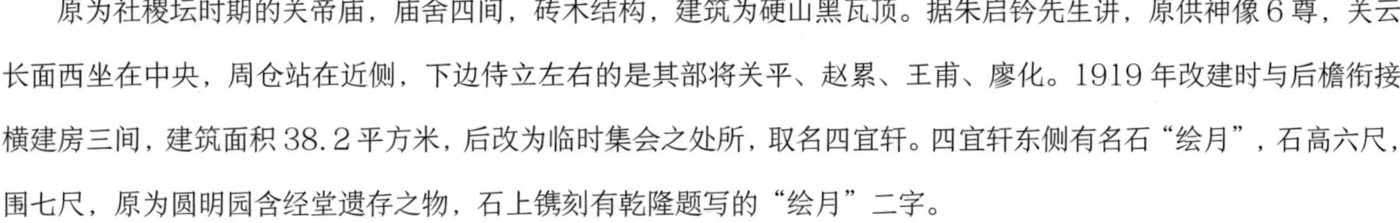

水榭

1916年夏秋间，唐花坞前的荷塘南岸建北厅三间，东、西厅各三间，环厅内外建游廊，均为砖木结构，卷棚筒瓦屋面。南面建垂花门一座，左右筑花墙，独成一庭院。北厅地基一半坐于水中，有地下室二间，北半部环厅游廊以水泥柱墩支架于水面之上，为三合院式水榭。1928年春，将南面垂花门及花墙拆除，增建南厅五间，四面厅房与廊连接。原公园董事恽宝惠曾手书“水榭”匾额，现已摘除。

木桥北岸是警察所，图为4名警察在木桥上合影。

北门木桥。此桥为1915年添建，1951年拆除。

故宫

北京故宫是中国明清两代的皇家宫殿，旧称紫禁城，位于北京中轴线的中心。是世界上现存规模最大、保存最为完整的木质结构古建筑之一。

以南京故宫为蓝本，于明成祖永乐四年（1406 年）开始营建，到永乐十八年（1420 年）建成，此后成为明清两朝 24 位皇帝的皇宫。故宫南北长 961 米，东西宽 753 米，四面围有高 10 米的城墙，城外有宽 52 米的护城河。有四座城门，南为午门，北为神武门，东为东华门，西为西华门。1925 年 10 月 10 日，故宫博物院正式成立。上图为 1948 年后挂上故宫博物院牌匾的午门。

上图：20 世纪 20 年代的故宫航拍图。

依照中国古代星象学说，紫微垣（也叫紫微宫）位于中天，乃天帝所居，以“天人对应，天人合一”的规划理念，“王者立宫，象而为之”。皇宫属于禁地，常人不能进入，故称为“紫禁”。明朝初期同外禁垣一起统称“皇城”，大约明朝中晚期，与外禁垣区分开来，外禁垣称为“皇城”，宫城叫“紫禁城”。

紫禁城南北长 961 米，东西宽 753 米，四面围有高 10 米的城墙，城外有宽 52 米的护城河，真可谓有金城汤池之固。紫禁城有四座城门，南面为午门，北面为神武门，东面为东华门，西面为西华门。城墙的四角，各有一座风姿绰约的角楼，民间有九梁十八柱七十二条脊之说，形容其结构的复杂。

紫禁城内的建筑分为外朝和内廷两部分。外朝的中心为太和殿、中和殿、保和殿，统称三大殿，是国家举行重大典礼的地方。三大殿左右两翼辅以文华殿、武英殿两组建筑。内廷的中心是乾清宫、交泰殿、坤宁宫，统称后三宫，是皇帝和皇后居住的正宫。其后为御花园。后三宫两侧排列着东、西六宫，是后妃们居住休息的地方。东六宫东侧是天穹宝殿等佛堂建筑，西六宫西侧是中正殿等佛堂建筑。外朝、内廷之外还有外东路、外西路两部分建筑。

1911年辛亥革命胜利后，清王朝宣布退位，根据临时革命政府拟定的《清室优待条件》，逊帝溥仪被允许“暂居宫禁”，即紫禁城后部的“后寝（内廷）”。当时的政府决定，将热河行宫（即承德避暑山庄）和盛京（今沈阳）故宫的文物移至故宫前半部的“前朝（外朝）”部分，于1914年成立了古物陈列所。1924年，冯玉祥发动“北京政变”，组织摄政内阁，修改对清皇室优待条件，将溥仪逐出宫禁，接管了故宫，同时成立“办理清室善后委员会”。1925年10月10日在乾清门前广场举行了盛大的建院典礼，并通电全国，宣布故宫博物院正式成立。1949年2月，北平解放，故宫博物院由中国人民解放军北平军事管制委员会文化接管委员会接管。同年10月1日，中华人民共和国成立，故宫博物院隶属中央人民政府文化部。

1945年10月10日的故宫航拍照片。

1860 年末，英法联军随军记者费利斯・比托拍摄的故宫午门。这张照片也是紫禁城历史上最早的一张照片。

据考证，英国特使额尔金与法国使团成员回忆：英法两国使团于 1860 年 11 月 7 日在清朝官员的陪同下，游览了正阳门、大清门、天安门、午门、景山、琼华岛。到达午门时，他们很想继续进入，但陪同的清朝大臣以宫内仍有女眷居住为由而拒绝，只允许他们从门洞往里看了几眼。

左图：1900年，
庚子国变，八国联军
攻占北京，在午门前
集合、驻扎。

上图：1920 年前后的午门，门上写着“国立历史博物馆”。国立历史博物馆成立于 1912 年 7 月 9 日，是中国国家博物馆的前身。起初地址在国子监，1918 年，“因原有馆址地处偏僻，房舍狭隘”，民国政府教育部决定将该馆迁往故宫午门，以午门城楼和东西亭楼为陈列室，东西朝房和端门城楼为文物库房，其中部分西朝房为办公室。

午门

午门是紫禁城的正门，位于紫禁城南北轴线。其前有端门、天安门（皇城正门，明代称承天门）、大清门（明代称大明门），其后有太和门（明代称奉天门，后改称皇极门，清代改今名）。各门之内，两侧排列整齐的廊庑。这种以门庑围成广场、层层递进的布局形式是受中国古代“五门三朝”制度的影响，有利于突出皇宫建筑威严肃穆的特点。

午门建成于明永乐十八年（1420 年），清顺治四年（1647 年）重修，嘉庆六年（1801 年）又修。午门的平面呈“凹”字形，沿袭了唐朝大明宫含元殿以及宋朝宫殿丹凤门的形制，是从汉代的门阙演变而成。午门整座建筑高低错落，左右呼应，形若朱雀展翅，故又有“五凤楼”之称。每年腊月初一，要在午门举行颁布次年历书的“颁朔”典礼。遇有重大战争，大军凯旋时，要在午门举行向皇帝敬献战俘的“献俘礼”。明代皇帝处罚大臣的“廷杖”也在午门进行。

午门内、太和门外的内金水桥和内金水河。

太和门前的景观。

太和门

太和门是紫禁城内最大的宫门，也是外朝宫殿的正门。其建成于明永乐十八年（1420 年），当时称奉天门。嘉靖四十一年（1562 年）改称皇极门，清顺治二年（1645 年）改今名。顺治三年（1646 年）、嘉庆七年（1802 年）重修，光绪十四年（1888 年）被焚毁，次年重建。

太和门在明代是“御门听政”之处，皇帝在此接受臣下的朝拜和上奏，颁发诏令，处理政事。

门前列铜狮一对，铜鼎四只，皆为明代铸造。

太和门左右各设一门，东为昭德门（明代称弘政门），西为贞度门（明代称宣治门）。光绪十四年贞度门失火，殃及太和门与昭德门，第二年三门重建。

太和门前的广场上，内金水河蜿蜒流过。河上横架五座石桥，习称内金水桥。广场两侧是排列整齐的廊庑，习称东、西朝房，并有协和门（明代称会极门）和熙和门（明代称归极门）东西对峙。东侧廊庑在明代用作实录馆、玉牒馆和起居注馆，清代改作稽察钦奉上谕事件处和内诰敕房；西侧廊庑在明代为编修《大明会典》的会典馆，清代改为翻书房和起居注馆。

太和、昭德、贞度三门匾额为王法良先生所书。

王法良，字弼臣，直隶高阳人。1848 年，出生于书香门第，幼年学业不佳，其父清朝进士王金台便让他改练书法。

清光绪二十二年(1896 年)，慈禧太后命彩画故宫三大殿，更换匾额，招各地书法家试笔，仅翰林院就有 20 多位学士、进士应试，谁知皇上都不中意。此时 48 岁的王法良也来到京中，他苦练几十年之后，临苏帖，仿隶书，皆能神似，他的颜体字能够乱真。翰林院大学士李鸿藻和王金台是同乡世交，他见王法良功力不凡，便向操办故宫彩绘的翁同龢推荐。于是王法良便前往一试。

再说翁同龢这日闲逛，信步来到“荣宝斋”，见到王法良的仿颜帖，暗暗叫绝，竟以 500 两纹银买下。进得翰林院正遇李鸿藻，便拿出这幅仿颜帖对他说道：“此乃颜鲁公真迹，若有人有如此功力，皇上保能满意。”李鸿藻细看笑曰：“此乃王法良所书，不信揭开宣纸。”翁半信半疑，揭开上下层宣纸果见“弼臣书”之印，不禁大喜，忙禀报光绪帝，光绪遂命在三殿门前高搭彩棚，请王法良献书。慈禧又下旨“门字不准提钩，恐皇上出入有伤龙体”。王法良受旨后，高登棚台，蘸足笔墨，稳住笔锋，“太和”“昭德”“贞度”三匾额一一挥就。皇上一看喜不自胜，爱不释手，连连称赞。自此，王法良名声大震，慕名向他求书写碑者接踵而至，应接不暇。慈禧下旨重赏王法良，并赐他以高官厚禄，都被他谢绝。

此后，王法良回归故里，整日闭门研习书画，为家乡父老撰文写碑，直到晚年。1909 年，王法良在老家病逝，享年 61 岁。

1913 年 2 月 22 日，隆裕太后去世。北洋政府举行了隆重的葬礼。3 月 19 日，北洋政府在太和殿广场召开全国国民哀悼大会。当天，社会各界 5 万人到场致哀。参议院参议长吴景濂主祭，恭读祭文，盛赞隆裕太后有逊位之德，以尧舜禅让之心赞同“共和之美”。

这是当时设在太和门广场上的临时接待棚。

太和门前扎了三门式的大素彩牌楼，上书“哀悼”二字。

太和殿

太和殿，俗称“金銮殿”，位于紫禁城南北主轴线的显要位置，太和殿是紫禁城内体量最大、等级最高的建筑物，建筑规制之高，装饰手法之精，堪列中国古代建筑之首。

明永乐十八年（1420年）建成，称奉天殿。嘉靖四十一年（1562年）改称皇极殿。清顺治二年（1645年）改今名。自建成后屡遭焚毁，又多次重建，今天所见为康熙三十四年（1695年）重建后的形制。

太和殿面阔十一间，进深五间，为紫禁城内规模最大的殿宇。太和殿的装饰十分豪华。室内外梁枋上饰以和玺彩画。门窗上部嵌成菱花格纹，下部浮雕云龙图案，接榫处安有镌刻龙纹的鎏金铜叶。殿内金砖铺地。明间设宝座，宝座前两侧有四对陈设：宝象、甪端、仙鹤和香亭。宝象象征国家的安定和政权的巩固；甪端是传说中的吉祥动物；仙鹤象征长寿；香亭寓意江山稳固。宝座上方天花正中安置形若伞盖向上隆起的藻井。藻井正中雕有蟠卧的巨龙，龙头下探，口衔宝珠。

太和殿前有宽阔的平台，称为丹陛，俗称月台。月台上陈设日晷、嘉量各一，铜龟、铜鹤各一对，铜鼎18座。龟、鹤为长寿的象征。日晷是古代的计时器，嘉量是古代的标准量器，二者都是皇权的象征。

明清两朝24位皇帝均在太和殿举行过盛大典礼，如皇帝登极即位、皇帝大婚、册立皇后、命将出征，此外每年万寿节、元旦、冬至三大节，皇帝在此接受文武官员的朝贺，并向王公大臣赐宴。清初，还曾在太和殿举行新进士的殿试，乾隆五十四年（1789年）始，改在保和殿举行，“传胪”仍在太和殿举行。

1945年8月15日，侵华日军宣布无条件投降，抗日战争终于取得全面胜利。日本宣布投降之后，华北战区正式的受降仪式就是在太和殿广场举行的，这是1945年的10月10日，也正是故宫博物院建院20周年的日子。当天，在太和殿、午门、端门乃至天安门，前来观礼者甚众，人潮涌动。

殿内“金砖”之所以会被称作金砖，主要有三种说法。第一是因为御窑村专门制作的地砖是供给京城中建筑之用，所以又叫“京砖”，因为读音接近，讹传为“金砖”。第二是金砖制作的手艺十分特殊，如今已经失传，且对制作金砖所用的土品质要求很高，据说只有苏州才有合格、细腻、可塑性强的土质，如此制作出来的地砖质地十分坚硬，用手敲击有金属声，所以称为“金砖”。第三就是金砖虽然材料并不贵重，可是因为制作困难，产量极低，所以价格并不便宜，一块砖甚至要值一两黄金，当真是“金砖”了。

上图：北洋政府则将祭堂设于太和殿内，殿内布置得极为庄严肃穆，正面扎了一座三门四框式的素彩灵龛，顶端正中挂着一方题有“女中尧舜”的大匾。在灵龛的须弥座上，每一栏杆立柱上，都套着一个素色的空心花圈。灵龛内高悬隆裕太后的大幅宫装御影。供案上广设香花果馔，素烛高燃。

隆裕的葬礼

隆裕太后 (1868—1913)，叶赫那拉氏，名静芬。身为满洲镶黄旗人，是慈禧太后之弟、三等承恩公桂祥之女。在慈禧太后的安排下，1889 年被立为光绪帝的皇后。

1908 年，光绪帝驾崩，慈禧太后颁旨，立醇亲王载沣 3 岁之子溥仪为继位皇帝，即宣统皇帝，又命载沣为摄政王。之后，宣统帝登基，即尊光绪帝皇后为皇太后，上徽号“隆裕”。

1911 年武昌起义后，载沣辞职，隆裕太后只能重用袁世凯。袁世凯掌握了军政大权，步步逼宫。段祺瑞的通电、良弼的被刺，使隆裕触目惊心，感到束手无策。1912 年 2 月 12 日，在袁世凯的诱导下，隆裕太后主持颁布了清帝逊位诏书。此事给她带来了巨大的压力，终日郁郁寡欢，身患疾病，于 1913 年 2 月 22 日凌晨在长春宫薨逝，享年 46 岁。

时任民国总统的袁世凯下令以君主的最高礼仪举行。全国下半旗志哀 3 日，文武官员穿孝 27 日。参议院除下半旗外，于 2 月 26 日休会 1 日。2 月 28 日为祭奠之期，当天，袁世凯臂戴黑纱，前往祭奠。3 月 19 日，在参议院议长吴景濂的倡议下，在大和门前广场为隆裕太后隆重举行了全国“国民哀悼会”。当时的军政要员纷纷致电名义尚存的清室，对隆裕的病逝表示哀悼。副总统黎元洪称赞：“德至功高，女中尧舜。”更作挽联：“片语息兵戈，民国酬恩应第一。全军为墨绖，深宫弭乱更何人？”各国公使都派出吊唁人员前去太和殿致祭，各使馆均下半旗志哀。

太和殿作为灵堂，蟠龙金柱、红柱及殿壁四周皆挂满白布孝幔和挽联，除此之外，太和门、午门、端门、天安门和中华门前都扎素彩、搭牌坊，红墙上挂挽联、孝幔等。

太和殿前宽阔的丹陛。

左页上图：民国初年的太和殿，此时太和殿已经挂起了民国的五色旗。

左页下图：挂有“礼堂”匾额的太和殿。辛亥革命结束了清王朝的统治，1913 年 10 月 10 日，袁世凯就任民国正式大总统的典礼，在故宫太和殿举行。在就职典礼举行前，袁世凯将已交给民国政府的故宫外朝部分的各处满汉双文匾额撤下，换上只以汉文书写的匾额，以示改朝换代。原太和殿也被更名为“礼堂”。

汉文题写者为前清翰林、曾任京师大学堂（北京大学前身）监督（副校长）的著名书法家袁励准。

袁励准生于光绪二年（1876 年），字珏生，笔名恐高寒斋主。光绪二十四年（1898 年）中进士，保和殿朝考钦点翰林，先后授翰林院编修、侍读、侍讲、南书房行走。

甲午战争后，孙家鼐、张百熙任管学大臣，筹办京师大学堂时，授袁励准为斋务提调，掌管一应后勤基建事务，以沙滩马神庙高宗第四女和硕和嘉公主府旧址改建京师大学堂，配置教学实验设备。

光绪三十一年（1905 年），筹办京师高等实业学堂（北京大学工学院前身）。袁励准被任命为总办（校长），以被八国联军焚毁的瑞王府故址，建造教室楼、实验室、实习工厂。

袁世凯任大总统期间曾延请袁励准为官，被其拒绝。袁励准甘愿以卖字画为生，在琉璃厂多家书画店挂有笔单。北京故宫和颐和园内，都能看到袁励准书写的槅扇心和匾额。能为更多人看到的则是坐落于西长安街路北的国务院正门上悬挂的“新华门”匾额。据袁励准长女袁惠回忆，这“新华门”三个大字收取的笔润是五百银圆。1932 年袁励准受聘辅仁大学美术系，教授中国书画。

袁学昌与夫人曾懿晚年居住在儿子袁励准在北京北池子 23 号的家，二人去世后葬于西直门外大柳树村。1935 年袁励准病逝后亦葬于大柳树村，大柳树村土地被征用后，移葬于海淀区万安公墓。

袁世凯与太和殿宝座

1915 年 8 月，曾经逼迫革命军和清朝皇室同时让步而当上了首任中华民国正式大总统的袁世凯，在进一步获取了每届任期十年、可以连选连任并推荐三名候选继任人的巨大权力之后，又想着当皇帝，授意其亲信在北京成立“筹安会”，公开策划和鼓吹帝制。在一番“全体国民公意推戴”的喧闹中，袁世凯于 12 月 12 日发表了接受帝位的申令，下令改国号为“中华帝国”，以 1916 年为“洪宪”元年，实行君主立宪政体，拟于元旦之日在北京故宫的金銮殿——太和殿举行登基大典。

为了展现“中华帝国”除旧布新的气象，袁世凯将太和殿更名为“承运殿”，命人把满汉文匾额更换为汉文匾额，并把殿内的清朝皇帝宝座以及乾隆御题的匾额、对联也撤去了，在原来陈设清朝宝座之处安放了一件适合自己的中西合璧的“中华帝国”皇帝宝座。

然而，因为袁世凯腿比较短，但又想显示出帝王气派，因此宝座采用了矮座面衬西式高背大椅的造型。其靠背设计为象征帝王权威的玉圭形状：靠背的上部镂空透雕有四龙戏珠，中间设一个直径约二尺的圆形开光，开光的边框起阳线，雕有花纹，中心为白色丝缎做的靠垫，上面有用五彩丝线刺绣的“中华帝国”国徽，靠背的下部为一个长方形横屏，边框起阳线，雕锦纹，屏心浮雕有三条云龙。宝座的扶手为镂空圆雕的左右两条云龙，龙头朝前，与靠背合计共有九条龙纹，九为阳数之最，寓意九五之尊。宝座的座身为“凹”字形的须弥座：座面平，冰盘沿，高束腰，束腰部位雕有锦纹；底部的彭牙带有余腮，正面中间的牙板镂

挖成壶门样式。这件宝座底胎的材质为金丝楠木，其造型设计融合了东、西方家具的艺术审美元素，兼顾了宝座的权威性和舒适性功能，在继承传统的基础上又有所创新。然而，或许是时间仓促、天气寒冷等原因，宝座还来不及好好进行大漆髹饰，只是涂了层金色油漆，并没有做正规的罩金髹（贴真金箔加髹笼罩漆）工艺。

就在登基大典紧锣密鼓地筹备时，1915 年 12 月 25 日，辛亥革命元勋之一的蔡锷将军在云南首先宣布独立，接着，贵州、广西也起而响应，组成“护国军”进行讨袁战争。同时，北洋军阀内部也发生了分化，袁世凯手下的两员大将段祺瑞、冯国璋对帝制都持消极态度，冯国璋甚至暗中和护国军联络。在这种形势下，袁世凯不得不在1916年2月25日下令缓办帝制，撤销大典筹备处，3月22日又宣布取消帝制，废除“洪宪”年号，仍以大总统的名义发布命令。袁世凯从称帝到取消帝制，总共不过经历了 83 天。1916 年 6 月 6 日，袁世凯忧病死去，他的宝座则继续留在太和殿里，由负责管理外朝午门、三大殿的古物陈列所进行陈列展

左图：日本人小川一真 1900 年拍摄的太和殿清朝皇帝宝座，此时的太和殿的宝座、匾额、对联均为清朝原物。

右图：袁世凯登基前的太和殿宝座，两边挂着五色旗。

下图：太和殿和袁世凯的宝座。

出。1925 年从清逊帝溥仪手中接管后宫大内时成立的故宫博物院在 1947 年奉命接收了古物陈列所之后，要撤换掉袁世凯的宝座，但一直找不到大小合适的清朝皇帝宝座。

直到 1959 年，著名收藏家、学者朱家溍先生从一张 1900 年八国联军占领北京时拍摄的照片上看到了当年太和殿内陈设的原状。于是，他根据照片寻找那件清朝时期的太和殿宝座，终于在一间放置残破家具的库房里发现了已经破损不堪的罩金髹雕龙宝座。围绕着两件太和殿宝座孰去孰留的问题，文物专家们分成了“保袁”和“保清”两派。“保袁”派认为，文物原状陈列就是要按照历史留下的保存，既然太和殿里最后留下的是袁世凯的宝座，就应该照此保留；包括朱家溍先生在内的“保清”派则认为，袁世凯最终没有登基，不能称为一代王朝，太和殿仍应保存清朝的原状，陈列康熙的真龙宝座。最终“保清”派专家们的意见占了上风，故宫博物院决定按照清朝时期的原状恢复太和殿内的陈设。

1963 年，由朱家溍先生主持，故宫博物院组织了 13 名专家开始修复这件清朝时期的太和殿宝座。1964 年 9 月完工。从此，清朝时期的太和殿宝座在尘封了近半个世纪之后恢复了昔日神采，又回到原来的位置。2007 年太和殿大修，又根据老照片将乾隆皇帝御笔“建极绥猷”匾额复制并归位。

下图：民国时期故宫太和殿内的袁世凯宝座。

太和殿受降仪式

1945 年 8 月 15 日，日本宣布投降，中国人民迎来了抗日战争的全面胜利。10 月 10 日，华北战区受降仪式在故宫太和殿广场举行。这一天，北平天高云淡，秋高气爽。太和殿前广场上人山人海，天安门、端门、午门、东西华门、南北池子、南北长街……到处都聚满了人。当时北平人口约 200 万，有 20 多万人从四面八方涌到故宫，要亲眼见证日本向中国投降。

第十一战区司令长官孙连仲作为中方代表，立于正中。

上午 10 时 10 分，景山上军号长鸣，宣告受降仪式开始。会场上礼炮响起，军乐队凯歌高奏。

司仪传达主官命令，高呼：“引导日本投降代表入场！”投降日军的代表、华北日军最高指挥官根本博中将、参谋长高桥坦中将及副参谋长渡边渡少将等 20 人，由太和门左旁门入场，行至受降台前，由根本博开始，依次立正向中国受降主官孙连仲行礼。孙连仲答礼后，根本博等退至左侧恭立。

孙连仲上将（前立者）、吕文贞中将（右敬礼者）及战区幕僚就位。赫达・莫理循拍摄。

上图：根本博等人走向太和殿受降台。

右图：行礼完毕，退至一旁。

三份投降书置于台上，根本博签字盖章后，呈交孙连仲。随后，根本博、高桥坦、渡边渡等人，逐次将战刀放在了受降桌上，黯然从熙和门左门退场。之后，一架盟军 B52 式轰炸机从会场上空“隆隆”飞过。乐队高奏欢歌，观者无不群情振奋、欢腾激动。

上图：日军华北方面军司令官根本博中将在“投降代表”下签字。赫达·莫理循拍摄。

在太和殿受降仪式前几天，美军在天津的一个小广场上举行了经蒋介石特别批准的“天津受降”仪式。时任中国第十一战区参谋长、第十一战区华北受降区北平前进指挥所主任的吕文贞受邀前往天津，和美军一起接受当地日军投降。回到北平后，吕文贞决定取消原定在中南海怀仁堂的受降计划，认为“美军公开受降，我们也要公开受降”，让经受了侵略战争苦难的中国人分享胜利，扬眉吐气。于是，受降仪式选择在了皇帝举行大典的太和殿前广场，并成为中国战区十余个受降仪式中规模最大的一个，甚至超过了南京受降仪式。

上图：中国军队受降主官孙连仲上将在“受降主官”下签字。赫达·莫理循拍摄。

中和殿

中和殿，故宫外朝三大殿之一，位于太和殿、保和殿之间。始建于明永乐十八年（1420 年），明初称华盖殿，嘉靖时遭遇火灾，重修后改称中极殿。清顺治二年（1645 年），改中极殿为中和殿。殿名取自《礼记·中庸》“中也者，天下之大本也；和也者，天下之达道也”之意。

明清两朝，太和殿举行各种大典前，皇帝先在中和殿小憩，并接受执事官员的朝拜。凡遇皇帝亲祭，如祭天坛、地坛，皇帝于前一日在中和殿阅视祝文，祭先农坛举行亲耕仪式前，还要在此查验种子和农具。皇太后上徽号，皇帝在此阅视奏书。玉牒告成，恭进中和殿呈御览，同时要举行隆重的存放仪式。

上图：小川一真于 1900 年拍摄的中和殿宝座及乾隆御笔匾额“允执厥中”。

保和殿

保和殿，故宫外朝三大殿之一。位于中和殿后，建成于明永乐十八年（1420 年），初名谨身殿，嘉靖时遭火灾，重修后改称建极殿。清顺治二年（1645 年）改为保和殿。保和殿在明清两代用途不同，明代大典前皇帝常在此更衣，清代每年除夕、正月十五，皇帝赐外藩、王公，及一、二品大臣宴，赐额驸之父、有官职家属宴及每科殿试等均于保和殿举行。每岁终，宗人府、吏部在保和殿填写宗室满、蒙、汉军以及各省汉职外藩世职黄册。清顺治三年（1646 年）至十三年（1656 年），顺治帝曾居住在保和殿，时称“位育宫”，大婚亦在此举行。康熙自即位至康熙八年（1669 年）亦居保和殿，时称“清宁宫”。二帝居保和殿时，皆以暂居而改称殿名。清代殿试自乾隆年始在此举行。

中和殿与保和殿。

小川一真于 1900 年拍摄的保和殿宝座及乾隆御笔匾额“皇建有极”。

1900 年的保和殿北面。

20 世纪 20 年代的保和殿北面，此时虽然已经是民国，但宣统帝还住在紫禁城内，而三大殿已经对外开放，为了防止彼此干扰，此时保和殿的北门已经完全封死。

乾清门

乾清门为紫禁城内廷的正宫门。始建于明永乐十八年（1420 年），清顺治十二年（1655 年）重修。

乾清门面阔五间，单檐歇山式屋顶。中为御路石，两侧列铜鎏金狮子一对，乾清门东为内左门及九卿值房，西为内右门及军机处。清代的“御门听政”、斋戒、请宝接宝等典礼仪式都在乾清门举行。

平日的乾清门。

扎彩中的乾清门。

乾清宫

乾清宫为内廷三宫之一，始建于明代永乐十八年（1420年），明清两代曾因数次被焚毁而重建，现有建筑为清嘉庆三年（1798年）所建。

乾清宫为黄琉璃瓦重檐庑殿顶，坐落在单层汉白玉石台基之上，连廊面阔9间，进深5间。檐角置脊兽9个，檐下上层单翘双昂七踩斗拱，下层单翘单昂五踩斗拱，饰金龙和玺彩画，三交六椀菱花槅扇门窗。殿内明间、东西次间相通，明间后檐两金柱间设屏，屏前设宝座，宝座上方悬“正大光明”匾。东西两梢间为暖阁，后檐设仙楼，两尽间为穿堂，可通交泰殿、坤宁宫。殿内铺金砖。殿前的月台上，左右分别有铜龟、铜鹤，日晷、嘉量，前设鎏金香炉4座。

乾清宫建筑规模为内廷之首，作为明代皇帝的寝宫，自永乐皇帝朱棣至崇祯皇帝朱由检，共有14位皇帝曾在此居住。由于空间很大，皇帝在此居住时会将其分隔成数室。据记载，明代乾清宫有暖阁9间，分上下两层，共置床27张。由于室多床多，皇帝每晚就寝之处很少有人知道，以防不测。尽管如此，仍不能高枕无忧。据记载，明嘉靖皇帝对宫女肆意迫害，引来反抗，两位嫔妃和十余个宫女趁嘉靖帝熟睡，用绳索勒住他的颈部，眼看就要得手，但由于她们紧张之余把绳子系成了死扣，其中一个宫女见势不妙，跑出去呼救，嘉靖皇帝才得以逃生，史称“壬寅宫变”。此后，嘉靖帝移居西苑，不敢回乾清宫居住。万历帝的郑贵妃为争皇太后闹出的“红丸案”、泰昌妃李选侍争做皇后而移居仁寿殿的“移宫案”，都发生在乾清宫。

清代康熙以前，这里沿袭明制，自雍正皇帝移住养心殿以后，这里就作为皇帝召见廷臣、批阅奏章、处理日常政务、接见外藩属国陪臣和岁时受贺、举行宴筵的重要场所。一些日常办事机构，包括皇子读书的上书房，也都迁入乾清宫周围的庑房，乾清宫的使用功能大大加强。清雍正皇帝曾下诏，密建皇储的建储匣存放于乾清宫“正大光明”匾后。

此外，康熙、乾隆两朝在这里举办过“千叟宴”。一次在康熙六十一年（1722年），一次在乾隆五十年（1785年）。第二次规模最大，年过六十者有三千多人参加了乾隆皇帝举办的宴会。乾隆皇帝当时还召一品大臣和年龄九十岁以上的老人到御座前赐酒，并赐予每人拐杖及其他物品。宴会上联句赋诗，共和诗3400多首，以显示“普天同庆，共享升平”。

在清代，乾清宫还是皇帝死后停放灵柩的地方，不论皇帝死时在何处，都要先把他的梓宫（即灵柩）运到乾清宫停放几天。如顺治皇帝在养心殿，康熙皇帝在畅春园，雍正皇帝在圆明园，咸丰皇帝在避暑山庄，但都曾把他们的梓宫运回乾清宫，按照规定的仪式祭奠以后，再停到景山寿皇殿等处，最后选定日期正式出殡，葬入河北省遵化县的清东陵或易县的清西陵。

乾清宫正中出丹陛，接高台甬路与乾清门相连。

节庆时乾清宫的扎彩景象。

“正大光明”匾

“正大光明”出自宋代大家朱熹的《朱文公文集·卷三十八·答周益公》：“至若范公之心，则其正大光明，固无宿怨，而惓惓之义，实在国家。” 意指心怀坦荡，言行正派。

正大光明牌匾原来是顺治帝所书，康熙摹勒上石，原迹藏于故宫御书处，乾清宫悬挂的是乾隆摹拓的，后来嘉庆年间失火，匾额被烧毁，嘉庆皇帝命人重新摹拓。

这块匾的背后藏有决定皇子命运的“建储匣”。在康熙时，皇子之间夺取皇位的明争暗斗相当激烈。为了缓和这种矛盾，自雍正朝开始采取秘密建储的办法，即皇帝生前不公开立皇太子，而秘密写出所选皇位继承人的文书，一式二份，一份放在皇帝身边；一份封在“建储匣”内，放到“正大光明”匾的背后。皇帝死后，由顾命大臣共同取下“建储匣”，和皇帝密藏在身边的一份对照验看，经核实后宣布皇位的继承人。乾隆、嘉庆、道光和咸丰四位皇帝，都是根据这种秘密建储方法即位的。如今，雍正、乾隆、嘉庆三朝的立储密谕均已亡

上图：节庆时，乾清宫外东、西廊下会摆放演奏中和韶乐的宫廷乐器：建鼓、编钟、镈钟、特磬、敔、编磬、搏拊。

佚，唯一还保存完好的一份，是道光皇帝于道光二十六年（1846 年）六月十六日朱笔亲书满汉文立储御书，上面写着两行汉文是：“皇六子奕䜣封为亲王，皇四子奕詝立为皇太子”，在后一行汉字的旁边，又书了“皇四子奕詝立为皇太子”的满文。这份谕旨，今珍藏在中国第一历史档案馆。到了清代后期，由于咸丰皇帝只有一个儿子，同治和光绪皇帝没有儿子，这种秘密立储的办法才失去其意义。

乾清宫的吊灯

在这张 20 世纪初拍摄的照片中，乾清宫内悬挂着华丽的西洋玻璃灯。电灯是随着洋务运动的推广而进入清宫的。光绪十四年（1888 年），李鸿章将发电设备及电灯进献给慈禧太后，随即在颐和园和西苑等开始安装试用。光绪三十三年（1907 年）底，电灯正式进入紫禁城。从宣统元年到三年（1909 —1911），各殿电灯陆续安装完毕，紫禁城迈进电灯照明时代。

上图：俄国摄影师鲍迪罗夫·费德罗·伊万诺维奇于 1900 年拍摄的乾清宫宝座。

左图：乾清宫内的吊灯及吊灯特写。

江山社稷金殿

乾清宫殿阶的东侧和西侧，各有一个汉白玉雕镂的台座，台座分三层，由上到下逐层扩大，呈金字塔结构。最下层是一座石室，并在南面开了一个门。台基上通身雕刻着海水、江崖与几何形图案。上面各安放着一个铜质鎏金、造型端庄的微型宫殿。

东面的微型宫殿叫“江山”金殿，西面的微型宫殿叫“社稷”金殿，合起来就叫“江山社稷金殿”。

上图：乾清宫外的江山殿。这是一座立方体的建筑。每面安设四扇槅扇门。顶部为重檐，上层为圆形攒尖，并安有铸造古雅的宝顶；下层为方形腰檐，四条银戗脊上装有小兽。整座金殿通体鎏金，光华灿烂，华美挺秀。

槅扇门裙板上雕镂着龙纹，绦环板上镂刻着宝相花，额枋上浅刻着双龙，四个柱础上刻着伏莲。这些吉祥图案做工精细华美，寓意深刻。皇帝都希望自己的统治永久传承下去，因此将这些龙、宝相花、伏莲等吉祥物的图案刻在上面，寓意千秋万代，江山永固。

乾清宫西侧门南面。

乾清宫西侧门北面。

交泰殿

交泰殿为内廷三宫之一，位于乾清宫和坤宁宫之间，约为明嘉靖年间建，顺治十二年（1655 年）、康熙八年（1669 年）重修，嘉庆二年（1797 年）乾清宫失火，殃及此殿，第二年重建。

交泰殿平面为方形，深、广各三间，单檐四角攒尖顶，铜镀金宝顶。交泰殿为皇后千秋节受庆贺礼的地方。清代，于此殿贮清二十五宝玺。每年正月，由钦天监选择吉日吉时，设案开封陈宝，皇帝来此拈香行礼。清世祖所立“内宫不许干预政事”的铁牌曾立于此殿。皇帝大婚时，皇后的册、宝安设殿内左右案上。每年春季祀先蚕，皇后先一日在此查看采桑的用具。

右图：修缮中的交泰殿。

右下图：交泰殿门上贴的门神。此时还是满汉文的匾额。

下图：清末的交泰殿及周边，杂草丛生，一片萧瑟。

無爲
恒久咸和迓天休而

左图：小川一真在拍摄时，将存放“二十五宝玺”的匣盒罩布全部打开。地台前缘的包边有破损。

右图：交泰殿宝座及“无为”匾额。

“无为”匾为康熙所题，这是道家思想的体现。老子云：“道常无为而无不为。”又云：“圣人处无为之事，行不言之教。”康熙题“无为”，意在告诫帝王要顺应天道，体恤民情，与民休息。

交泰殿的东面和坤宁宫。

坤宁宫

坤宁宫是内廷后三宫之一，始建于明永乐十八年（1420 年），正德九年（1514 年）、万历二十四年（1596 年）两次毁于火，万历三十三年（1605 年）重建。清沿明制于顺治二年（1645 年）重修，顺治十二年（1655 年）仿盛京清宁宫再次重修。嘉庆二年（1797 年）乾清宫失火，延烧此殿前檐，嘉庆三年（1798 年）重修。

下图：坤宁宫前东侧的索伦杆。

索伦杆，意为“神杆”，为满族祭天所用。索伦杆木杆下端镶在夹杆石中，上端有一个碗状的锡斗。祭天时，摆上供物，锡斗里放上碎米和切碎的猪内脏，供乌鸦享用。传说爱新觉罗氏先祖曾为乌鸦所救，为纪念乌鸦救命之恩，爱新觉罗后世子孙在屋前竖杆，祭祀乌鸦神。这也成为皇家和满族人家重要的祭礼活动。

坤宁宫面阔九间，进深三间，黄琉璃瓦重檐庑殿顶。坤宁为坤地宁定之意。坤宁宫是明清两代皇后的正宫。第一位住进坤宁宫的是明成祖朱棣的皇后徐氏，之后的明代诸位皇后都以此为寝殿，明朝最后一位皇后也在此自缢而亡。清代时，皇后日常并不在此居住，只是作为大婚的洞房。顺治十二年改建后，为萨满教祭神的主要场所。同时，室内东侧两间隔为暖阁，作为居住的寝室；门的西侧四间设南、北、西三面炕，作为祭神的场所。

康熙四年（1665 年）玄烨大婚时，在坤宁宫行合卺礼。同治皇帝、光绪皇帝大婚，逊帝溥仪结婚也都是在坤宁宫举行。雍正以后，皇帝移住养心殿，皇后也不再住坤宁宫，坤宁宫实际上已作为专供萨满教祭神的场所。

坤宁宫的西边。

天一门

天一门位于紫禁城内廷中路御花园内，为钦安殿院落之南门，明嘉靖十四年（1535 年）添建钦安殿院墙时所建。初名“天一之门”，清代改为“天一门”。

按古代阴阳五行学说，北方属水。钦安殿位于紫禁城中轴线北端，其院门名为“天一”，乃取《易经》中“天一生水”之意，与五行之说相应。另外，因为嘉靖年间紫禁城多次失火，在此背景下修建钦安殿院墙、院门，并由嘉靖皇帝亲为院门题名，显然亦有祈求平安之意。

天一门及门前的铜鼎。

1900 年的天一门。

20 世纪 40 年代已经作为博物馆对外开放时的天一门。

御花园

御花园位于紫禁城中轴线上，坤宁宫后方，明代称为“宫后苑”，清代称御花园。

始建于明永乐十八年（1420 年），后来曾有增修，现仍保留初建时的基本格局。御花园南北纵 80 米，东西宽 140 米。园内主体建筑为钦安殿，以其为中心，向前方及两侧铺展亭台楼阁。园内青翠的松、柏、竹间点缀着山石，形成四季常青的园林景观。

万春亭位于御花园内东部，在浮碧亭以南，明嘉靖十五年(1536 年）建。照片中万春亭前的木栅栏于 1949 年以后被拆除。

右图：拍摄于御花园东南角，正面的“小屋”就是御花园的禊赏亭，亭额曾由隆裕皇太后手书。今“小屋”已无存，只余基座。左边的栅栏就是万春亭前的木栅栏。

下图：位于御花园内西部的千秋亭，与万春亭东西呼应。二亭不仅同时期建造，还是一对造型、构造均相同的建筑，仅藻井彩画有细微的差别。和万春亭一样，千秋亭前曾经也有木栅栏。

钦安殿

钦安殿位于御花园正中，始建于明代，殿为重檐盝顶，坐落在汉白玉石单层须弥座上。嘉靖十四年（1535 年）添建墙垣后自成格局。清乾隆年间曾在前檐接盖抱厦三间，后拆除。钦安殿内供奉玄天上帝。清朝每年元旦于天一门内设斗坛，皇帝在此拈香行礼。每遇年节，钦安殿设道场，道官设醮进表。钦安殿事务由太监道士管理。

钦安殿是故宫中轴线上从未遭受过火灾的宫殿。

承光门

钦安殿北面的承光门，明代已有，清沿明制。门一开间，双扇大门，庑殿式琉璃门楼，左右各接转角琉璃顶矮墙与集福门、延和门相连。门内左右各置一鎏金铜卧象。这个门是故宫中轴线上最有特点的一道门：关闭后作用类似顺贞门前的影壁，极富有装饰性。

由北向南拍摄的顺贞门外。

养心殿

明代嘉靖年间建，位于内廷乾清宫西侧。清初顺治皇帝病逝于此。康熙年间，这里曾经作为宫中造办处的作坊，专门制作宫廷御用物品。自雍正皇帝居住养心殿后，造办处的各作坊遂逐渐迁出内廷，这里就一直作为清代皇帝的寝宫，至乾隆年间加以改造、添建，成为一组集召见群臣、处理政务、皇帝读书、学习及居住为一体的多功能建筑群。一直到溥仪出宫，清代有八位皇帝先后居住在养心殿。

养心殿明间东侧的“东暖阁”内设宝座，西向。慈禧、慈安太后曾在此垂帘听政。

上图：养心殿内宝座。

左图：养心殿卧室。

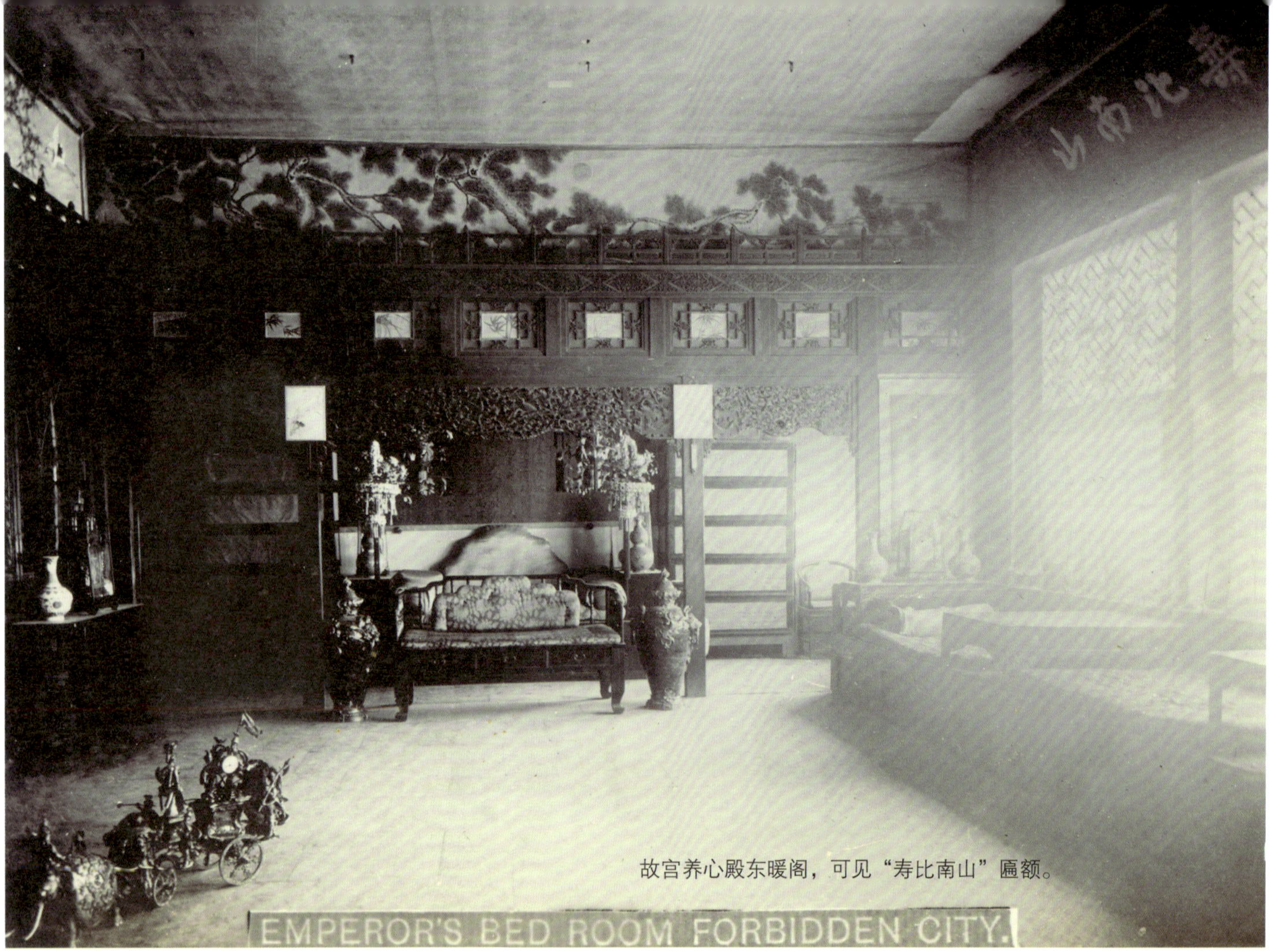
EMPEROR'S BED ROOM FORBIDDEN CITY.

故宫养心殿东暖阁，可见“寿比南山”匾额。

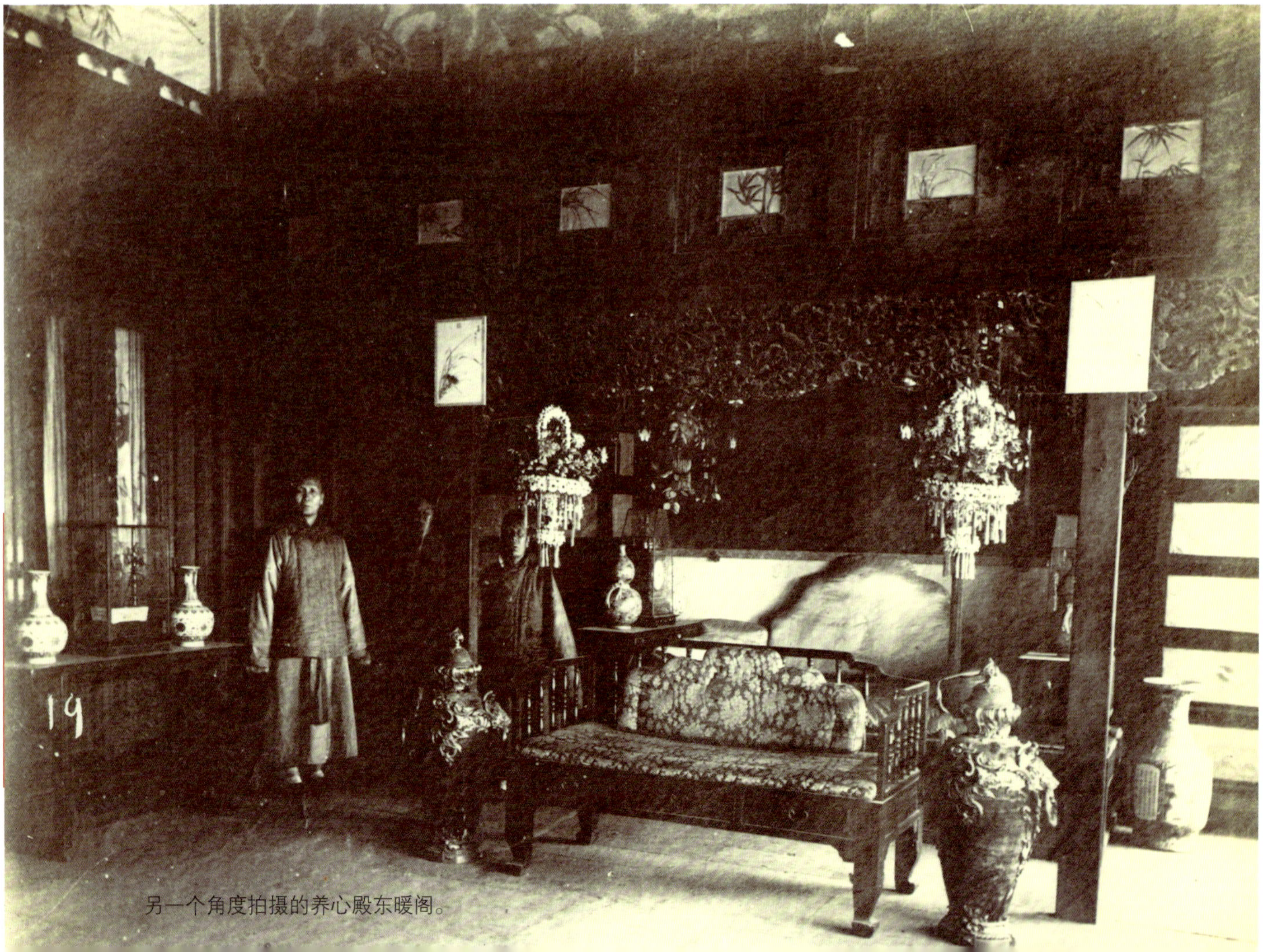
19

另一个角度拍摄的养心殿东暖阁。

储秀宫

内廷西六宫之一，明清时为妃嫔所居。始建于明永乐十八年（1420年），原名寿昌宫，嘉靖十四年（1535年）改为储秀宫。清代曾多次修葺，光绪十年（1884年）为庆祝慈禧五十寿辰，耗费白银63万两进行大规模整修，并铸一对戏珠铜龙和一对铜梅花鹿，安置在殿台基下东西两侧。现存建筑为光绪十年重修后的形制。

储秀宫的庭院宽敞幽静，两棵苍劲的古柏耸立其中。慈禧入宫后曾居住储秀宫后殿，并在此生下同治皇帝。光绪十年慈禧五十大寿时又移居储秀宫，并将后殿定名为丽景轩。

左图：1900年，八国联军各国将领在储秀宫前合影。

右图：储秀宫浴室。婉容是储秀宫的最后一位主人，将很多西式生活方式及物品，如西餐、钢琴、浴盆带入了储秀宫。

翊坤宫

内廷西六宫之一，明清时为妃嫔居所。始建于明永乐十八年（1420年），始称万安宫，嘉靖十四年（1535年）改为翊坤宫。“翊”为护卫、辅佐之意，寓意为嫔妃要协助皇后。清代曾多次修缮，原为二进院，光绪十年（1884年）慈禧五十寿辰时，将翊坤宫后殿改成穿堂殿，名为体和殿，东西耳房各改一间为通道，使翊坤宫与储秀宫相连，形成四进院的格局。

翊坤宫正殿面阔五间，黄琉璃瓦歇山顶，前后出廊。檐下施斗拱，梁枋饰以苏式彩画。门为万字锦底、五蝠捧寿裙板槅扇门，窗为步步锦支摘窗，饰万字团寿纹。明间正中设地平宝座、屏风、香几、宫扇，上悬慈禧御笔“有容德大”匾。东侧用花梨木透雕喜鹊登梅落地罩，西侧用花梨木透雕藤萝松缠枝落地罩，将正间与东、西次间隔开，次间与梢间用槅扇相隔。台基下陈设铜凤、铜鹤、铜炉各一对。

明朝万历皇帝的郑贵妃曾居住于此。万历皇帝因想立郑贵妃所生之皇三子朱常洵为太子，与群臣展开了长达二十年的立储之争，最终以群臣的胜利而告终。慈禧移居储秀宫后，每逢重大节日都在此接受妃嫔叩拜。光绪帝选妃也在此举行。

斋宫

斋宫位于紫禁城东六宫之南，毓庆宫西，为皇帝行祭天祀地典礼前的斋戒之所。明代和清前期，祭天祀地前的斋戒均在宫外进行。雍正皇帝即位后，宫廷内部的斗争仍十分激烈，雍正帝为确保平安，于雍正九年（1731 年）在紫禁城内兴建斋宫，将祭祀天地前的斋戒仪式改在宫中进行。凡祭天祀地及祈谷、常雩等大祀前三天，皇帝致斋于此。斋戒时，除斋宫丹陛前会恭设斋戒牌、铜人外，各殿宇门前也要悬斋戒木牌和帘额，皇帝与陪祀大臣等也要佩戴斋戒牌，意为皇帝正在斋戒。斋戒期间，紫禁城停止一切娱乐活动，保持一种肃穆的气氛。

上图：斋宫的前殿。斋宫系前朝后寝形式的两进院落。前殿面阔五间，黄琉璃瓦歇山顶，前出抱厦三间，明间、两次间开隔扇门，两梢间为槛窗。殿内正中上悬乾隆御笔“敬天”匾。室内浑金龙纹天花，正中为八角形浑金蟠龙藻井。东暖阁为书屋，西暖阁为佛堂。东西各有配殿三间。正殿左右转角廊与配殿前廊相连，形成三合院带转角的格局。

重华宫

位于内廷西路西六宫以北，原为明代乾西五所之二所。乾西五所与乾东五所在明代常供地位较高的宫女居住，偶尔也有公主居住。清代，弘历为皇子时，初居毓庆宫，于雍正五年（1727 年）移居此处并成婚。雍正十一年（1733 年），弘历被封为“和硕宝亲王”，住地赐名“乐善堂”。弘历登基后，此处作为肇祥之地升为宫，名重华。

上图：重华宫东侧漱芳斋前殿明间的屏风、宝座。斋内有匾额“正谊明道”。乾隆二十七年（1762 年）六月安设。原陈设现已挪至后殿。

漱芳斋，始建于明永乐十八年（1420 年）。乾隆皇帝即位后，改乾西二所为重华宫，并将位于重华宫东侧的乾西五所之头所改为漱芳斋，斋前增建戏台，作为重华宫宴集演戏之所。

文渊阁

清宫藏书楼，乾隆四十一年（1776年）建成。乾隆三十八年(1773年)皇帝下诏开设“四库全书馆”，编纂《四库全书》，第二年下诏兴建藏书楼，命于文华殿后规度适宜方位，创建文渊阁，用于专贮《四库全书》。

文渊阁仿浙江宁波范氏天一阁构置，面阔六间，采取“明二暗三”的建造方式，即外观上是上下两层，但腰檐之处设有暗层。黑色琉璃瓦顶，绿色琉璃瓦剪边，喻义黑色主水，以水压火，以保藏书楼的安全。

《四库全书》编成后，最初用了六年的时间抄录正本四部，除一部藏于文渊阁外，另三部分别藏于圆明园文源阁、承德文津阁、沈阳故宫文溯阁，这四阁又称“北四阁”。后又抄三部藏于镇江文宗阁、扬州文汇阁、杭州文澜阁，这三阁称“南三阁”。 目前，南北七阁仅存文渊、文津、文溯、文澜四阁。七部《四库全书》或已亡佚，或为各图书馆收藏。文渊阁本现藏于台北故宫博物院。

上图：文渊阁的前廊设回纹栏杆，檐下倒挂楣子，加之绿色檐柱，苏式彩画，具有园林建筑风格。阁前凿一方池，引金水河水流入，池上架一石桥，石桥和池子四周栏板都雕有水生动物图案。阁后湖石堆砌成山，势如屏障，其间植以松柏。阁的东侧建有一座碑亭，盔顶黄琉璃瓦，造型独特。

神武门

神武门是紫禁城的北门，明永乐十八年（1420 年）建成，明称玄武门。清康熙年间重修时，因避康熙帝玄烨名讳改称神武门。神武门旧设钟、鼓，由銮仪卫负责管理，钦天监指示更点，每日由博士一员轮值。每日黄昏后鸣钟 108 响，钟后敲鼓起更。其后每更打钟击鼓，启明时复鸣钟报晓。皇帝住宫内时则不鸣钟。神武门作为皇宫的后门，是宫内人员日常出入的重要门禁，明清两代皇后行亲蚕礼即由此门出入。清代每三年一次选秀女，备选者经由此偏门入宫候选。

1900 年的神武门。

1913 年的神武门，此时末代皇帝溥仪还住在故宫里。

神武门及故宫博物院匾

1912 年，清帝退位后，得以继续住在紫禁城，这里俨然是一个“小国”。北洋政府总统更替时，还循例派遣“专使”，以外国君主之礼前往清宫送国书。这种情况一直持续了近十年。1922 年，溥仪大婚时，民国大批军警为其放哨站岗，恭敬护卫。军政要员，如黎元洪、张作霖、吴佩孚等都赠送厚礼，一时引起轰动。而这一切让当时控制北京的冯玉祥非常不满，冯玉祥本人十分痛恨封建帝制，他决定将溥仪赶出紫禁城。1924 年 11 月 5 日，冯派鹿钟麟等人前去逼宫。溥仪虽然内心很不想离开，但无奈大势已去，下午 4 时，溥仪和婉容、文绣等人坐着轿车从神武门离开了故宫前往溥仪父亲载沣居住的什刹海甘石桥醇王府。

李煜瀛曾预先准备的接收人员随即进入故宫，开始执行接收工作。“为昭慎重起见，每接收一座宫殿指定三位接收人员负责主持，一切决定，须经三人同意。接收时先清查火烛，加封、上锁，须有三人签名盖章。”

11 月 6 日，黄郛摄政内阁聘请李煜瀛担任清室善后委员会委员长。11 月 7 日，黄郛摄政内阁通令：“修正清室优待条件业经公布实施。着国务院组织善后委员会，会同清室近支人员，协同清理公产私产，昭示大公。所有接收各公产，暂责成该委员会妥慎保管，俟全部结束，即将宫禁一律开放，备充国立图书馆、博物馆等项之用，借彰文化而垂久远。”

故宫博物院

1925年10月10日，故宫博物院成立，李煜瀛担任首任院长。进入民国，北京的机关单位一定要悬匾额于门口，以示进入了崭新的时代。故宫博物院成立之初，亦需重新书写匾额昭示国人，故将神武门改为故宫博物院的大门。成立当日，神武门外搭起了花牌楼，门洞挂有“故宫博物院”匾额，此匾额就是出自李煜瀛之手。

李煜瀛（1881—1973），字石曾，原籍河北高阳，中国教育家，故宫博物院创建人之一。曾为国民党四大元老之一，早年曾发起和组织赴法勤工俭学运动，为中法文化交流做出了很大贡献。

1881年5月29日出生于北京南城丞相胡同，乃晚清显赫一时的同治帝师、军机大臣李鸿藻的第三子。1902年随驻法公使孙宝琦赴法留学，1906年加入同盟会。1911年归国，1917年任北京大学生物学及社会学教授。1920年创办中法大学，任董事长。后历任中国国民党第一届中央监察委员、政治委员、北平临时政治分会主席，国立北平大学校长，师范大学校长、大学委员会委员、国立北平研究院院长等。

1924年，正当军阀混战如火如荼之际，冯玉祥于10月挥戈北上，发动“北京政变”，驱逐清逊帝溥仪出宫。古城北京成为军阀争夺地盘的新战场，恐有蹂躏之险。在这种情势下，李煜瀛毅然站出来建议设立清室善后委员会，清点、保管、维护全部文物，此建议随即被采纳，李煜瀛也被任命为委员长。李煜瀛的这一举动，对保护故宫文物免受军阀掠劫，保存中华文化瑰宝，起到了很大作用。1925年9月29日，故宫文物清点工作完成，通过《故宫博物院临时组织大纲》《故宫博物院临时董事会章程》和《故宫博物院临时理事会章程》。11月5日，李煜瀛以民间代表身份参与其事，出任故宫财产清理保管委员会主席。1925年10月10日，故宫博物院隆重开幕，李煜瀛任院长，也是故宫博物院的第一任院长。1956年，李煜瀛赴中国台湾定居，1973年9月30日，李煜瀛突患急性消化道出血，当日于台大医院逝世，终年92岁，葬于台北阳明山。

左页上图：20世纪30年代的神武门。

左页下图：神武门及紫禁城护城河。

东华门

东华门是紫禁城东门，始建于明永乐十八年（1420年）。“东华门”匾额原为满、蒙、汉三种文字，后减为满、汉两种，民国后只余铜质汉字。清初，东华门只准内阁官员出入，乾隆朝中期，特许年事已高的一、二品大员出入。清代大行皇帝、皇后、皇太后的梓宫皆由东华门出，民间俗称“鬼门”。东华门门钉与其他三门九路九颗不同，为八路九颗，内含阴数，相传也与此有关。

西华门

紫禁城西门，始建于明永乐十八年（1420年）。西华门的位置在紫禁城西侧城垣偏南一些，这与宫城总体规划有很大关系。紫禁城分外朝和内廷两部分，武英殿、太和门、文华殿构成贯穿外朝的横轴，东、西华门分处于轴线两端。如此布局既便于外朝使用，也可减少人员出入对内廷生活的干扰。将这一横轴继续向东、西两方延伸至皇城，恰为东安门与西安门，显然东、西华门乃连接皇城与宫城的重要枢纽。清代帝后游幸西苑、西郊诸园，多由此门而出。1900年，八国联军攻打京城，慈禧太后、光绪皇帝一行即由西华门离宫，仓皇西逃。

赫达·莫理循于20世纪40年代拍摄的西华门内景。现在西华门内的马道已经无存。照片正中这座建筑是座龙王庙，照片上依稀可见上联写着“出龙宫风调雨顺”。

角楼

紫禁城垣四隅之上的角楼，建成于明永乐十八年（1420 年），清代重修。

角楼是紫禁城城池的一部分，与城垣、城门楼及护城河同属于皇宫的防卫设施。其造型非常精巧，是由多个歇山式顶组成的复合式屋顶，多角、多檐、多山花、多屋脊，而且檐角起翘，参差错落，层层叠高，玲珑绚丽。上覆黄琉璃瓦，屋脊上有 234 只栩栩如生的吻兽，楼顶中心置铜鎏金塔式宝顶，彩色琉璃瓦和宝顶交相辉映，非常漂亮。且下有护城河围绕，在河水的映照之下更加美轮美奂。

紫禁城的防御工事是角楼下面的城墙与护城河。在墙和河之间，有一圈缓冲带，守卫宫城的士兵住在这里正合适。明代，环绕紫禁城建有值房 36 处，称为“红铺”，由官军使用，但是这些房子不是完全相连的。清代，将这些房子全部改建、相连，就成了“围房”——两条超长的房子，一条从东华门到神武门，一条从西华门到神武门。

清代时，紫禁城围房共计 732 间，护军只住一部分，其余主要还是作为仓、库使用。如东华门外迤北，有“恩丰仓”74 间，是乾隆皇帝专门给太监存的储备粮，太监就到这儿来领粮食。照片里可以看到，值房

1913 年的故宫角楼及值房。

上加了小气窗的，就是粮仓。另外西华门外迤北，有“官三仓”118 间、“家火仓”25 间；神武门外迤东有 79 间当作车库……

民国以后，围房不断出现坍塌、告危的情况，故宫博物院无力修缮，遂逐步将围房拆除。

1930 年，神武门外东、西围房陆续被拆除，但是拆到东北角楼和西北角楼时，人们觉得这两处角楼太美了，围房又正好在此处拐弯，填补了角楼下方的视觉空白，全拆了有点破坏景致，就把拐角处的围房保留下来，改建了一下，做成一个光有柱子没有墙、通透可以赏景的“转角敞轩”，用作点景之用。如今人们都爱拍摄故宫角楼，之所以很美，也有这个转角敞轩的功劳。

20 世纪 30 年代的故宫角楼及值房。

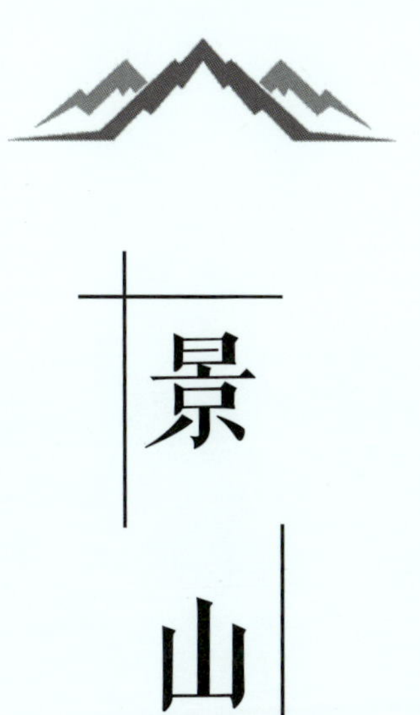

景山

景山位于北京城南北中轴线中心点上，也是北京城中心的最高点。景山南依紫禁城，西靠北海，北与鼓楼遥遥相望，是元、明、清三代的皇宫后苑，也曾是明、清帝后祭祖追思的重要场所。

景山曾多次更名：青山、万岁山、镇山、景山等，民间还曾称为煤山。山上五亭横列，中峰万春亭坐落于北京城中轴线制高点，登临其上，可俯瞰故宫全景，一览京城轴线，领略整齐对称的布局神韵，品读气势恢弘的古城建筑。景山保存着寿皇殿、观德殿、护国忠义庙、绮望楼等古迹，是传承和发扬中华孝道文化的胜地。

景山位于紫禁城北侧，坐落在北京城中轴线的中心上。据考证，远古时，景山同北海等处均为永定河故道。景山所处的河道地势较高，在永定河改道后逐渐成为土丘。辽代营建瑶屿行宫（今北海公园琼华岛）时，将余土堆积此处。金代大定十九年（1179年），金世宗在该地南侧建成了一座宫苑合一的离宫“太宁宫”，后定名为万宁宫。在此地堆成小丘，建成皇家苑囿，因这一带在金中都的都城之北，称“北苑”。

元世祖忽必烈于至元四年（1267年）营建大都，土丘一带正处大都城中心，皇宫的核心建筑延春阁以北，被辟为专供皇帝游赏的“后苑”。苑内有熟地8万平方米。元代皇帝曾在此躬耕，以昭示天下，还将原有金代小丘称作“青山”。

明永乐年间，明成祖朱棣大规模营建城池、宫殿和园林。依据“苍龙、白虎、朱雀、玄武，天之四灵，以正四方”之说，认为紫禁城之北乃是玄武之位，当有山。故将拆除元大内及城墙、开挖紫禁城护城河及南海的土渣都堆积在“青山”，最终形成五座山峰，称作“大内镇山”。万历三十八年（1610年）开始称作“万岁山”。明初，朝廷在景山堆煤，以防元朝残部围困北京引起燃料短缺。因此，该山又称“煤山”。

1860 年，费利斯·比托在北海由西向东拍摄的景山，这是景山最早的影像记录。

另据明代嘉靖年间的《北京城宫殿之图》，这里又名“梓金山”。

山下遍植果树，通称“百果园”或“北果园”。在山东北隅建寿皇殿、观德殿等，供皇帝登高、赏花、饮宴、射箭。山下豢养成群的鹤、鹿，以寓长寿；每到重阳节皇帝必到此登高远眺，以求长生。

清顺治十二年（1655 年）起称作“景山”，至今沿用该名。

康熙皇帝登景山眺望，见晨雾缭绕，霞光流云，即兴作诗一首，其中有“云霄千尺倚丹丘，辇下山河一望收”之句。丹丘乃神仙居所，此处以其比喻景山。

景山初时建筑并不多。万历十三年（1585 年），位于山东北方向的寿皇殿建成，而后相继建成观德殿、山左里门、山右里门等建筑。乾隆时期，景山进行了大规模的兴建和改造。乾隆十四年（1749 年），乾隆皇帝命在山的正北向仿造太庙规制重建一座寿皇殿，作为敬奉清代先帝后的圣容、御容之所。乾隆十六年（1751 年）又增建了五方亭，改建山前殿为绮望楼。清亡后，景山一度无人管理，直至 1928 年才对外开放。

上图：第一张照片应该是在 1924 年溥仪被逐出紫禁城后不久，神武门开始挂“故宫博物院”匾额时的照片；第二张照片拍摄于 20 世纪 30 年代，由景山万春亭向南俯拍，由近及远依次为绮望楼、万岁门、北上门、故宫神武门及故宫博物院内的诸殿宇。

左图：1945 年拍摄的航拍照。照片中可以清晰地看到故宫及景山之间曾经还有一座门——北上门。照片右边还能看到景山西的大高玄殿。

北上门

北上门位于神武门与景山南门之间，是一座坐北朝南、楠木结构、黄琉璃瓦、红墙身、五开间、屋宇高大的建筑。据记载，北上门北面原有驰道，西连三海御苑、东接通惠河，为皇城之枢纽。驰道北面为景山门，但北上门要比景山门高大许多。

北上门的“原始身份”是辽金时期太宁宫内廷的紫宸门。元代兴建元大都宫苑规划时，就以金太宁宫紫宸门为界，南修皇宫（大内），北为大内禁苑，紫宸门被改作元大内外夹垣北门，更名为北上门。到了明朝再修北京城时，又再一次以北上门为界，南修紫禁城，北修万寿山。康熙二十四年（1685 年），令于北上门两旁官房设官学，为八旗子弟读书之所。

从 1179 年紫宸门始建到 1956 年北上门拆除，此门共存在了 777 年。

照片中左边建筑是神武门，右边则为北上门，二者隔河相对。北上门的左右，有北向长庑各五十楹，康熙二十四年，在此设官学。

20 世纪 30 年代拍摄的北上门、万岁门及官学旧址。

1928 年的北上门。

万岁门、绮望楼

景山的南门，明朝叫“万岁门”，清朝叫“景山门”。其坐北朝南，面阔五间，进深三间，黄琉璃筒瓦歇山顶，单昂三踩斗拱，旋子彩画，是皇家禁苑——景山的正门。

下图：从北上门的门洞看景山万岁门。

正对景山南门的就是绮望楼，这个位置在明代时曾有一座五开间的大殿，称为山前殿。皇帝经常在山前殿宴请各地来京朝贺的文武官员、各部落首领及公使等。

乾隆十五年（1750 年），在原建筑的基础上兴建了绮望楼。楼坐北朝南，背负高山，三楹五间，分上下两层，歇山重檐，黄琉璃瓦顶，箍头脊，梁、架均饰有彩画。楼前建有三出陛月台，四周有汉白玉石栏杆。“绮望楼”意指这里是登高远望、观赏美丽景致的地方。

下图：1900 年的绮望楼及万春亭，庚子之变中法军和日军在此驻扎。

下图：20 世纪 30 年代，经过修复后的绮望楼及万春亭。

五方亭

景山有五峰，初时并无建筑。清乾隆十六年（1751 年），乾隆皇帝在峰顶各建一座佛亭。自西向东依次命名为：富览亭、辑芳亭、万春亭、观妙亭、周赏亭。其中，以中峰的万春亭最为高大。

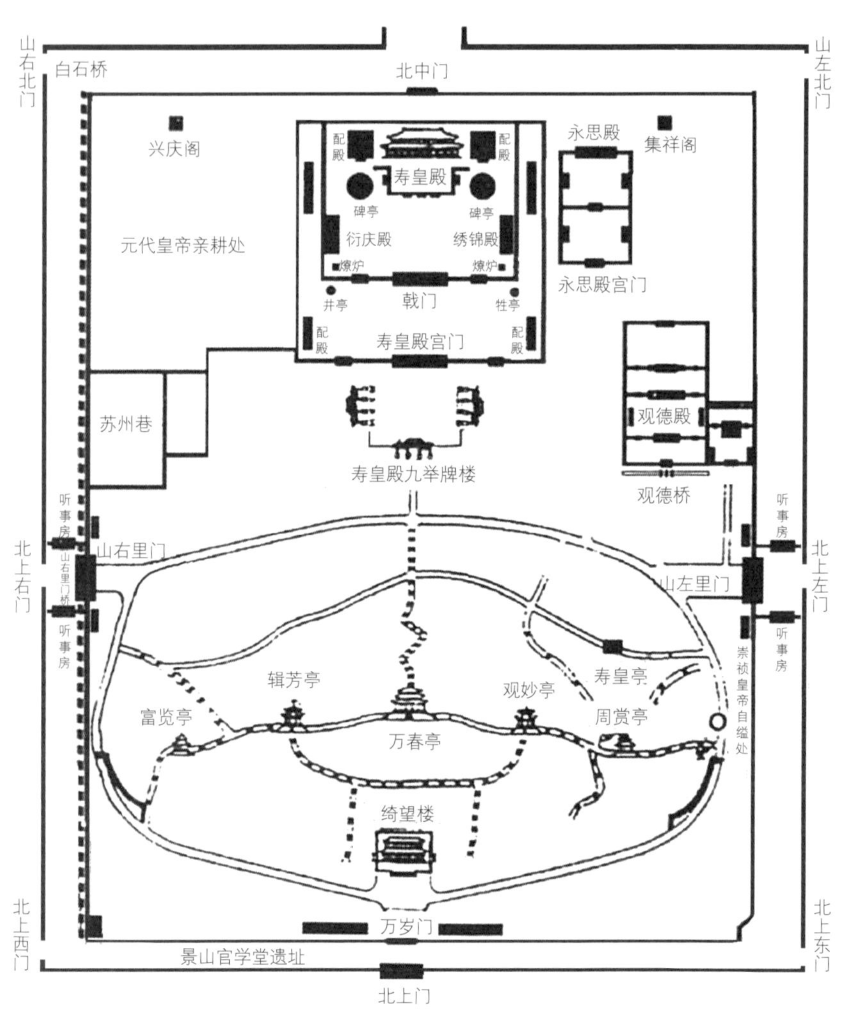

景山平面示意图

右图：1945 年景山航拍照，五座亭子清晰可见，同时也可见此时的景山顶部植被并不是很多。

景山辑芳亭毁于 1900 年，这是毁后的辑芳亭遗址。

喜龙仁于 1922 年拍摄的辑芳亭。

喜龙仁拍摄的富览亭。

喜龙仁拍摄的观妙亭。景山东侧第二座亭。翡翠绿琉璃筒瓦顶，黄琉璃筒瓦剪边，重檐八角攒尖式。

左图：富览亭内的“不空成就佛”。

上图：辑芳亭内供奉的“阿弥陀佛”。

上图：万春亭内供奉的“毗卢遮那佛”。

五方佛

景山的五座佛亭中均安放佛像，称为五方佛，老北京习惯称“五味神”，保佑人们延年益寿。

万春亭内供奉着毗卢遮那佛，也称为大日如来佛，是释迦牟尼佛的法身，为密宗金刚界五方如来之首，在五方佛中代表法界体性智。始建于乾隆年间。1900 年八国联军入侵北京时，被严重损坏。“文革”期间彻底被毁，于 1998 年重铸。其余四尊佛像为铸铜鎏金佛像，于 1900 年被八国联军劫去，现仅存石座。如今，毗卢遮那佛重塑金身，恢复原貌。

周赏亭内原供奉五方佛之一的宝生佛，是佛教五方佛中的南方如来，象征大日如来一切智中的“平等性智”，也代表佛法微妙之德，能出生无量福德、珍宝，以济众生，因而得名。

观妙亭内原供奉五方佛之一的阿閦佛，又名不动佛或无怒佛，根据密教阿閦佛是金刚界五智如来中位于东方之如来，代表“大圆镜智”。

辑芳亭内原供奉五方佛之一的阿弥陀佛，又称无量清净佛或无量寿佛，密宗以阿弥陀佛为西方五智如来，代表“妙观察智”。

富览亭内原供奉五方佛之一的不空成就佛，是北方如来，又称天鼓雷音佛、天鼓音佛、雷音王佛等名，在五智如来中代表 “成所作智”。

上图：观妙亭内供奉的“阿閦佛”。

上图：周赏亭内供奉的“宝生佛”。

明思宗的纪念碑

景山有一棵为人熟知的老槐树，据说，明朝的崇祯皇帝在此自缢，清朝皇帝将崇祯自缢的老槐树定名为“罪槐”，并配有一副铁链。同时规定，凡皇室人员经过此处，必须驻足观瞻。这样一面可以时刻提醒后来人对明朝灭亡进行反思，另一面也能体现对前朝皇帝的诚敬。清亡之后，对崇祯的纪念随着日本侵略的加深以及国内局势的复杂化，得到了进一步加强。这就促使树的旁边建成了两座石碑。

1930年，故宫博物院欲立一座石碑，遂延请著名书法家沈尹默书写并勒成，碑上镌刻“明思宗殉国处”六个大字，右侧上方题款为“中华民国十九年三月”，左侧下方题款则为“故宫博物院敬立”。值得注意的是，沈先生在书写“明”字时，有意将左侧写为“目”，而非“日”，以此来表示对当时日本的不齿和反抗。此后，随着日本全面侵华战争的展开，对崇祯的纪念也愈加隆重，至1944年——明朝灭亡整三百年之际达到高潮，由北平社会各界组成的“明思宗殉国三百年纪念筹备会”于崇祯自缢之处新立了一座纪念碑，这便是“明思宗殉国三百年纪念碑”。碑文由曾任北洋政府教育总长的著名藏书家傅增湘撰成。在近千字的碑文中，通过对明亡和崇祯之死的追溯，暗示了爱国人士们抗战到底的坚决信念，是民族精神的绝佳写照。

崇祯十七年（1644 年）三月十八日，李自成攻克北京。三月十九日，天未黎明，崇祯在司礼监太监王承恩的陪同下，来到景山自缢而亡，维持了 276 年统治的大明王朝由此灭亡。

《明思宗殉国三百年纪念碑》碑文

余尝综观史籍，三代以下得天下之正者，莫过于有明。及其亡也，义烈之声震铄天地，亦为历朝所未有。盖太祖以布衣起兵，驱蒙兀、扫群雄、光复神州，创业同乎汉高；讫于思宗，运丁阳九，毅然舍身殉国，且遗书为万民请命，其悲壮之怀，沦浃于人人心腑者，历千龄万祀而未沫。故明社久墟，而意慨英风，未尝随破碎山河以俱逝。此人心天理之公，固后世所宜崇敬者也。况碧血遗痕，长留禁苑，吾人怵目恫心，宁不眷念徘徊而思，所以播扬休烈也乎！

夫明自万历以后，纲纪颓弛，神宗晏居深宫二十年，君臣否隔，政事丛脞；继以光宗之短祚，熹宗之庸懦，妇寺弄权，忠良荼毒，内忧外侮交乘，而至民心离散，国之不亡亦仅矣。思宗嗣统，手除巨憝，召用旧人，奋然欲大有为。无如元气椓丧，大势已倾，朝庭方急于门户之争，边事则已无保障之固，加以饥馑荐臻，税敛横急，民不堪命，流寇四起，遂酿成滔天之祸！嗟乎！以勤俭爱民之主，十七年宵旰忧劳而终无救于危亡。卒至以万乘之君，毕命于三尺之组，其事可哀，而其志弥烈矣！

观夫甲申之岁，灵武、大同相继沦陷，李建泰疏请南迁。帝召示群臣曰："国君死社稷，朕将焉往？"知死国之志，固已早决，及垂绝题襟有"任贼分裂，无伤百姓"之语。揆之孟子民贵君轻之旨，大义凛然，昭示千古；是帝之一死可以振一时忠义之气，更足以激励万世不死之人心！故当时上自缙绅，下逮佣保，既多慷慨赴义之徒；而至今登万岁之山，抚前朝之树者，亦未尝不感旧伤怀，欲叩九阍，而一抒其悲愤也！

今岁纪甲申，夏历之三月十九日，距帝殉国时正三百年矣。燕京旧俗：是日恒有火星之祭。相传为前代遗民故老托此以私祀旧君者，馨香于今不绝。兹者，故都人士，眷怀先烈，雅具同心。幸逢十世之期，永作千秋之鉴。爰以殉国之日，定为纪念之辰，翕集群伦，虔申祷拜，博征遗事，用示表彰。督余为文，将谋勒石。余乃缅溯明祖开国之功，并阐思宗救民之旨，粗陈梗概，敬告国人。幽光尽发，藉抒耆旧之怀思；盛会长存，俟补春明之掌故。意所未罄，系之以铭。铭曰：

天厌明德，末运不昌。踵袒袭孽，以速乱亡。赫赫思宗，实为英主。沉机锄奸，膏我齐斧。厉政勤民，日不遑暇。求鸾得枭，心劳力寡。外侮日殷，内讧莫戢。豺虎纵横，凭陵京邑。大命俄倾，宸衷自谴。身殉社稷，被发覆面。朕躬可裂，朕民勿伤。数行血诏，哀动昊苍。龙驭莫攀，如丧考妣。都人慕思，瞻日曷已。陵谷贸迁，历年三百。峨峨景山，苍苍松柏。杜鹃啼血，凄绝春城。望帝不归，庶感精诚。此山不骞，此石不涅。煌煌三光，昭兹遗烈。

江安傅增湘撰文　易水陈云诰书丹　濡阳潘龄皋篆额

中华民国三十三年岁次甲申三月十九日立

1909 年，景山东南角的北上东门。

1909 年，景山东侧的山左里门。

1913 年拍摄的北上西门。

美国人詹布鲁恩 1916 年前后拍摄的北上西门。

寿皇殿

始建于明万历十三年（1585年），原偏居景山苑内东北隅，为祭祀场所。清乾隆十四年（1749年），在景山的正北方重建。这就成为清代北京城规划形成以来中轴线上唯一加建的重要建筑群，也是中轴线上除故宫之外的第二大建筑群，且成为供奉帝后画像和进行祭祀的场所。

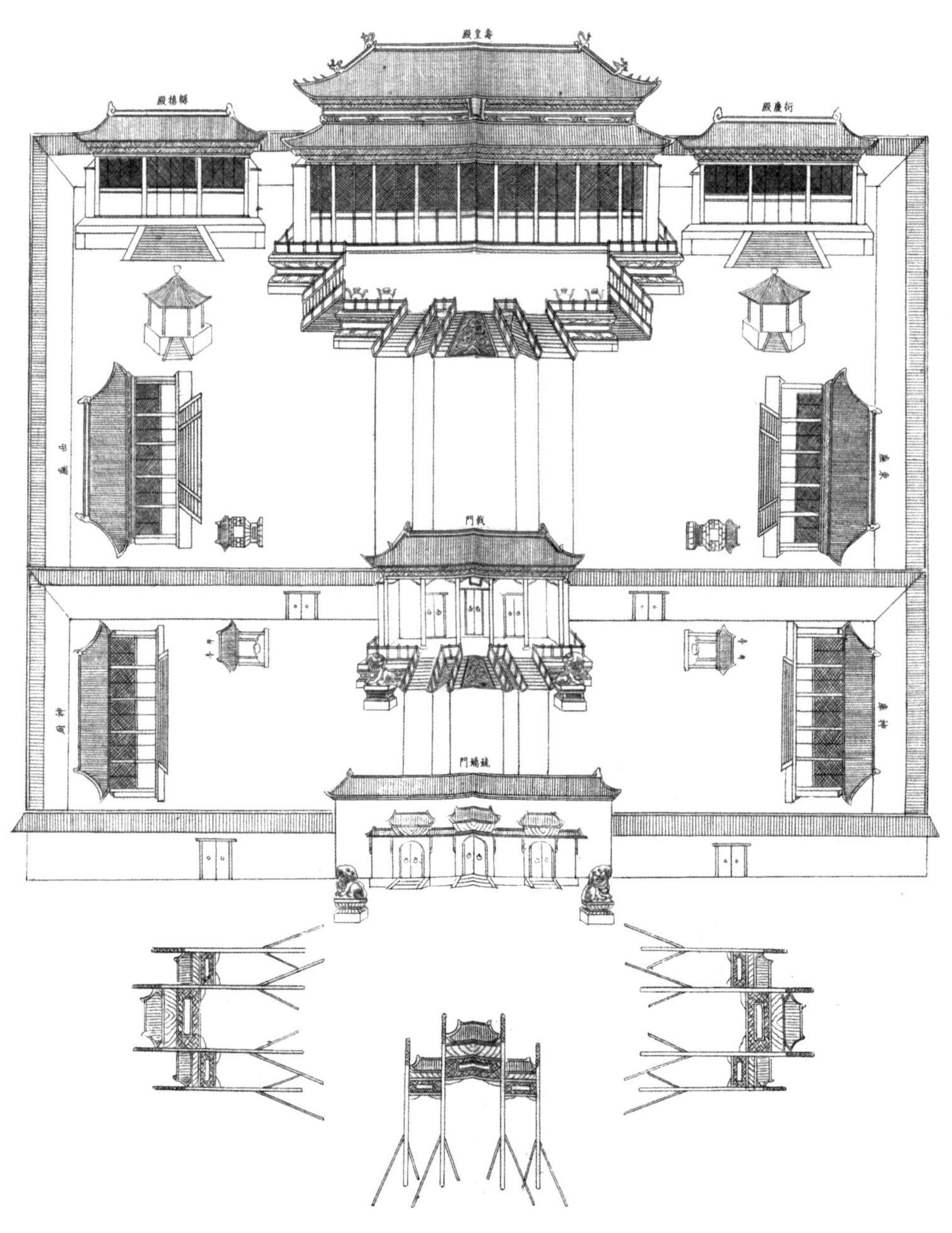

上图：寿皇殿建筑群平面图，出自清代光绪时期的《钦定大清会典图》。宫殿门前广场宽阔，东西南三面各立四柱三门九楼牌坊一座。

上图：拍摄于20世纪20年代，是站在景山上由南向北拍摄的寿皇殿建筑群及北中轴线。透过树的间隙，能隐约看到牌楼。再往北，依次可见宫门（砖城门）、戟门、寿皇殿的正殿，以及地安门内大街、地安门、地安门外大街和鼓楼。

清代，寿皇殿内部靠后分有隔间，常年悬挂、供奉着自康熙至光绪八代帝后的画像，以康熙帝的隔间居中，其余皇帝隔间依照昭穆制度分列左右，同堂异室。清亡时殿内隔间情况为：东起，第一间光绪帝、第二间咸丰帝、第三间嘉庆帝、第四间雍正帝、第五间康熙帝、第六间乾隆帝、第七间道光帝、第八间同治帝。隔间内除有肖像外，还陈列有神龛、牌位、皇帝生前的部分服饰、珍宝器玩、玺印和佛塔等物。寿皇殿内部还安置有大龙柜，柜内收贮着大批清代帝后妃嫔的各类画像，这些画像，皇帝的被称为“圣容”，后妃的被称为“御容”。

每年除夕，在寿皇殿内部隔间的窗槅之外要放置七座大插屏，悬挂清代历代帝后朝服像，清太祖努尔哈赤像居正中，以下至嘉庆列帝后像以昭穆分左右，南向一字排开；道光帝起始的列帝后像悬挂于寿皇殿东西两面。隔间外这些临时悬挂的肖像至第二年正月初二即撤下收贮。

1900年八国联军入侵北京时，殿内部分绘画、陈设丢失。1926年至1929年，清室善后委员会对寿皇殿正殿、东西配殿等处物品进行清点、造册，殿内所有物品均公布于《故宫物品点查报告》第六编第一册。1929年由故宫博物院分三次将殿内绘画共计149轴取走保管。1955年，寿皇殿交由少年宫使用，原存神龛、家具等物品移交故宫，殿内拆改，至此寿皇殿内部清代时使用的痕迹已全部无存。

上图：寿皇殿内帝后画像旧照。

上图：寿皇殿前的铜鹤、铜鹿，无论规制体量还是工艺技法，都代表当时的最高水准，彰显着皇家气派。

这两张照片都是1900年拍摄的寿皇殿。

一直以来，寿皇殿珍藏着大批文物。

1900年庚子国变，八国联军侵占北京后，海军上尉皮埃尔·洛蒂（*Pierre Loti*）为法军少将司令弗雷寻找住所时来到寿皇殿，之后法军占领寿皇殿，并将该殿作为司令部。皮埃尔·洛蒂在日记（*Les dernier jours de Pékin*，中文名《在北京最后的日子》）中写道："1900年10月23日，星期二，北京。当我推开寿皇殿沉重的大门时，里面一片漆黑。在大殿里，我打开了一个落满灰尘的箱子，里面放着上百个君王的御玺。它们是用整块的玛瑙、玉石或金子制成的。"几天后，司令弗雷率部来此，由日军随军记者小川一真拍下了其与部属在寿皇殿铜鹿旁的照片。按清朝祖制规定，已故皇帝及其后妃画像、印玺必须供奉于寿皇殿内。法军少将司令弗雷与其部属将其劫掠一空。

观德殿

观德殿位于景山东北，紧邻护国忠义庙西墙，始建于万历二十八年（1600年）五月。明清时期，这里曾是皇帝观看臣子射箭之处。

《康熙起居注》记载："康熙十八年（1679年）六月，上幸景山，命皇太子骑射。"

自清代乾隆起，便改为停放帝后的灵柩之处。乾隆皇帝梓宫曾在观德殿奉安，而后从这里移往清东陵之裕陵下葬。

观德殿有四进院落。南墙正中有大门一间，琉璃砖瓦仿木结构，黄琉璃筒瓦、歇山顶单翘单昂五彩斗拱，两侧各开随墙门一座。前为观德门，面阔五间，黄琉璃筒瓦硬山调大脊，一斗三升斗拱，前后出廊，旋子彩画。东西配殿各三间，黄琉璃筒瓦硬山顶，一斗二升交麻叶头斗拱。后殿三间，筒瓦硬山箍头脊。后殿耳房各三间，筒瓦硬山元宝顶，前出廊，旋子彩画。

1900年，八国联军部分官兵在景山观德殿前合影。

上图：20 世纪 40 年代，从景山上拍景山观德殿，观德殿旁边的建筑是关帝庙。

大高玄殿

大高玄殿位于紫禁城外西北侧、隔筒子河与皇宫相望处。始建于明嘉靖二十一年（1542 年），嘉靖二十六年（1547 年）毁于火，万历二十八年（1600 年）重修。清代因避康熙帝名讳，改名“大高元殿”，后又更名为“大高殿”，并于雍正八年（1730 年）、乾隆十一年（1746 年）、嘉庆二十三年（1818 年）重修，后又有多次修葺。

大高玄殿主体建筑从南至北依次是牌坊、习礼亭、一重山门、二重山门、大高玄门、钟鼓楼、大高玄殿、九天应元雷坛、乾元阁。除牌坊、习礼亭等在 20 世纪 50 年代被拆除外，其余建筑均保存至今。

大高玄殿是嘉靖皇帝“修玄”的重要场所，供奉着道教“三清”，分别是玉清元始天尊、上清灵宝天尊、太清道德天尊。明代大高玄殿中内官宫婢习道教者在其中演唱科仪，而“每岁大旱，则建醮祈雨，遣官礼拜”。明清时逢正月初九的天帝诞辰，禁止屠宰，于大高玄殿设皇坛，各道观设醮。

大高玄殿门前东西南各有牌坊一座，皆为嘉靖年间修建的三间四柱楠木牌楼，乾隆皇帝还在已有的东西两座牌楼的基础上，在三座门对面的南侧新修筑了一座牌楼，并将其上的两块匾额分别命名为“乾元资始”和“大德曰生”。这两个词分别出自《周易》的乾卦和坤卦。这样的命名方式和乾元阁、坤贞宇如出一辙，都是从道家和

上图：1860 年，费利斯·比托拍摄的大高玄殿东牌坊的背面（西面），匾额为“先天明镜”。照片右侧就是习礼亭。

儒家的交汇点《易经》入手，通过强化其儒学方面的内涵来削弱道教的色彩。不过这样一来，倒使得大高玄殿成为当时京城第一座拥有三座牌坊的宫观。

在南面牌坊东西各有一座习礼亭，东面的名为“炅明阁”（也称炅真阁），西面的名为“袇灵轩”。两亭形制相同，造型精巧灵秀，有如故宫的角楼，《金鳌退食笔记》称其“钩檐斗桷，极尽人巧，中官呼为‘九梁十八柱’”。亭在白石基座上，周围环以白石栏杆，亭为方形三重檐，黄琉璃瓦顶，旋子点金彩画，四面出抱厦，二层檐抱厦为歇山顶，最上为十字交叉屋脊，型为两个歇山顶交叉，上有琉璃宝顶。亭内天花绘以“三皇治世”图案，中心有盘龙藻井，四个抱厦各有小型藻井。

光绪二十六年（1900 年），八国联军侵占北京，对北京城大肆烧杀抢夺，大高玄殿也未幸免。据清宫档案记载，七月二十二日法国兵进驻大高殿，此后一直在大高殿扎营长达十个月之久，直到光绪二十七年（1901 年）五月十三日撤出。此时，慈禧太后和光绪皇帝已离开京城逃往西安，内务大臣将大高玄殿档案房的情况上奏给慈禧太后和光绪皇帝："本年五月十七日，据法国将大高殿殿宇房间交还，由奴才衙门派人看守。奴才等当即前往接收，查看得各门座及前后殿宇亭座，均已伤损不齐，后殿尤重。各殿内神像、供祭器、装修陈设，遗失无存。"《辛丑条约》签订后，各国开始从京城撤兵，慈禧太后和光绪皇帝准备回銮，但是京城已被破坏得满目疮痍，急命工部迅速修复道路。内务府大臣提出修理大高玄殿的请示，得到慈禧太后和光绪批准。这次维修直到光绪二十九年（1903 年）初才全部竣工。

清朝灭亡之后，大高玄殿划归逊清小朝廷管理，这一时期清逊帝溥仪仍然会定期派官员到这里进行参拜。1917 年，南牌楼向南倾斜，危及筒子河北岸交通，在民国政府的要求下，溥仪小朝廷在 1920 年 3 月将其拆除。民国初年出版的《燕都丛考》记载："大高玄殿，明世宗斋醮之所也。有牌楼，甚壮丽。民国六年，以南向一坊倾斜特甚，拆去之。今惟余东西两面。其题额，相传严嵩所书。"1924 年冯玉祥发动北京政变，溥仪被逐出紫禁城，大高玄殿则和紫禁城一起移交给了清室善后委员会。1925 年 10 月 10 日，故宫博物院成立，大高玄殿旋即归属该院管理，作为故宫博物院的文物库房使用。1937 年，南侧牌楼复建。1955 年 1 月，为了拓宽景山前街的道路，大高玄殿前东西相对的两座牌楼被拆除。1956 年，为了方便即将开通的无轨电车通行，两座"九梁十八柱"的习礼亭和南侧牌楼被拆除。其中南面牌楼于 2004 年修复。

下图：大高玄殿西牌坊正面，额为"弘佑天民"。与一般牌坊不同的是，大高玄殿三座牌坊因为坊柱为高大的楠木，入地极深，所以未使用支撑的戗柱。故而老北京有一句歇后语"大高玄殿的牌楼——无倚无戗"，表示孤单、无依靠。

1913年拍摄的大高玄殿南牌楼，匾额为“乾元资始”。

上图：大高玄殿这两座“九梁十八柱”样式的习礼亭，是举行道教活动时演奏仙乐的场所。嘉靖年间分别叫灵明阁和炯灵轩，其结构和故宫角楼极为相似。乾隆年间将其一度更名为“音乐亭”，以减少道教色彩。

下图：19 世纪末拍摄的大高玄殿牌楼及两座“九梁十八柱”的习礼亭全景照。

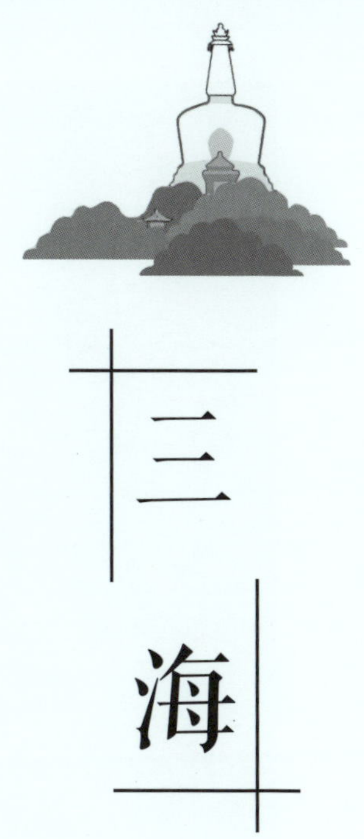

三海

南海、中海和北海合称三海，位于北京故宫和景山的西侧。自辽代开始，经千年来不断地增建修葺，成为我国现存历史悠久、规模宏大、布置精美的宫苑之一。

三海的历史可溯源到 10 世纪的辽代，时称“瑶屿”，是辽南京城北郊的游乐之地，大约是如今的北海和团城部分。元代建大都城，这里便成了皇城中的禁苑，称为“上苑”。明代，在此基础上扩建，奠定了现在三海的规模。清代又做了许多新建和改建。明清时期，三海和西苑两个名称一直并用，由于中海和南海紧密相依，合称为中南海。

南海

南海开辟于明朝。明朝天顺年间对西苑进行了较大规模的扩建。主要工程有：开辟南海，扩充了太液池的范围，完成了北海、中海、南海三海的布局。从此就形成了一个纵贯皇城南北的袋状水域。以太液池上的两座石桥将此水域划分为三个部分：金鳌玉蝀桥以北为北海，蜈蚣桥以南为南海，两桥之间为中海。几百年来，三海和西苑两个名称一直并用；而中海和南海紧密相依，后来被合称为中南海。

右图：1945 年航拍的瀛台及南海全景。南海的主要建筑都集中于瀛台。

瀛台，位于南海中，四面临水，衬以亭台楼阁，像座海中仙岛。岛上的建筑物按轴线对称布局，主要建筑自北至南有翔鸾阁、涵元门、涵元殿、香扆殿、蓬莱阁、迎薰亭，与东西朝向的殿宇共同组成三重封闭的庭院。环瀛台岛又点缀了许多可供赏游的建筑：东面的补桐书屋、随安室，以及建于水中的牣鱼亭等；西面有长春书屋、八音克谐台、怀抱爽亭等。

南海最南端的宝月楼与瀛台隔海相望，袁世凯任大总统时改为新华门。

清末的宝月楼。

北洋政府时期的中南海大门。

上图：西德尼·甘博于 1917 年拍摄的新华门大门。“新华门”匾宽 1.6 米，高 0.64 米。字体雄劲有力，由晚清翰林袁励准书写。此匾至今仍悬于门上。

下图：20 世纪 30 年代的新华门，此时已是“中南海公园”时期。

宝月楼与新华门

宝月楼始建于乾隆二十三年（1758 年）春季，完工于当年秋季。乾隆皇帝在《御制宝月楼记》中讲述了建造宝月楼的缘起：因为南海的南岸是背靠着皇城的狭长地带，原来没有宫室，从瀛台上望去过于空旷，缺乏景观，所以要在那里建造一座楼宇。乾隆说，此楼建成后是临水赏月的佳处，颇有月中广寒宫的意境，所以命名为宝月楼。

宝月楼相传是乾隆为宠爱的香妃而建。香妃入宫后思念家乡，终日闷闷不乐，乾隆为了安慰她的思乡之情，特意修建此楼，又在楼对面建了回回营、清真寺等回人生活的街市，使得香妃登楼就可见到维吾尔族家乡景色。故宝月楼又有“望乡楼”之称。回回营清真寺始建于乾隆二十七年（1762 年），建筑格局比较特殊，坐南朝北，不同于普通清真寺；山门下部是新疆风格的门洞，通常设于大殿后的邦克楼建在了山门之上，地址即昔日紫禁城南墙外，寺正门直对宝月楼。

辛亥革命后，袁世凯政府接管了清室的西苑三海，并将中海和南海作为总统府，从那时起，中海和南海被合称为“中南海”。袁世凯为了显示总统府的规格气派，将位于中南海南墙内仅几米处的宝月楼下层当中的三间打通，改建为总统府正门；将挡在门前的皇城红墙扒开一段缺口，加砌了两道“八”字墙”，使缺口与人门衔接；在门内添建了一座黄瓦红墙的大影壁，以遮挡外人视线，门内是一片碧波汪洋的湖泊。这座新辟的总统府正门，以“新中华民国”之意取名为“新华门”。从此沿用至今。同时，拆除门外清真寺，在长安街对面修筑花墙挡住后面杂乱破旧的民居。

此后，中南海又成为历届北洋政府的总统府。1928 年后，国民政府设在南京，将北京改回北平，称为北平特别市。中南海辟为公园，还曾作为傅作义的司令部。一直到北平解放，又改称北京。中南海成为中国共产党中央委员会和中华人民共和国中央人民政府的所在地。

瀛台

明朝称之为“南台”，又名“超台陂”，原为南临一片村舍的稻田，明代帝王常到这里观赏稻波金浪的田园风光。明永乐年间开挖南海时，在南海建立了一个湖心小岛。因其四面临水，衬以亭台楼阁，像座海中仙岛，清顺治十二年（1655）改名瀛台。东汉文学家王逸对何谓“瀛”，作了较透彻的解释：“瀛，池中也。楚人名池泽中曰瀛。”清顺治、康熙年间曾两次对瀛台加以修葺，兴建楼阁，使它成为一座水上宫殿，宛如古代传说中的瀛洲仙境。瀛台成为帝王、后妃的听政、避暑和居住地，同时也是垂钓、看烟火、赐宴王公宗室等活动之所。

瀛台岛北有石桥与岸上相连，桥南为仁曜门，门南为翔鸾阁，正殿七间，左右延楼十九间，是中南海的最高点。其南为涵元门，内为瀛台主体建筑涵元殿。涵元殿北有配殿两座，西为庆云殿，东为景星殿；

上图：喜龙仁于 1922 年从瀛台迎薰亭由北向南拍摄的新华门与大影壁。

殿南两侧建筑，东为藻韵楼，西为绮思楼。藻韵楼之东有补桐书屋和随安室，乾隆时为书房，东北为待月轩和镜光亭。绮思楼向西为长春书屋、八音克谐台、怀抱爽亭。涵元殿南为香扆殿，由于存在坡度，成为一个殿阁合一的建筑，北立面为单层的香扆殿，南立面则为二层的蓬莱阁。瀛台岛最南为迎薰亭，隔水与宝月楼相望。

戊戌变法失败后，光绪帝曾被幽禁于瀛台。袁世凯称帝后亦曾将副总统黎元洪软禁于此。1949 年 9 月，毛泽东设“瀛台国宴”，宴请全国政协筹备会代表。

乾隆御制《瀛台记》：

入西苑门有巨池，相传曰“太液”。循东岸南行，折而西，过木桥，邃宇五间，为勤政殿。自勤政殿南行，石堤可数十步阶而升，有楼门向北，匾曰：“瀛台”。门内有殿五间，为香扆殿。殿南飞阁环拱，自殿至阁，如履平地。忽缘梯而降，方知为上下楼。楼前有亭临水，曰“迎薰”。亭东西奇石古木，森列如屏。自亭东行，过石洞，奇峰峭壁，轇轕蓊蔚，有天然山林之致。盖瀛台惟北通一堤，其三面皆临太液，故自下视之，宫室殿宇，杂于山林之间，如图画所谓海中蓬莱者。名曰“瀛台”，岂其意乎？

日本人小川一真于 1900 年拍摄的迎薰亭。

西德尼・甘博于 1917 年拍摄的迎薰亭。

右图：20 世纪 40 年代的迎薰亭，此时的迎薰亭四周已经封闭，出租作为茶座使用。

迎薰亭

位于瀛台最南面，四座连体小亭围绕主亭如同莲瓣托蕊，黄琉璃瓦绿剪边，金碧溢彩，十分绚丽。当清风徐来，正如白居易《首夏南池独酌》中的诗句“熏风自南至，吹我池上林”，得名“迎薰”。康熙曾赋《夏日迎薰亭》：“苑启时初夏，亭阴午未阑。雨过池藻碧，日绽海榴丹。水木含清景，禽鱼得静观。薰风能解愠，试取玉琴弹。”

迎薰亭内挂有乾隆御笔牌匾“对时育物”，亭中设御座。

上图：涵元殿南的蓬莱阁。由于岛上存在坡度，该殿北立面为单层建筑，名香扆殿；南立面则为两层楼阁，称蓬莱阁。照片中为蓬莱阁的南立面和木枋门，石桥连接着迎薰亭和香扆殿。

下图：蓬莱阁之东为春明楼，西为湛虚楼，楼阁之间以曲廊相通。照片中为春明楼。

上图：蓬莱阁南的木变石，高 2.6 米，是清朝黑龙江将军富僧阿进献的供品。

右图：1935 年拍摄的木变石，此时瀛台已经开放为公园，为了保护木变石，增加了围挡。

1900 年八国联军占领瀛台时拍摄，涵元殿前站着一名联军的军官。殿旁“上下各六楹”的小楼为藻韵楼。

西德尼·甘博 1917 年拍摄的涵元殿东的藻韵楼。与前一张 1900 年拍摄的照片对比，可看出已进行过修缮。

涵元殿

瀛台的中心建筑，曾是清皇室在瀛台游览、休息和筵宴的主要场所。康熙、乾隆时，经常在此赏宴王公宗室、大臣权贵。乾隆十一年（1746 年）秋八月，乾隆皇帝大宴宗室群臣，“命画苑臣绘图黏于壁间，以纪其盛”。戊戌变法失败后，光绪被慈禧幽囚于此。

左图：照片正中是位于涵元殿（图左）北的二道门牌楼，被二道门牌楼遮住门的建筑即庆云殿。涵元殿旁“上下各六楹”的小楼即为绮思楼。

西德尼·甘博于 1917 年拍摄的瀛台涵元门（图左）和二道门牌楼。右边露出一角的就是景星殿。

瀛台北面的翔鸾阁及延楼。

1900 年拍摄的瀛台北面的翔鸾阁及延楼。

翔鸾阁

翔鸾阁为康熙年间建，位于瀛台北部，是瀛台的正门。正殿七间，高两层，坐南朝北，这里是中南海的最高点。左右有延楼（各十九间，共三十八间）环抱，东为祥辉楼，西为瑞曜楼，南向为涵元门。

20 世纪 30 年代的瀛台北面翔鸾阁及延楼全景。

瀛台岛北有石桥与岸上相连，桥南为仁曜门。上图和右图就是仁曜门及门前的铜狮。

上图：20 世纪 40 年代拍摄的位于瀛台东北边水中的牣鱼亭。两边均有五曲石桥通连瀛台，使瀛台更富于神话中方壶胜境的气派。由亭子里看，从左往右分别是位于南海之东的俯清泚、云绘楼及清音阁。

牣，满也。——《说文》

于牣鱼跃。——《诗·大雅·灵台》

瀛台东北方向的石桥。

人字柳诗碑

在俯清泚亭西原有一株数百年的巨柳，乾隆十八年（1753年）秋被大风刮倒，后用本柳一枝插入地下，以为支撑，日久成活，与主干合为一体，绞缚不分彼此，根部如两足分立，作“人”字状，称“人字柳”。乾隆特作《人字柳赋》，并立昆仑石碑以记此事。碑上有乾隆诗：

税枯和淖向妍韶，遗迹犹堪指胜朝。

太液池边人字柳，春来还嫩旧时条。

乾隆十七年（1752年）乾隆作《赋得太液柳》：

人字低临太液池，栽培谁辨永宣时。

居然后老同彭祖，未觉先零傲悦之。

春景青瞳仍望望，秋风绿发故丝丝。

世间松柏翻难并，得地延年意可思。

20世纪20年代时人字柳已无存，但昆仑石诗碑至今保存完好。

上图：人字柳诗碑。

右图：毛泽东在欣赏《人字柳赋》昆仑石碑文。

上图：拍摄于1900年前后的南海俯清泚(亭)、淑清院、韵古堂及附近的花墙旧照，远处还可以看到人字柳诗碑。

淑清院

位于南海的东北角，为乾隆时修建的小型园中之园。园内原有流杯亭，后有韵古堂（蓬瀛在望殿）、葆光室、云绘楼、清音阁、日知阁等建筑。

韵古堂在淑清院内，堂室三间，南临太液池可望瀛台，所以原名“蓬瀛在望”。乾隆二十六年（1761 年），江西临江得周代古镈钟十一枚，继而补全，成十二律，以为宫内演奏中和韶乐之用。平日则贮藏于此堂之中。“蓬瀛在望”也易名为“韵古堂”。乾隆皇帝还为此专门写了一篇《韵古堂记》。

韵古堂东面立于池中的有明代所建的流杯亭，这座流杯亭为北京现存流杯亭中最古老的一座。清代的乾隆皇帝将其命名为“流水音”。方亭内石板地面上凿有流水九曲，乃沿袭古代“曲水流觞”的习俗，为饮酒赋诗之处。

淑清院内还有一个景观是“千尺雪”，在“流水音”亭后假山处有人造瀑布流泉引水入亭。乾隆六次南巡，每次南巡必去苏州郊区的明代赵氏寒山别业游览，见“千尺雪”甚为爱赏，回京后在圆明园紫碧山房、南海和盘山及避暑山庄都仿建有“千尺雪”。

上图：南海韵古堂附近的花墙。

日知阁

据现代史学家瞿兑之所著《北梦录》记载：“由勤政殿以东，有人字柳、流杯亭、韵古堂、淑清院、长春书屋诸胜，亭台高下，水石参差，境若甚幽，近多颓废矣。更循池岸而南，则为日知阁，阁建石梁上，其下为水闸，太液池水从此出达于织女桥。”

乾隆二十四年（1759年）御制《日知阁》诗：阁摛飞淙表，璇题号日知。机参贤者语，情见圣人辞。既凛无忘义，又如默识时。曩予成荟说，自审每惭斯。

下图：喜龙仁于1922年拍摄的日知阁，阁下为水闸，阁左侧建筑为鱼乐亭。

流水音。上图为小川一真于 1900 年拍摄的。下图可以清楚地看到亭上挂有乾隆御笔“流水音”匾额。

记录于一本1900年的德军相册中的云绘楼、清音阁及大船坞。照片最左边的临水亭是俯清泚。

云绘楼·清音阁

此一楼一阁建成于清乾隆二十二年（1757年），是位于南海东岸的一组建筑，呈曲尺型布局。云绘楼坐南面北，为重檐歇山顶的二层楼阁，屋顶上又凸出一间歇山顶阁楼，精巧别致。清音阁坐西面东，亦高两层，卷棚悬山顶，二层的转角处建有连体凉亭，极具特色。根据乾隆御制诗的描述，可知当年这里是皇帝观景赏月、习书绘画、弹琴娱乐的近水楼阁。

据《日下旧闻考》载："蕉雨轩南曰云绘楼，楼西有室曰韵磬。又西南为清音阁。" "云绘楼三层北向。联曰：道堪因契真佳矣；画岂能工有是夫。又曰：众皱峰如能变化；太空云与作浮沉。清音阁联曰：宫商之外有神解；律吕以来无是过。阁上下与云绘楼通，有门曰印月，门外东南则船坞也。

"乾隆二十五年御制《云绘楼》诗：棣通景物斗韶妍，又见鱼鳞皴远天。水墨丹青争献技，东皇宁许一家专。乾隆二十六年御制《韵磬居》诗：风水相吞吐，磬声出碧粼。自成宫与角，底辨主和宾。似矣彭蠡口，居然泗水滨。东坡笑李渤，盖是特欺人。"

下图：小川一真于 1900 年拍摄的云绘楼及清音阁。此建筑是一处观景与听音俱佳的场所，乾隆皇帝常来此游赏，并赋诗以纪其胜。1954 年迁移到陶然亭公园原武家窑遗址的一个独立院落内，创下了古建筑迁地重建的纪录。

清代皇家建了三处清音阁：一是承德热河行宫的清音阁（三层大戏楼），已废；二是圆明园同乐园的清音阁（三层大戏楼），已毁；三为南海的清音阁（二层楼阁），已迁。

中海

金鳌玉蝀桥与蜈蚣桥之间为中海。其主要景物有紫光阁、蕉园和孤立水中的水云榭。此榭原为元代太液池中的墀天台旧址，现在还存有清乾隆帝所题燕京八景之一的“太液秋风”碑石。

勤政殿可以说是中海和南海的交界点。勤政殿位于中海与南海之间的堤岸上，其正门德昌门即南海的北门，但建筑在民国初年已被拆除，仅存地名。

上图：1928 年航拍的中海区域。

丰泽园在瀛台之北、勤政殿之西，康熙年间建造，曾为养蚕之处。雍正年间皇帝在举行亲耕礼之前在此演礼。丰泽园内主体建筑为惇叙殿，光绪年间改名为颐年殿，民国时改名为颐年堂，袁世凯曾在此办公。1949 年后改为会议场所。颐年堂东为菊香书屋，为毛泽东居住地。丰泽园有荷风蕙露亭、崇雅殿、静憩轩、怀远斋和纯一斋，荷风蕙露亭北为静谷，为一座幽静的小园林。静谷西为万字廊，静谷北为春耦斋。

纯一斋

纯一斋为苑囿戏台，坐落于丰泽园内，含一斋一台，是皇家看戏的重要场所，为康熙年间所建。纯一斋对面，隔水而望的便是戏台，称作“歌舞升平”。戏台为上下两层，建于水中，环台植荷，最宜夏日看戏，故又名“水座”。光绪朝曾在此演过慈禧授意改编的皮黄戏《昭代萧韶》。

《钦定日下旧闻考》载：“丰泽园西有亭，曰荷风蕙露。与亭相对有门。入门为崇雅殿。殿后东为静憩轩，西为怀远斋，后有台。其南隔水相对为纯一斋。……临水北向有台，额曰：歌舞升平。联曰：水中楼阁浮青岛，天上笙歌绕碧城。纯一斋为圣祖仁皇帝御书。斋内联曰：烟景满前供妙墨；芳洲随处引清游。”

上图：纯一斋与对面的戏台隔水相望，中有小桥相连。

上图：万字廊位于南海西北角的静园西侧，廊从空中看是一个“卍”字形，俗称“万字廊”。
右图：万字廊中心挂有乾隆御笔“卿雲万态”匾。

万字廊

万字廊区域位于南海西北角的静谷西侧，可算是一个独立院落。其主要建筑由南至北为芳华楼、石室（也称金匮石室）、双环亭、方胜亭、扇面亭、万字廊、西敞厅。20 世纪 70 年代，一些建筑如双环亭、方胜亭、扇面亭和部分长廊被迁移至天坛，其余建筑被拆除，万字廊现已无存。

上图：由南向北拍摄的双环亭。右侧“双顶”建筑就是方胜亭。照片可见亭前檐挂有乾隆御笔横匾“蕙圃珠泉”。1975 年被迁移到天坛公园内。

上图：袁世凯设立的“金匮石室”，外围汉白玉石栏杆是从北海小西天移过来的。

上图：双环亭是由一对重檐圆亭套合而成，像两只寿桃，取和合、吉祥、长寿之意，也称双环万寿亭，是乾隆皇帝为其母祝贺五十寿辰而建。

袁世凯与金匮石室

1915 年 12 月 13 日，袁世凯称帝。袁世凯在双环亭南建石室。这一石室由白石砌成，朱门金钉，坐北朝南，称为“金匮石室”，所谓的“金匮石室”其实就是袁世凯仿照清朝雍正皇帝的秘密建储制度所设，只不过清朝的建储密诏藏在乾清宫的“正大光明”匾之后，而袁世凯则秘设于此石室内。袁世凯死前曾把下一任总统的推荐名单写在“嘉禾金简”上， 密封于金匮之内，而金匮又藏在“石室”中。

据说，袁世凯死后，段祺瑞一行人打开金匮后，只见里面藏有一个黄布包裹，包裹里有一张考究的泥金纸，纸有一尺多长，上面和下面分别写着“兆民托命”和“民国万年”四个大字，中间则写着几个人的名字。大家凑近一看，上边赫然写着“黎元洪、徐世昌、段祺瑞”三个人的名字。有人说，这份名单并不是袁世凯最初书写的，而是在护国战争爆发后因局势变幻而临时更改的，袁世凯最初写的只是他的大公子袁克定一个人的名字，但随着护国军的步步紧逼，他手下的将领又不肯用命，袁世凯知道老袁家没有“家天下”这个命，于是背着袁克定将“嘉禾金简”的名字偷偷地改成了“黎元洪、徐世昌、段祺瑞”三人，以求补救，也为袁家子孙留条后路。

下图：水云榭建于中海碧水之上，内有乾隆所书“太液秋风”御碑，是著名的燕京八景之一。

春耦斋

春耦斋位于丰泽园主体建筑的西北，静谷的正北偏东，建成于乾隆二十二年（1757 年）。春耦斋是静谷里的主要建筑，宫苑书斋式建筑的春耦斋，显得素雅浑厚，别具格调。春耦斋内地面铺以紫绿石，斋前仿苏州狮子林堆叠山石。此斋是清帝举行演耕礼时的休息之所，乾隆皇帝曾把皇宫中珍藏的唐代著名画家韩滉所绘《五牛图》悬挂于此斋。他曾说：耕种之事，牛出力最巨，故在此展观《五牛图》，更知耕事之艰。在乾隆所赋《题春耦斋》中，明喻《五牛图》悬挂此斋与稼穑的关系："春耦邻丰泽，无非穑事从。五牛贮图寓，三白幸畦封。绨几憩言便，蜃窗倚望重。迩虽踈举趾，意实不忘农。"

民国第一任大总统袁世凯、1913 年的代理国务总理段祺瑞，都在此召开过财政会议。1918 年 10 月，与段祺瑞抗衡的代总统冯国璋下台，新总统徐世昌将其总统办公处也设在了春耦斋。

丰泽园不远处就是静谷门。门全部用汉白玉石雕砌，门楼为金刚宝座塔形式，五塔矗立于须弥座上，样式别致、奇特，很有佛宇梵阁的风格。南面门额上镌刻"静谷"两字，门上对联曰："胜赏寄云岩，万象总输奇秀；清阴留竹柏，四时不改茏葱。"

上图：喜龙仁拍摄的春耦斋及听鸿楼南侧。

右图：20世纪20年代，西德尼·甘博拍摄的听鸿楼。楼旁有石制渡桥（今无存），桥后为纯一斋建筑群。

仪鸾殿与怀仁堂

仪鸾殿建于光绪十三年（1887 年），为慈禧在三海的寝宫。1900 年，八国联军攻占北京，仪銮殿成为联军指挥部，联军司令瓦德西就住在这里。1901 年 4 月 17 日夜间，仪鸾殿院里的德军厨房起火，正殿、配殿均被焚毁，瓦德西逃出后移居丰泽园颐年堂，但德军少将参谋长死于火灾。1902 年 1 月 7 日，两宫回銮后，耗资 500 万两白银在原址西北的空地修建了新仪銮殿。据说，3 岁的溥仪就是在此见到了即将去世的慈禧，吓得哇哇大哭。

民国初年，新仪銮殿改名为怀仁堂。袁世凯任大总统时在此办公、宴请议员，其死后，停灵于此。此后，黎元洪、徐世昌两任总统也曾在怀仁堂受贺。

1901 年，被大火烧过后的仪鸾殿遗址。

怀仁堂大门前立有景泰蓝狮子一对，为三海孤例。怀仁堂后有福昌殿、延庆楼、福禄居、延寿斋等华丽建筑。曹锟主政时期在延庆楼办公，福禄居会客。居仁堂、延寿斋等处成了他妻妾们的住房。第二次直奉战争爆发后，1924 年 11 月 2 日曹锟被迫辞职，被冯玉祥软禁在延庆楼。中华人民共和国成立后，怀仁堂被改造为召开重要会议之处。

美国公使固力之（*John Gardn Coolidge*，1836—1963）于1904—1906年间拍摄的新仪鸾殿“来薰风”垂花门（本图）和新仪鸾殿（左图）。

上图：美国公使固力之于 1905 年拍摄的新仪鸾殿殿内景象。

上图：20 世纪 30 年代的怀仁堂内部的宝座。

下图：怀仁堂内部。

上图：中海景福门前的砖影壁。

下图：20 世纪 20 年代，美国人西德尼・甘博拍摄的景福门前的珐琅狮子。

这三张照片是美国人约翰·詹布鲁恩于20世纪20年代拍摄的。

上图：福昌殿。

中图：延庆楼。第二次直奉战争爆发后，曹锟于1924年11月2日被迫辞职，被软禁于此。

下图：延庆楼爬山廊。

上图：海晏堂外观。

海晏堂与居仁堂

慈禧返京后重修仪鸾殿，李鸿章建议在中海建造一座洋楼作为外交会见场所，让洋人知道慈禧并非仇外祸首，获慈禧同意。但慈禧不愿在皇家禁苑里模仿洋式楼房，认为有失体统，遂模仿圆明园西洋楼的海宴堂。此建筑分南前北后两个楼体，中间用上下两层的走廊相连。顶部、窗框均有欧化的雕花装饰。窗棂，或镶以彩色玻璃，或饰以西式花卉。原来的仪銮殿围墙，成了海晏堂的院墙，又将南面、东面和仿俄馆后北面的门，改为洋式花门。此海晏堂前也修建了十二生肖，只是圆明园的十二生肖是按时辰喷水的，而这里的十二生肖则是按照当时的潮流设计为电灯，每个动物手持一盏莲花灯，谁的时辰谁亮灯。光绪三十年（1904 年）十月竣工。慈禧在此举办过五次外交活动，接见过外国公使夫人。然而，海晏堂并没给衰落的晚清带来四海晏安的景气，春秋七异，清王朝便在辛亥枪声中寿终正寝。

袁世凯把海晏堂作为自己办公会客的场所，更名为“居仁堂”。1915 年 12 月 13 日想尝尝黄袍加身滋味的袁世凯在居仁堂建立了他的洪宪王朝。特制的龙案上，摆着“叠羽冲天冠”，他身着元帅服，在居仁堂接受文官武将的朝贺。冯国璋执政时，把居仁堂改作家属住宅，堂门改名为宝光门。抗战胜利后，作为国民党政府北平行辕主任的李宗仁，在居仁堂办公。傅作义就任“华北剿总”司令后，又将指挥部设在了居仁堂。据当时中央办公厅行政处的办公室主任田畴回忆，他们刚进中南海时，到居仁堂楼里看过，许多房间门口还挂着诸如“作战室”“情报室”之类的牌子。北平解放后进驻中南海的中央军委，将办公地点选在了后墙傍着中海的居仁堂。中央军委和原总参谋部都在这里办公，并召开一些重要的军事会议，直至 1964 年居仁堂作为危房拆除，修建中式屋顶的两层楼房。

左页上图：海晏堂全景。此堂 1904 年建于仪鸾殿旧址，模仿圆明园海晏堂，建筑前的水池旁亦设十二生肖。

左页下图：海宴堂外的十二生肖。

上图：美国人约翰・詹布鲁恩于 20 世纪 20 年代拍摄的海晏堂前十二生肖中的蛇。

海晏堂

居仁堂东面门。1929年8月，国立北平图书馆与中基会下属的北海图书馆合并，合并后馆名仍为国立北平图书馆，直接接受南京政府教育部和中基会合组的国立北平图书馆委员会领导。中海居仁堂为一馆，北海庆霄楼为二馆。

左图：法国人斯提芬·帕瑟（*Stephane Passet*）于1912年拍摄的海晏堂外部和内部的彩色照片。我们可以清楚地看到有两个宝座，后面的座是慈禧太后的，前面的小座是光绪皇帝的，真正有实权的是慈禧皇太后。

下图：20世纪30年代的海晏堂内，此时的陈设和1912年时还是有很大变化的。

西苑小火车的一节车厢。

西苑小火车

紫光阁铁路（亦称西苑铁路）建成于光绪十四年（1888 年），全长三华里。这条铁路南起中海的瀛秀园门外，沿中海、北海西岸（出中海的福华门，入北海的阳泽门），经北海的极乐世界，折而向东，终点为镜清斋（今静心斋）前。铁路系分段建成，先建成紫光阁路段，后完成北海路段。

慈禧太后移驾到西苑，以仪鸾殿作为寝宫，勤政殿作为接见群臣议政的地方，北海的镜清斋则作为平时休闲之所。每天早晨，她都会从仪鸾殿到勤政殿上朝，散朝之后稍事休息，然后和光绪帝及王公大臣一起乘坐小火车到镜清斋吃饭、午休。每天乘坐这列火车往返于中海和北海之间。该铁路于 1900 年被八国联军拆毁。

蚕池口教堂

清康熙三十二年（1693 年），康熙皇帝偶患疟疾，服药无效，太医束手无策。天主教耶稣会教士张诚、白晋献上金鸡纳霜，使皇帝恢复健康。皇帝病愈后，赐白银和蚕池口之地准其修建教堂。康熙四十二年（1703 年）教堂建成后，皇帝题写匾额、长联及律诗一首送至堂中。其名为救世堂，也被称为北堂。道光七年（1827 年），

西苑小火车。

右图：1900 年，在热气球上拍摄的蚕池口教堂及周边，照片最上面的建筑就是紫光阁。

清政府将北堂没收，并于道光十八年（1838 年）拆除。至此，存在 135 年的北堂圮毁。

第二次鸦片战争后，清政府向教会归还土地。同治五年（1866 年），教会在蚕池口原址上重建北堂。新堂比原北堂大得多，长 50 米，宽 21 米，华丽壮观。天主教北京枢机主教公署就设在此。光绪十三年（1887 年），慈禧要扩建西苑。北堂就在西苑的西边，属于扩建范围内。李鸿章负责和教会、法国政府协商，颇费周折，达成协议。清政府将西安门内西什库南首多半地方交换，作为另建新堂之地，并支付修建费用，这就是建成于 1888 年的西什库教堂。而蚕池口教堂直到 1902 年以后才被彻底拆除。

拍摄于 1900 年的中海蚕池口天主教堂，教堂前站的就是八国联军部分士兵。

中国摄影师赖阿芳（1839—1890）拍摄的紫光阁，时间大概是在 19 世纪 70 年代，是目前发现的拍摄时间最早的中海照片之一。

20 世纪 20 年代的紫光阁。

上图是喜龙仁于 1922 年拍摄的紫光阁内景，照片中是宝座及乾隆御笔骑射碑。本图是其拍摄的紫光阁的后面及东游廊。

上图：部分紫光阁功勋图，大学上一等忠勇公傅恒像、郡王霍集斯像（乾隆二十年、二十四年，清军平定准噶尔以及大、小和卓叛乱之维吾尔族功臣）、定边右副将军一等襄勇伯成都将军明亮像。

下图：万善殿外及月台之上的小殿——天地堂。

万善殿

位于中海东岸，明代为椒园。原名崇智殿，清顺治时改为现名。殿内供奉三世佛像。

此处是明清两代皇室在中元节做法事、放河灯之处，这原本是古代的民间习俗。相传旧历七月十五日，是目莲和尚救母之日，叫中元祭扫。按佛教故事传说，目莲和尚的母亲，生活于饿鬼之中，终日难以得食。释迦牟尼佛便下令作盂兰盆会，在七月十五这一天，将五味白果放于盆中，“供养十方大德”，此后，其母果能得食。目莲死后，他的弟子照例举行盂兰盆会，于是一代一代地传了下来。不仅中国有此习惯，日本在佛教传入后盂兰盆会更为盛大，至今还是全国性的节日。

在明朝，每年中元节，万善殿都设盂兰道场，从七月十三日到十五日，晚间放河灯，小太监手持荷叶燃烛其中，布列两岸，数以千计。还用琉璃做河灯数千盏，置于太液池中。中流驾龙舟，奏梵乐，作禅诵，由瀛台南过金鳌玉蝀桥，绕白塔山到五龙亭而返。七月十五这一天，京城各街巷还要搭建高台，讲经文，放焰火，以济孤魂。临池焚化彩纸制作的法船，燃点河灯，被称作“慈航普渡”。

以上三张照片为万善殿内主佛龛及分列两边的十八罗汉像。

上图：万善殿后殿供奉的摩利支佛母，也叫积光佛母，坐骑是猪。

摩利支，是印度梵语的音译，意译为“阳焰”“光焰”，又译为“光明天母”“积光佛母”等。她原是古印度神话传说中的天神，进入佛教后主要为佛教密宗崇奉。

根据唐代高僧不空三藏所翻译的《摩利支天经》记载，摩利支佛母神通广大，常在日天前行走，日天看不见她，而她能看见日天；她行踪无定，人类看不见她，更不能捉住她，加害于她。摩利支佛母以此神通力量游戏于三界之内，护国佑民，专为众生消灾祈福。在汉传佛教中，摩利支佛母通称“摩利支天”，是“二十四诸天”之一，常见有一面二臂和三面八臂两种形象。佛教认为一切菩萨中五台山文殊师利菩萨的加持力最大，所有佛母中摩利支佛母的加持力最快。摩利支佛母多以一面二臂和三面八臂两种形象居多，摩利支佛母身上的猪可以不断变出大大小小的许多化身，吃尽众生身上的一切病苦。

藏传佛教认为，猪象征佛教的三种根本烦恼（即贪、嗔、痴）之一的“痴”（又称“无明”）烦恼，而摩利支的汉译为“光明”，故又称 “光明佛母”，是具有大光明和大智慧的一尊佛母。根据佛教的修法思想和理论，光明是专门破除黑暗的，亦即智慧是专门对治愚痴的，而“明”与“无明”实际是互为一体，又可互为转换的关系。万善殿这尊摩利支佛母像造型独特，工艺精良，是清宫皇家佛像的代表作之一。

上图：万善殿后为千圣殿，上为圆顶，殿内供奉七层千佛塔。

左图：千圣殿的雪景。

左图：千圣殿里的紫檀木“七级千佛塔”。

上图：从金鳌玉蝀桥南望万善殿及水云榭。

北海

北海东邻故宫、景山，南濒中海、南海，西接兴圣宫、隆福宫，北连什刹海，是北京城中风景最优美的前“三海”之首。北海的总面积为1063亩，水面占583亩，陆地占480亩。

在辽代，辽太宗耶律德光在会同元年（938年）建都燕京后，就在城东北郊“白莲潭”（今北海、中海一带）建“瑶屿行宫”，在岛顶建“广寒殿”等。《辽史》记：“西城巅有凉殿（即广寒殿），东北隅有燕角楼，坊市、廨舍、寺观，盖不胜书。”《洪武北平图经》记：“琼华岛辽时为瑶屿。”以上史实均可说明“瑶屿行宫”的存在。金灭辽后，改燕京为“中都”。金海陵王完颜亮在天德二年（1150年）扩建“瑶屿行宫”。金大定三年至十九年（1163—1179）金世宗仿照了北宋汴梁（今河南开封）艮岳园，建琼华岛，并从“艮岳”御苑运来大量太湖石砌成假山岩洞，在中都的东北郊以瑶屿（即北海）为中心，修建离宫太宁宫，后改称万宁宫。从那时起，北海就基本形成了今天皇家宫苑的格局。当时把挖出的土扩充成岛屿和环海的小山，在琼华岛上重修广寒殿。1264年，元世祖忽必烈决定在旧中都城东北郊选择新址，营建大都。至元元年到至元八年（1264—1271），忽必烈三次扩建琼华岛，重建广寒殿，湖泊因被圈入皇城，改称太液池。

摄影师在中海西岸拍摄紫光阁（图左）及北边的金鳌玉蝀桥和北海的白塔。

上图：1860年费利斯·比托在景山的山上，从东向西拍摄的北海白塔。

中图：两张照片皆为托马斯·查尔德于1876年拍摄。第一张照片的左边是万佛楼和阐福寺，第二张能看到北海白塔和团城西北角。

右图：1900年的北海琼岛及白塔。

明永乐十八年（1420年）明成祖朱棣将都城从南京迁到北平，改名北京。明朝对北海又加以扩充、修葺，但基本上保持了元代的格局。宣德年间，宣宗朱瞻基进行大规模的扩建和修缮，在圆坻（今团城）修复了元代时建的仪天殿（后改名承光殿），在圆坻南面小岛上建起了犀山抬圆殿，在圆坻的东部拆桥填土，将其与陆地相连。天顺二年（1458年），在北海北岸（现五龙亭处）建“泰素殿”，由于用锡做材料，又称为“锡殿”，也叫“避暑凉殿”。修建此殿役使工匠3000余人，用白银20万两。在东岸建“凝和殿”，在西岸建“迎翠殿”。把团城西面的八孔中断的石桥改为九孔石桥，称为“金鳌玉蝀”桥。在新开挖的南海瀛台上建“昭和殿”等。

万历七年（1579年），历经600余年风雨战乱的广寒殿坍毁。清顺治八年（1651年），为民族和睦，清世祖福临根据西藏喇嘛恼木汗的请求，在广寒殿废址上建藏式白塔，塔前建“白塔寺”，山名改为“白塔山”。乾隆六年至三十六年（1741—1771），对北海进行了大规模的修葺和增建，前后连续施工30年之久，建起了许多亭、台、殿、阁。乾隆皇帝自谓“园林之乐，不能忘怀”，于是把江南园林的精华、文人写意、山水园林引进皇家宫苑，先后建成北海的静心斋、画舫斋、濠濮间等“园中之园”。

光绪十一年至十四年（1885—1888），慈禧太后挪用海军经费重修“三海”建筑，在西岸和北岸沿湖铺设了中国第一条铁路，在静心斋前修建小火车站，供其乘小火车来园游宴。光绪二十六年（1900年），八国联军侵入北京，在北岸的澄观堂设立了联军司令部，万佛楼的10000多个金佛及园内其他宝物被洗劫一空。辛亥革命推翻清王朝后，北海闭园十余年，园林建筑略经修缮后于1925年8月1日才正式开放为公园。1949年新中国成立后，政府拨巨资对北海公园予以修葺，疏浚了湖泊，维修了古建筑，铺设甬道，增设了公共服务设施。

玉瓮亭

元世祖忽必烈曾将玉瓮放置琼华岛广寒殿中，传说曾用其盛酒大宴群臣。明代广寒殿倒塌，玉瓮失落民间。乾隆皇帝“令以千金易之，置承光殿中”，乾隆十四年（1749年）建玉瓮亭，将玉瓮陈设于承光殿的玉瓮亭中，配以汉白玉雕花石座，命翰林四十人各赋诗一首，刻于亭柱之上。

左图：法国人菲尔曼·拉里贝于1908年拍摄的承光殿前的玉瓮亭。

右页上图：北海团城承光殿。承光殿是团城的主要建筑，元代称仪天殿。清康熙二十九年（1690年）重建，称承光殿。大殿呈方形重檐歇山顶。四面各推出单檐卷棚式抱厦一间，建筑结构别致精巧，是北京宫殿中少见的形式。

右页下图：承光殿内白玉佛（释迦牟尼佛）高1.5米，用一整块白玉雕成，洁白无瑕，头顶及衣褶镶嵌有红绿宝石。相传，这尊白玉佛是光绪二十四年（1898年）明宽和尚从缅甸募化而来献给慈禧太后的，供奉在这里。

大圓寶鏡
七寶莊嚴開玉鏡

左图：1900 年法国军方乘坐热气球拍摄的北海琼岛及白塔。

下图：20 世纪 20 年代末从飞机上拍摄北海琼岛及团城。

右页上图：托马斯·查尔德于 1876 年拍摄的金鳌玉蝀桥南面。

右页下图：德国人穆莫（*Mumm*）1900 年拍摄的金鳌玉蝀桥。

金鳌玉蝀桥

始建于元至元元年（1264年），当时是木桥。明天顺二年（1458年）把木桥改建为九孔石桥，主桥长117.58米，桥宽9.48米，并在桥东、西两端各建了一座木牌楼，西牌楼额书“金鳌”，东牌楼额书“玉蝀”，因此这座桥就称为了“金鳌玉蝀桥”。据吕毖的《明宫史》载：“乾明门（北海三座门）之西也，其石梁如虹，直跨金海通东、西之往来者，曰玉河桥，有坊二，曰金鳌、玉蝀。”

清帝退位后，因缺乏维修经费，桥两端木牌坊糟朽严重。1933年，把木牌楼改为钢筋混凝土结构的牌楼，桥拱券为9孔，只有中间一孔最宽为5.74米，可以通水，其余为装饰孔，中孔南北两端有皇帝亲自题写的匾联，南侧为：玉宇琼楼天上下；力壶圆峤水中央。横额为：银潢作界。北侧为：绣縠纹开环月珥；锦澜漪皱焕霞标。横额为：紫海迴澜。

乾隆时期重修了金鳌玉蝀桥。乾隆二十二年（1757年）在《御制泛舟至瀛台即景》诗中说：“玉蝀新修饮练横，轻舟直拟达仙京。由来太液一池水，三海何人浪与名。”此诗注曰：“御河桥（即北海大桥）以年久重修，时方告成。”“桥北为北海，南为中海，过勤政殿红墙（勤政殿在中海堤上）为南海，盖明季相沿即有此名（指太液池划分三海之名）。”

1956年，金鳌玉蝀桥向南拓宽，“金鳌”牌楼和“玉蝀”牌楼被拆除。此后，民间就多称此桥为“北海大桥”。

1912年2月12日，隆裕太后在乾清宫颁布了退位诏书，根据袁世凯签署的《清室优待条件》，清室得到了允许暂住故宫，将来搬往颐和园的承诺，但要将西苑三海移交民国政府。1912年年底，时任民国临时大总统的袁世凯入住中海西岸的居仁堂，以金鳌玉蝀桥为界，将桥以南的中海、南海划为总统府。从此西苑三海被分为北海和中南海两个部分，这就是现在“中南海”的由来。

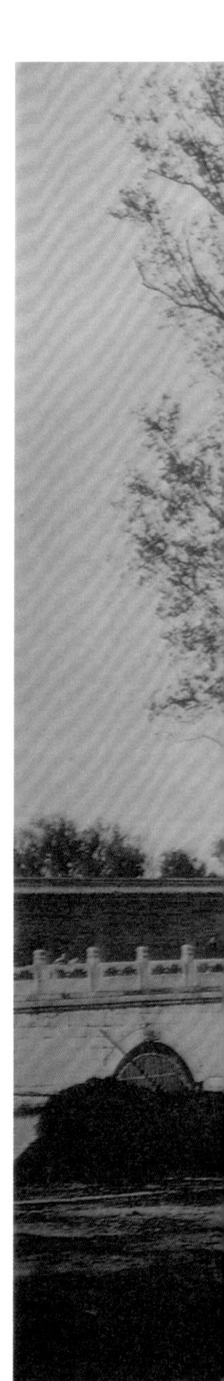

袁世凯的女儿袁静雪写于1963年的回忆录《我的父亲袁世凯》中说袁世凯自从住进了中南海，就没有再出过新华门一步，因为东兴楼门前的爆炸案件使得他余悸尚存，一直到死，才被抬着出新华门。

东兴楼爆炸案件，是指辛亥革命期间，出任内阁总理大臣，奉命镇压武昌起义的袁世凯，于1912年1月16日中午退朝后乘马车由东华门返回石大人胡同内阁驻地途中，在东安门大街东兴楼饭馆门前遇革命党投掷炸弹事件。

虽然袁静雪回忆不够准确，至少袁世凯1913年10月10日到故宫太和殿就任民国正式大总统及1915年12月23日“冬至日”到天坛祭天就曾外出两次，但袁世凯确实注重自身的安全。清亡后，金鳌玉蝀桥已对外开放，是联系东、西城交通的要道。袁世凯命人在桥上南面栏板的内侧，砌筑了一道高墙，此墙东西两端与桥头原有的中南海北围墙衔接，起到了封闭作用。

清光绪三十年（1904年）的进士、曾在民国政府任职的陈宗藩先生在1930年所著的《燕都

丛考》中记述："金鳌蝀桥，跨乎中、北海之间，为东西往来孔道……民国元年（1912 年）乃为通途。惟以袁项城（即袁世凯，其原籍为河南省项城县）迁居中海，缭以短垣。过是桥者，仅见北海烟波，而中海、南海诸胜无由瞭望。民国十七年（1928 年）始将短垣拆卸。"

上图：袁世凯时期金鳌蝀东桥上的临时隔离墙。

20 世纪 30 年代的金鳌玉蝀桥。

1900 年法军在热气球上拍摄的景山、北海琼岛、金鳌玉蝀桥及西三座门。

1900 年，金鳌玉蝀桥西的“金鳌”牌楼西面。

20 世纪 40 年代的“金鳌”牌楼西面，对比 1900 年那一张，周边环境已经发生了很大变化。

上下两张照片分别是1900年和20世纪20年代拍摄的金鳌玉蝀桥西的“金鳌”牌楼东面，透过牌楼可以看到中海的福华门、北海的阳泽门及西三座门。时代变迁，体现在来往行人及交通工具上。

上图：20 世纪 40 年代的“金鳌”牌楼。因为年久失修且影响交通，1935 年被改造为水泥柱，去除了戗柱。

下图：1907 年的金鳌玉蝀桥东的“玉蝀”牌楼。

1900 年，琼岛的永安寺塔、永安桥及永安桥北面的堆云牌楼。

这两张照片都是拍摄的永安寺塔前善因殿西面。左边是小川一真于1900年拍摄的，右边是1924年西德尼·甘博拍摄的。可以看出，善因殿在 1900 年后做过简单的修复和修缮。

丹麦人瓦德马尔・蒂格森于 1900 年在北海西岸由南向北拍摄的北海北岸风光。

西边是小西天的极乐世界和其北边的万佛楼，东边的北岸岸边是五龙亭，五龙亭北边就是阐福寺大佛殿。

20 世纪 30 年代末拍摄的北海北岸，此时的阐福寺大佛殿已无存。

上图：法国人普意雅（*Georges Bouillard*，1862—1930）于 20 世纪 20 年代拍摄的北海小西天极乐世界，从照片上能看出，此时的极乐世界大殿已经很残破了。

小西天及万佛楼

北海小西天始建于清乾隆三十三年（1768 年），建成于清乾隆三十五年（1770 年），是乾隆皇帝为母亲崇庆皇太后祝寿祈福而建。

主体建筑为极乐世界，总面积达 1200 平方米，其横梁跨度 13.5 米，是中国最大的方亭式宫殿建筑。殿四面窗扉、槅扇细镂花纹，殿内高处悬挂金匾，上书“极乐世界”，为乾隆御笔。上方为金光灿灿的八角穹窿团龙藻井，十分庄严。殿四面环水，有桥可通，东西南北各有琉璃牌坊一座，四角各有一座小方亭，连以矮墙。意境优雅，气势宏伟。

极乐世界正南有一个水池，形状像一个月牙，因此得名“月牙河”。它与极乐世界殿的宝顶相对，一个代表太阳，一个代表月亮，表示日月轮回的意思。跨水池有一座单孔石拱桥，叫琉璃牌坊前石拱桥，是皇帝与后妃们来极乐世界参拜的必经之桥。

殿内原有南海普陀泥塑一座，山上布有 226 尊罗汉佛像，山下绘满海水，以象征佛界普陀胜境，故有“罗汉山”和“海岛”之称。

大殿顶部有罕见的“藻井”，藻井中央的坐龙口含宝珠，旁边有 49 条行龙，外围则有彩绘金龙 2480 条。除了北海，全国只有故宫太和殿藻井有这样的设计。

大殿内部，正中建有一座彩色的西天极乐世界山，山上有释迦牟尼佛，坐在山顶中间的亭子里。山上有 200 余尊菩萨和罗汉像。山上还装饰有古塔、寺庙、奇异的花、稀奇的古树和缠绕的云雾，那情景就像传说中的西方天堂。

在小西天北面是万佛楼，与极乐世界统称小西天。前为普庆门，为三座黄琉璃瓦顶随墙门。入门南北各有牌坊一座，黄琉璃瓦顶，南面牌坊南向额为“大千轮驻”，北向额为“满万昙霏”，北面牌坊南向额为“聚诸福德”，北向额为“现大吉祥”。

上图：极乐世界及琉璃牌坊。

左图：极乐世界内须弥山。殿内的泥塑须弥山，山上有南海观音，布有226尊罗汉佛像，山下绘满海水，以象征佛界普陀胜境，故有“罗汉山”和“海岛”之称。

右页图：民国后期，已经年久失修破败不堪的极乐世界须弥山。

上图：小川一真于 1900 年拍摄的万佛楼。

右页图：法国人海伦娜·哈佩诺特（*Helene Hoppenot*）于 20 世纪 40 年代拍摄的万佛楼。

左图：20 世纪 30 年代的万佛楼内佛像旧照。

万佛楼楼高三层，始建于乾隆三十五年（1770年），是乾隆为庆祝其母寿辰而建。每层楼内均设有佛龛，供佛像，还在三层楼的墙壁上整齐排列着处于高山云雾状装饰的小佛龛，一层楼内有佛龛4956个，二层楼内有佛龛3048个，三层楼内有佛龛2095个，共供有佛像10099尊，故而名为“万佛楼”。万佛楼前左面树宝幡竿，右面立石幢，幢北面镌刻乾隆“御制庚寅万佛楼瞻礼诗”碑。

1900年八国联军侵占北京时，此处沦为日军司令部，楼中金佛尽被掠夺，后此处渐荒废。

1965年因破旧不堪，加之当时财力匮乏，且又不被重视，而被当作危房拆除。现仅存山门、宝积楼、妙相亭、经幢两座等。

上图：约翰·詹布鲁恩于 20 世纪 20 年代拍摄的万佛楼前的“大千轮驻”牌楼。

左页图：北海北岸的五龙亭。中为龙泽亭，左为涌瑞亭、浮翠亭（由中至左）；右为澄祥亭、滋香亭（由中至右）。

下图：德国摄影师汉茨·冯·佩克哈墨尔于 1916 年前后在阐福寺山门前透过牌楼夹杆石遗址由北向南拍摄的琼岛及白塔。照片右边就是龙泽亭。

五龙亭

五龙亭位于北海北岸西部。原为明天顺四年（1460 年）所建泰素殿前的会景亭，清顺治时拆泰素殿，改建五龙亭。

五龙亭由五间亭子组成，错落布置，五亭之间由四座弧形平桥连接，龙泽、滋香、浮翠三亭又分别以单孔石桥与北岸相连，且龙泽亭的桥是其中唯一的拱券桥。整体看来，形态优美，婉若游龙，故称龙亭。

五亭俱为方形，亭顶样式左右对称。每座亭皆为绿琉璃瓦顶，黄瓦剪边，正面檐下各悬华带匾一方，檐下梁枋施小点金旋子彩画，绚丽多彩，金碧辉煌。

位于中间的龙泽亭最大，为重檐攒圆顶，下方上圆，寓意“天圆地方”，象征着皇帝的权力至高无上，为皇帝休息、垂钓所用；两侧的亭子，是文武官员陪钓处。

清人诗曰：“液池西北五龙亭，小艇穿花月满汀，酒渴正思吞碧海，闲寻陆羽话茶经。”

亭北原有一座避暑凉殿，用锡制成，称锡殿。顺治皇帝曾侍奉孝庄皇太后在此消暑乘凉。乾隆时建阐福寺，拆锡殿和牌楼，将石桥改建为平面甬道。

乾隆二十八年（1763 年）将五亭间的弧形木制桥改为石桥，并安装了青石栏板、石柱。光绪二十六年（1900 年）栏板、柱子遭八国联军破坏，1974 年照原样予以恢复。

上图：1900 年，意大利士兵和阐福寺前的铜狮。铜狮底座有“大清嘉庆年制”字样。后面的阐福寺山门上有外文涂鸦。

庚子国变后，意军占据了北海北部地区作为营地，阐福寺也在其中。1900 年 11 月 25 日意大利米兰出版的《周日信使报》（*La Domenica del Corriere*）的封面就是一幅时任意大利驻华公使在阐福寺铜狮子前的画作，画面下写着：意大利驻华公使萨尔瓦葛（*Marquis Giuseppe Salvago-Raggi*）即将将这个北京皇家的大狮子作为战利品带回意大利。1901 年，意大利驻军放弃了北海北岸的暂住区，撤防到了东交民巷新修的意大利使馆（新使馆扩大面积，占据了堂子和肃王府北部）。回撤的同时，把这一对铜狮子运到了使馆内。后来意大利人没有按原计划把两个狮子带回意大利，而是一直留在了使馆（即今台基厂大街 1 号，中国人民对外友好协会）。

上图：阐福寺山门。此时的阐福寺已经改为“少年之家”。

中华人民共和国成立后，北京教育事业迅速发展，同时也开始发展校外教育。1952 年 10 月 25 日，北京第一所校外教育单位——北京市少年之家在阐福寺内成立。这也是北京市少年宫的前身。少年之家内设有物理活动室、化学活动室、生物活动室、美工室和音乐室等。少年儿童可以根据自己的爱好来选择不同的活动。1955 年上映的故事片《祖国的花朵》的主题曲《让我们荡起双桨》，就是以少年之家为背景创作的。

阐福寺及大佛殿

五龙亭以北便是阐福寺。此处在明朝时为泰素殿。清初，孝庄皇太后就常在此避暑，去世后也在此接受祭奠。清乾隆十一年（1746 年），乾隆皇帝听从母亲的建议把北海北岸拆改为密宗寺庙，起名阐福寺。

阐福寺山门前曾有四柱九楼牌坊一座，绿琉璃瓦顶。如今这座牌坊已经无存，但是上面所嵌的乾隆御笔福田刻石却保留了下来。牌坊以北踏上 20 余级台阶，便是 2.8 米高的月台。月台之上便为坐北朝南的阐福寺山门，山门三间，歇山调大脊，黄琉璃瓦绿剪边。两侧有角门。

山门内东、西有钟鼓楼，二层三间，上檐为歇山顶，上下檐均为黄琉璃瓦绿剪边顶。山门内为天王殿，歇山顶黄琉璃瓦绿剪边，殿后额为“宗乘圆镜”，联为“妙华普观无穷境；慧日常悬自在天”。殿后有东、西配殿，其中的佛像已经无存。

阐福寺的天王殿之后便是大佛殿。

阐福寺的规模很大，各种建筑等级都超越了常见的寺庙，仅略逊于雍和宫。大佛殿是阐福寺的正中大殿，

上图：德国人穆莫于 1900 年拍摄的正面的大佛殿。殿前石碑为乾隆御书《阐福寺碑文》。现仅存两座石碑。

右页图：鲍迪罗夫·费德罗·伊万诺维奇于 1900 年拍摄的大佛殿，照片中还可以看到后殿。

左图：汉茨·冯·佩克哈墨尔于 1916 年前后在北海北墙外拍摄的，十分珍贵。照片从右往左分别是万佛楼、阐福寺重檐庑殿后殿、大佛殿及八方亭。这几座建筑今天都已无存。

这一反寺庙常规，没有用常见的单层殿宇，而是一座高大的佛阁，样式仿正定隆兴寺大佛阁，楼高三层，为“明二暗一”。顶层为重檐歇山顶，瓦顶皆为黄琉璃瓦绿剪边。顶层悬乾隆皇帝所书额名“大雄宝殿”，中层额为“极乐世界”，下层额为“福田花雨”。

殿内供奉密宗大白伞盖佛母。大白伞盖佛母是密宗中等级非常高的女性佛的形象。大白伞盖佛母立像，是用一整根金丝楠木树干雕刻而成，千手千眼千面，手持几十米长的大白伞盖。

乾隆十四年（1749年）二月，在大佛殿后添建了一座重檐庑殿后殿和两座八方亭，添砌周围墙垣，围合成阐福寺第三进院落，院内铺墁地面、甬路和散水等。大雄宝殿后檐还添砌踏跺，方便了与后殿之间的交通联系。后殿悬挂御书额“真实般若”和御制楹联“正法眼长明，慧灯不灭；无漏身自在，性海遥通”，其内安砌青白石须弥佛座和三面礓礤佛座。

1919年由袁世凯卫队改编的消防队在大殿内做饭时引起火灾，大佛殿、后殿皆被烧尽。仅剩山门、钟鼓楼和天王殿，以及大佛殿前的两块石碑。

阐福寺山门前的那座四柱九楼牌坊，后也因年久失修被拆除。

左图：1900 年拍摄的大白伞盖佛侧身像。这张照片拍摄时间较早，此时可以很清楚地看到大佛手中还拿有法器。

上图：穆莫于 1900 年拍摄的大白伞盖佛母正面半身像。

右图：1917 年，西德尼·甘博拍摄的大白伞盖佛母半身像。

上图：1900 年，三名联军士兵在大白伞盖佛母全身像脚下合影。

约翰·詹布鲁恩从三个不同角度拍摄的阐福寺大佛殿大白伞盖佛母全身像，非常壮观。

上图：快雪堂正门。此时已经是“松坡图书馆”时期了。

快雪堂

位于阐福寺以东。这里原本只有澄观堂、浴兰轩两进院落。乾隆四十四年（1779年），乾隆皇帝得到元代书法家赵孟頫临摹晋代王羲之的《快雪时晴帖》石刻，非常喜爱，特命在其后增建了这座金丝楠木殿“快雪堂”，还亲笔题写了《快雪堂记》。快雪堂四周由彩绘游廊连接，在东西两侧的游廊内嵌有晋代至元代20位书法家的80篇墨迹石刻48方，其中王羲之的《快雪时晴帖》与乾隆皇帝所作的《快雪堂记》最为著名。 快雪堂院内有一块高约5米的太湖石，曾是宋代艮岳御园的名石。

1923年，为纪念蔡锷（字松坡）将军，快雪堂前二进作为书库和阅览室，后一进为蔡公祠，内挂蔡锷及护国之役先烈相片，玻璃橱内陈列着蔡锷的军服、军刀、望远镜等遗物。快雪堂改为“松坡图书馆”。1987年，这三进院落经修缮后，改为“快雪堂书法博物馆”，向游人开放。

大圆镜智宝殿

位于西天梵境西边，建于乾隆二十一年（1756年）。建设前拟为西天梵境的西跨院，名罗汉堂。而完工后则独立出来，称大圆镜智宝殿。著名的九龙壁是大圆镜智宝殿的影壁，其北就是山门——真谛门。真谛门内为大圆镜智宝殿，用于存放大藏经刻版。

1900年，大圆镜智宝殿遭到八国联军劫掠。1919年，整座建筑群失火被毁，只剩下九龙壁幸免于难。1925年，北海作为公园开放后，这里被辟为公共体育场。现已弃用。

1924年，西德尼·甘博拍摄的九龙壁。九龙壁是原大圆镜智宝殿前的影壁，建于乾隆二十一年（1756年）。壁高5.96米，厚1.6米，长25.52米。壁的两面用七色琉璃砖瓦镶砌而成。

大圆镜智宝殿旧址。此时已为公共体育场。

1901年拍摄的西天梵境。近处可见西苑的小火车道。照片中左边是山门，右边便是“华藏—须弥”牌坊，为四柱七楼琉璃瓦牌坊，南向额为“华藏界”，北向额为“须弥春”。从华藏界牌楼穿过，意即进入佛门；反面“须弥春”，即到了“须弥山”这个佛家的神圣境界。

西天梵境

明代时为西天禅林喇嘛庙。于乾隆二十四年（1759年）扩建后，改名西天梵境。因对应西边的“小西天”，所以又称为“大西天”，意为清净的境界。其坐北朝南，东临静心斋，西与大圆镜智宝殿相依，南与琼华岛隔太液池水贯成一线。

山门为三座歇山黑琉璃黄剪边顶仿木结构券门，门之间有琉璃墙，中间门额为“西天梵境”。门内东西为钟鼓楼。

后为天王殿，殿五间，殿内左右立四大金刚。殿外东西各有一座石幢，分别刻着《金刚经》和《药师经》。

1924年，西德尼·甘博拍摄的西天梵境山门内的石经幢。

1924 年，美国人西德尼・甘博拍摄的西天梵境天王殿内照片。上图是拿蛇的西方广目天王和拿伞的北方多闻天王。下图是拿剑的南方增长天王和拿琵琶的东方持国天王。

大慈真如殿在天王殿后，建于明万历时，殿五间，为重檐庑殿顶，黑琉璃瓦黄剪边，殿内供奉三世佛及十八罗汉像。殿内有七层八方铜塔两座，高 6.59 米。该殿全部为楠木建成，是中国现存明代建筑中的精品。殿东西各有配殿五间。

最后一进院落是华严清界殿，坐落在高台阶之上。殿三间，重檐歇山，黄琉璃瓦绿剪边顶。

殿后为重檐八角的七佛塔亭，亭内有八角石塔一座，上刻七世佛图和乾隆御书《七佛塔碑记》。

七佛塔亭后是一座高二层的琉璃阁，周身布满佛像，非常华美。上层为重檐歇山顶，上、下层皆为绿琉璃瓦顶。

院内四周有七十一间回廊环绕，上覆绿琉璃瓦剪边，四角各有重檐四角方亭一座。整组建筑金碧辉煌，略显繁密，是典型的乾隆喜好的风格。

1955 年，残破的回廊和四座角亭被拆除，原地修建了一排文物库房。

上图：喜龙仁于 1922 年拍摄的西天梵境华严清界殿、七佛塔亭、琉璃阁。

这是在华严清界殿外由西向东拍摄的。院内四周原有七十一间回廊环绕，上覆绿琉璃瓦剪边，四角各有重檐四角方亭一座。1955年，回廊和四座角亭因残破被拆除。

七佛塔亭及琉璃阁的近照。其为清乾隆年间增建，琉璃阁也称“大琉璃宝殿”，又称“万佛殿”。1900 年，八国联军入侵北京，将殿内珍宝抢掠一空。

1924 年，西德尼・甘博拍摄的重檐八角七佛塔亭，亭内有八角石塔一座，上刻七世佛图和乾隆御书《七佛塔碑记》。

静心斋

原名“镜清斋”，占地面积约4700平方米，是北海最精巧的一处园中之园。

乾隆二十二年（1757年），在扩建“西天梵境”时修建了镜清斋，为皇子读书处。光绪十一年（1885年），慈禧挪用海军经费增修斋内建筑，并设小火车站，铁轨由中南海经阳泽门沿西北岸直抵斋门。这次改建，在园中添建了叠翠楼、六孔过水游廊和爬山廊等建筑，并隔出了一座跨院，以供太监等人使用。光绪二十六年（1900年）八国联军侵占北海，日军司令部就设在这里，致使镜清斋遭到破坏，车站就在这个时期被拆毁。1913年袁世凯执政时，对这里大加修缮，并把这里作为外交部宴请宾客的地方，改名静心斋。1949年后，静心斋作为了国务院参事室和中央文史研究馆的办公地，清朝末代皇帝溥仪也曾在此办公，《我的前半生》就是在此写成。1981年，静心斋始归还北海公园。

画舫斋

建于清乾隆二十二年，原据欧阳修的《画舫斋记》而造其形、得其名。画舫斋位于北海东岸，形似停泊在水边的一条大船，实是掩映在山林的一处独立院落。

静心斋沁泉廊。沁泉廊为一座桥廊式建筑，位于主院中心，北倚丘壑。廊下有滚水坝，水流湍急，水声激越，是静心斋中另一处能够形成水声的地方。

静心斋最高处——叠翠楼。位于园林西北部，是静心斋的最高点。登上顶楼，凭栏远眺，琼华岛白塔、景山万春亭尽收眼底。

20世纪30年代的画舫斋。

20 世纪 30 年代的漪澜堂。

20 世纪 40 年代的漪澜堂码头。此时的漪澜堂是北海最著名的茶座，每天吸引大量游客在此游湖、喝茶观景。

上图：约翰·詹布鲁恩于 20 世纪 20 年代拍摄的北海漪澜堂晴栏花韵戏台。

晴栏花韵戏台位于北海南岸漪澜堂东侧倚山傍湖之院落。卷棚歇山顶，以抄手游廊与对面看戏殿构成四方院落，看戏殿“晴栏花韵”匾额为乾隆御题。

漪澜堂

清朝初年，琼岛之上的原有建筑多已无存。顺治年间，白塔建成，之后一直到乾隆时期，大力修建，终成今日格局。由于乾隆皇帝多次游幸江南，因此有意将烟雨江南的美景与意境植入京城皇苑之内，“略师其意，就其天然之势，而不舍己之所长”。于是，乾隆十六年（1751 年），仿照镇江金山寺的设计理念，将漪澜堂建筑群设计为“屋包山”的格局。整个景区用临水长廊围起，突出文人情怀，而减少宗教色彩。漪澜堂背依琼华岛，面临太液池。漪澜堂建筑群内包括碧照楼、道宁斋、远帆阁、晴栏花韵、戏台、抱冲室、得性楼、邻山书屋等院落及小昆邱亭、盘岚精舍、环碧楼等建筑。

1925 年，公园开放后，漪澜堂景区作为经营性场所对外营业。漪澜堂开设中餐馆，道宁斋开设西餐馆，远帆阁楼上设古玩摊，延楼设茶社，堂前湖面夏天有游船，冬天开冰场。

先蚕坛

先蚕坛是北京九坛之一，是现存较完整的一处皇室祭祀“蚕神”的地方。永乐十八年（1420 年），永乐帝迁都北京后，建立天地坛、山川坛、社稷坛、太庙等礼制建筑，但先蚕坛并未列入祀典。直到嘉靖九年（1530 年），都给事中夏言等人建议“请改各官庄田为亲蚕厂公桑园。令有司种桑柘，以备宫中蚕事”。嘉靖皇帝乃敕命“天子亲耕，皇后亲蚕，以劝天下……自今岁始，朕亲祀先农，于本日祭社稷毕即往先农坛行礼；皇后亲蚕，便会官考求古制，具仪以闻”。由此明代的先蚕坛得以筹建。

在选址问题上，大学士张璁等主张在安定门外建坛，詹事霍韬以道远为由予以否定，户部官员也主张安定门外水源不足，无浴蚕之所，建议仿照唐宋时期，在皇家宫苑中，利用太液池水浴蚕缫丝。然而嘉靖皇帝崇尚周制古礼，坚持将先蚕坛建于安定门外，还亲自制定了制度与规模：坛方二丈六尺，叠二级，高二尺六寸，四出陛。东西北俱树桑柘，内设蚕宫令署。采桑台高一尺四寸，方十倍，三出陛。銮驾库五间。后盖织堂。坛围方八十丈。

上图：20 世纪 20 年代，喜龙仁站在坛门由南向北拍摄的先蚕坛旧照。

并于当年四月在先蚕坛尚未建成的情况下，由皇后在安定门外举行了一次仓促的先蚕祭祀典礼。但是到了第二年就以皇后出入不便为由，命改筑先蚕坛于西苑仁寿宫附近。而安定门外的先蚕坛，因道远不便，未完工即废弃，长期无人管理，形成积水坑洼，成为今日之青年湖。

嘉靖皇帝最终在西苑建成先蚕坛，设置了办公机构蚕宫署，负责先蚕坛的日常行政事务。每年季春（农历三月）择吉日，由皇后亲临先蚕坛拜祭"蚕神"，"躬桑治茧"作为一种仪式，垂范天下，教化斯民，体现了封建王朝"男务稼穑，女勤织红"的治国理念。嘉靖三十八年（1559年），实行不久的亲蚕典礼即被废止，至明灭亡，也再未实行。

清初承袭明制，先蚕坛未列入祀典。直到康熙皇帝时才开始重视蚕桑。康熙帝在中南海丰泽园之东设立蚕舍，植桑养蚕，浴茧缫丝，并在内府设置了825名匠役，设立织染局，织染自产蚕丝。

乾隆时期，依据"帝亲耕南郊，后亲蚕北郊"的礼制理念，选择在明嘉靖帝北海道场雷霆洪应殿旧址上营建先蚕坛，乾隆七年（1742）九月开始建造，乾隆八年（1743）九月二十七日，建成完工。先蚕坛为方形，南向，一层。东、西、北面均植护坛桑林，南面偏西处有正门三间。入门即为主殿亲蚕殿。殿内悬挂乾隆御笔匾额"葛覃遗意"，对联为"视履六宫基化本，授衣万国佐皇猷"。定皇后亲蚕礼仪，有祭先蚕、躬桑、献茧缫丝三个部分。"先蚕"礼在每年季春（农历三月）择吉日举行，吉日辰初刻（早8时），皇后率妃嫔人等乘舆出宫，赴先蚕坛。至坛内壝左门降，入具服殿，盥洗毕，登上亲蚕坛，行六拜、三跪、三叩礼。仪式依迎神、初献、亚献、终献、

上图：喜龙仁拍摄的先蚕坛亲蚕门旧照。

喜龙仁拍摄的亲蚕殿内皇后宝座旧照。

撤馔、送神、视瘗等程序，循序进行。乾隆二十二年（1757 年），先蚕坛进行了扩建，嘉庆、道光、同治、光绪、宣统年间又进行了不同程度的修缮。

进入民国后，先蚕坛先后为历史语言研究所、北京大学医学院租用。1941 年初，国货陈列馆奉伪北京特别市公署“推陈出新，切实整顿”令，将馆址迁至先蚕坛。1948 年对先蚕坛古建筑进行了修缮保养。1949 年 4 月 1 日，经北京市公用局军管会批准，将先蚕坛全部房屋拨借给北海实验托儿所使用，今天先蚕坛仍是北海幼儿园所在地。

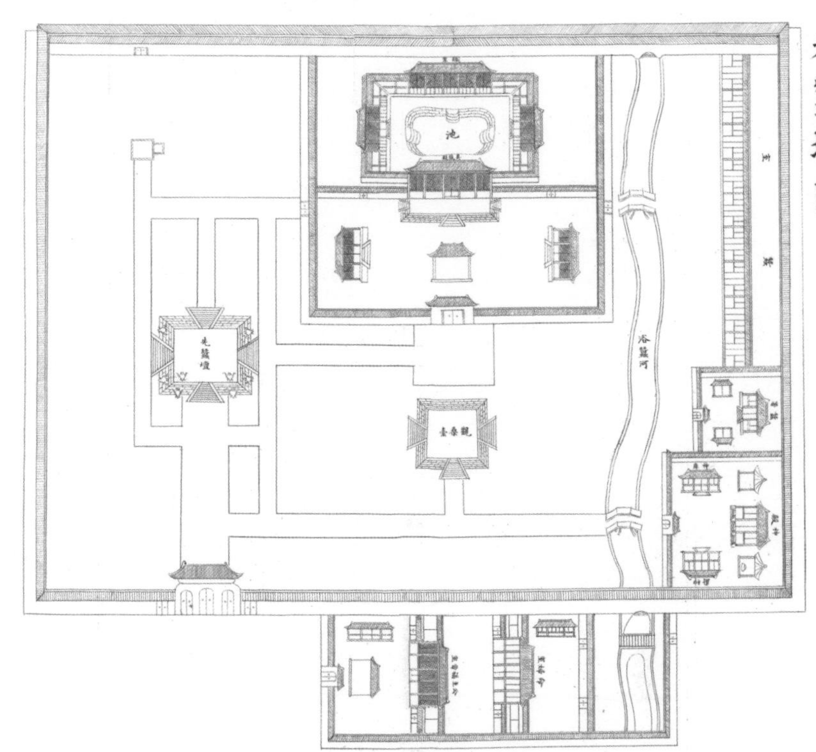

上图：先蚕坛平面图，出自清代光绪时期的《钦定大清会典图》。

喜龙仁拍摄的先蚕坛浴蚕池旧照

地安门

既然有“天安门”，自然会有“地安门”。地安门位于皇城北垣正中，是明、清皇城的北门，是老北京城中轴线上的标志性建筑之一。天安门与地安门南北对应，寓意天地平安，风调雨顺。

地安门始建于明永乐十八年（1420 年），称北安门。清顺治八年（1651 年）改为地安门。后被逐步拆除。地安门还有一个别称：厚载门，亦称后门。老北京城有“内九外七皇城四”之说，“皇城四”就是指天安门、地安门、东安门和西安门。上图为 20 世纪 30 年代的地安门。

地安门是北京皇城四门之一——皇城的北门，天安门则是皇城的南门。天安门和地安门南北呼应，寓意天地平安，风调雨顺。

皇城正门称天安门（明称承天门），东称东安门，西称西安门，北称地安门（明称北安门、厚载门）。

明永乐十八年（1420 年）始建北安门，清顺治八年（1651 年）改北安门为地安门，顺治九年（1652 年）对其重修。地安门为单檐歇山顶，上覆黄琉璃瓦，砖木结构的宫门式建筑。其面阔七间，中明间及两次间为通道，设朱红大门三门，左右各两梢间为值房。地安门无城台，红墙，门基为青条石。地安门的门窗都很方正，而天安门的门洞则为半圆形，也是取自“天圆地方”之意。

因为是皇城的北门，皇帝北上出征巡视时大多要出地安门，亲祭地坛诸神时也出地安门。

光绪二十六年（1900 年），八国联军入侵北京时，日本侵略军曾在地安门遭受清军的顽强抵抗，最终地安门被毁。而慈禧太后早带着光绪皇帝仓皇逃出紫禁城，出地安门、德胜门，走避西安了。

清末，地安门再次按照原样复建。1954 年底，为了疏导城市交通，地安门被拆除。

在地安门内东西两侧，各有一座面阔十三间，黄琉璃瓦覆顶，高二层，造型别致的雁翅楼。两座楼是地安门的附属建筑，因远观好似大雁张开的一对翅膀，故名“雁翅楼”。清朝时是官员办公的场所，为内务府满、蒙、汉上三旗公署。后来因年久失修且失去作用与地安门一起被拆除。

谢满禄在 1882 年由南向北拍摄的地安门。

上图：19 世纪 90 年代拍摄的地安门内。地安门内中间路高，两边地势较低，一旦下雨，就积水成潭。马车夫会趁机来洗车洗马。

右图：东燕翅楼。楼前一列清朝官员正好走过。

清末两宫大殡时的燕翅楼。

瓦德马尔·蒂格森于1900年站在景山上由南向北拍摄了这张珍贵的照片，能看到此时的地安门已经无存，仅存遗址。

地安门在庚子国变中被毁（之后又重建）。金启孮先生在著作《北京满族》里记录了相关信息。金启孮先生的外祖父额勒贺作为荣禄的部下，奉命守卫地安门，对抗日军。此战的主要目的是阻止、拖延日军入宫，不让他们发现慈禧太后和光绪皇帝已经出走。日军趴在地安门大街两边的铺面房上向下射击，清军在地安门前和日军鏖战一日后，日军用大炮把地安门轰塌。

这张照片清楚地表现了被轰塌的地安门遗址，佐证了金启孮先生的信息，同时也为研究地安门的变迁提供了非常重要的图像信息。

照片中，地安门内还有四个大水潭。这是因为地安门内地势低洼，一到雨季，就会形成水潭，直到民国初年改造后才好转。

1918 年，由南向北拍摄的重修之后的地安门。

清末民初的地安门内大街。此时的地安内大街已经填平了凹凸不平的道路，完成了改造。照片中最高的建筑就是景山万春亭，万春亭以北便是寿皇殿。

地安门内大街

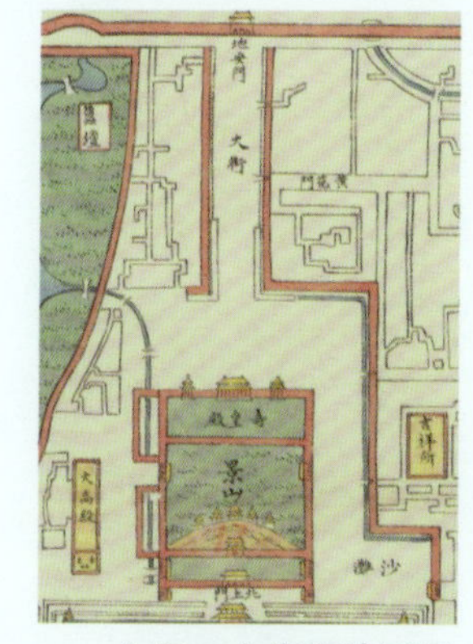

上图：大街两边可见红色的皇城城墙，出自《北京地里全图》。

从景山寿皇殿至鼓楼的这一段街道，旧时是以万宁桥（后门桥）为界分为两个部分的。万宁桥以北至鼓楼，明朝称“鼓楼下大街”，清朝光绪时期的《顺天府志》称“鼓楼大街”；万宁桥以南至景山寿皇殿，清朝称“地安门大街”。民国时期改以地安门为界，地安门以北称“地安门大街”，以南称“地安门内大街”。中华人民共和国成立以后，地安门以北改称“地安门外大街”，地安门以南仍称“地安门内大街”。

明清时期，大街两侧除了燕翅楼外，还有一些衙署和红色的皇城城墙。明代，街道西侧有内官监，东侧有安乐堂、尚衣监、司设监等为皇宫服务的后勤供应衙署，随之居住了不少为皇室服务的勤杂人员。清代，这里也有米粮库、油漆作、花炮作等。清末，机构废弃，勤杂人员在此落户并以手艺活儿为生，逐渐地在城墙内外修建了大量房屋，一部分成为商铺，一部分居住。民国年间，城墙逐渐被房屋遮挡，难觅痕迹。

2006 年，经过修整和重建，黄琉璃瓦的皇城城墙终于显露出来。

地安门外大街

该地区形成于元代，发展于明清。元代凭借永定河泛滥形成的天然水系，海子作为漕运的终点，形成了大都重要的漕运码头和交通枢纽，其周围的钟鼓楼地区集中分布着商铺、仓库和民居，形成了货物集散、商贾云集的繁华市场。明清时期水面缩窄，漕运功能逐渐丧失，水面周围成为供居民游乐嬉戏的风景胜地，周边分布着大量王府、衙署、庙宇和平民住宅。又因钟鼓楼的在此，鼓楼下大街东侧的商业也随之发达起来，成为中国传统城市布局中“前朝后市”中的“后市”。

如果把地安门内定为皇家禁地，那么地安门外便是人间俗世了。繁华地带主要集中在地安门外接近鼓楼的区域。这里商贸活动活跃，市场繁荣，人们很愿意来此经商，而且附近还有漕粮渡口，皇城的几大采买部门也都在此办公，极大地刺激了这片区域的发展。

在这里，所有的需求都可以得到满足。庆和堂饭庄专门吃饭；乾泰隆、通兴长擅长做衣服，它们是当时京城两个有名的大布铺；柴米油盐到后门桥的北路东侧六德亨；聚盛长干果店的酸梅汤也很受欢迎；烟袋斜街里的鑫园澡堂泡澡特别舒服，温、热、暖三池任意选；买药上后门桥南，挨着天汇大院，有家大生药房，不仅有市面上少见的西药，店主还为周边的百姓治病。此外，书店、理发馆、茶叶庄、杂货店，应有尽有。最热闹的时候还属农历春节期间的“上元灯会”，从地安门外至鼓楼前，家家店铺高挂灯笼，燃放焰火，晚间观看灯火的游客犹如潮涌。根据《燕京岁时记》记载，“六街之灯以东四牌楼及地安门为最盛”。这样的习俗从明清一直延续到民国。

上图：1901 年，地安门外的商贩。远处就是鼓楼。

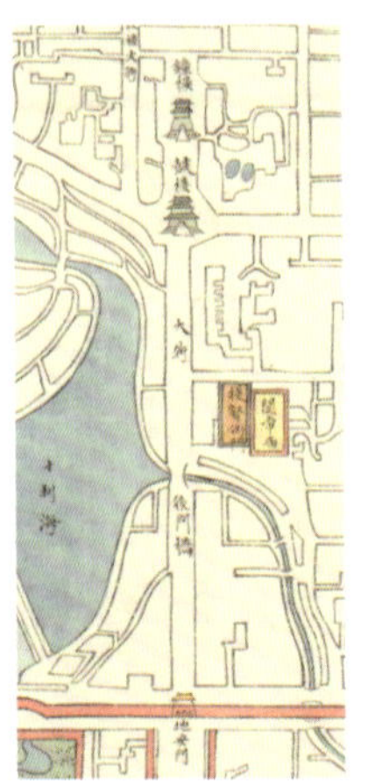

上图：地安门外大街及周边，出自《北京地里全图》。

右图：位于地安门外大街西边的“马家楼”。

马家楼是地安门外一家著名的回民馆子，是后门桥庆升祥的分号，专烙芝麻酱烧饼。这家的烧饼，椒盐、芝麻酱都配得合适，层多而不粘，芝麻烤得焦黄而不煳，吃着又酥又香。马家楼也卖羊肉，全是西口大羊（自己从口外买来喂养，且在德胜门外有羊圈），肉嫩不膻，鲜红雪白。每天清早，先把羊捆好，由清真寺的阿訇来杀。夏天，店家会添上烧羊肉和羊杂碎，还可以给炸焦。北京人有的爱吃烧羊肉拌面，买了烧羊肉或羊杂碎，还可以另外要汤。另外，店家还卖明目羊肝丸。

从鼓楼上南望地安门外大街。

这三张照片都是从鼓楼上南望中轴线，但侧重点不同，收入景物略有差异。推测拍摄时间是20世纪20年代。

左图更突出中轴线北段的纵深感；上图以地安门外大街为中线，视野更为宽广；右图可以直观地感受到地安门外大街与什刹海、三海的地理位置关系。

左图：1933年之后拍摄的照片。可清晰地看到，此时的地安门外大街上已经铺设了电车轨道。道路的起伏处就是万宁桥，紧挨着桥北边的西侧院落即为火德真君庙。

地安门外大街一直是交通要道。元代什刹海是漕运的终点，每日通过运河运粮的船只在码头络绎不绝，再通过马车、骆驼、象等运往京城各处。清末民初北京城内的主要交通工具是大车和轿车，在鼓楼前有“车口儿”——车把式停车等候顾客的地方，专门往天桥等地拉人运货。1911年以后，北京城内四轮马车和人力车渐渐多起来，也出现了少量汽车和自行车。1925年前后，地安门外大街铺设了轨道，开通了有轨电车。路线由北新桥经鼓楼、地安门、皇城根至太平仓，全长八华里，设8站。1957年，改为无轨电车。

万宁桥

始建于元世祖至元二十二年（1285年），位于北中轴线的地安门外大街上。由于京城百姓俗称地安门为后门，因而此桥也叫“后门桥”。开始为木桥，后改为汉白玉雕栏单孔石拱桥，桥下四角各设了一个镇水兽。

元代在北京建大都后，为解决漕运，在郭守敬的指挥下，引昌平白浮诸泉入城，扩充积水潭（即什刹海）容积，使水由万宁桥流入御河，出文明门直至通州，修成通惠河。如此，南粮北运的漕船可以沿大运河北上，经通惠河直接驶入积水潭。而万宁桥是积水潭的入口，并且设有闸口（称海子闸，后改名为澄清闸），通过提放水闸，以过舟止水，漕船要进入积水潭，必须从桥下经过。万宁桥在当时所起的作用是巨大的。由于交通便利，又挨着皇城，景色很美，因此，当时万宁桥附近商肆画舫云集，丝竹悦耳，酒香醉人，好一派繁华景象。

明朝时漕运不再进北京城，河道淤塞，水路不通。民国后，万宁桥桥身下半部已埋入地下，后经历次修路，铺沥青，桥身几乎不见，桥栏残破不堪。2000年，对万宁桥进行整治修缮，疏通河道，修砌两侧石砌护岸，修补了桥石望柱和石栏，恢复了明代万宁桥原貌。

万宁桥还是确定北京中轴线的最初坐标。著名历史地理专家侯仁之最早提出：元大都城的建设，就是以万宁桥来确定自北向南纵贯全市中轴线的位置。然后在桥的正北方，建立起作为全城平面布局中心的位置，即元代的“中心之台”。明、清的北京城，位置略向南移，而中轴线与元大都城的中轴线则完全重合。万宁桥从元代起就一直是北京城中轴线必经之地。

火德真君庙的牌楼

什刹海东岸、万宁桥东北的火德真君庙，俗称火神庙，始建于唐贞观六年（632年），元代至正六年（1346年）、明万历三十三年（1605年）、清乾隆二十四年（1759年）都有过重修。

《日下旧闻考》记载：“火神庙即唐火德真君庙，在北安门万宁桥北路西……元至正六年修，万历三十三年改增碧瓦重阁焉。前殿曰隆恩，后阁曰万岁景灵阁，左右辅圣、弼灵等六殿。殿后水亭望北湖。”

火神庙主体坐北朝南，三进院落。但其山门为东向，开在庙的东南角上。山门为单檐歇山顶，黄琉璃瓦绿剪边，面阔、进深均一间。山门内外原各有一座牌楼，均面对着地安门外大街。朱家溍先生曾在文章中回忆说外侧牌坊额曰“离德昭明”。

上图：照片为一位法国人于1900年前后拍摄。照片中带戗柱的就是火德真君庙山门外牌楼，牌楼正对热闹的地安门外大街，远处是鼓楼。

中图：20世纪30年代拍摄的火德真君庙山门外牌楼正面。

下面：1955年的火德真君庙，此时只有山门，牌楼已无存。

什刹海

什刹海包括前海、后海和西海的三个水域及临近地区，与“前三海”相呼应，俗称“后三海”。什刹海也写作“十刹海”，四周原有十座佛寺，故有此称。清代起就成为人们游乐消夏之所，为燕京胜景之一。

著名的《帝京景物略》中则以“西湖春，秦淮夏，洞庭秋”来赞美什刹海的神韵。

夏秋之际，地安门外的什刹海是京城百姓的消闲纳凉之处，正所谓“十刹前海，万柳沿堤，风景绝佳，昔为夏日游客载酒嬉游之地”。荷花市场、会贤堂饭庄，还有那些临时搭建的茶棚汇聚了大批游客。

上图：19 世纪末拍摄的前海。

这里是清宫“冰嬉”训练的场所，这些人每天都要在这里训练滑冰和各种冰上技巧，然后去三海给光绪皇帝和慈禧太后表演。前海中间的小岛是训练官员平时监督考核冰嬉人员的地点。

清末什刹海沿岸风光。

西德尼·甘博于 1924 年拍摄的“远望钟鼓楼”。此时齐政楼已被更名“明耻楼”了。

上下两张照片皆为 1933 年之后的什刹海前海，这里也是孩子玩耍的地方。

地安门外大街两边有不少出名的胡同。烟袋斜街就是北京城最古老的一条斜街，位于地安门外大街西侧、鼓楼的南面。东起地安门外大街，西邻什刹海前海，为东北西南走向，全长 232 米。

《日下旧闻考》一书记载，此街原名“鼓楼斜街”，清末改称“烟袋斜街”。

据说，当时居住在北城的旗人，大都嗜好抽旱烟或水烟，烟叶装在烟袋中。由于烟袋的需求与日俱增，所以斜街上开起了多家烟袋铺。这条街上的烟袋铺，大都是高台阶，门前竖一个木制大烟袋当幌子。黑色的烟袋杆儿，金色的烟袋锅儿，这样的标志生动形象。在烟袋斜街的东口路北有一家“双盛泰”烟袋铺，门前竖着的木雕大烟袋，足有一人多高，粗如饭碗一般，金黄色的烟袋锅上还系着条红绸穗，十分醒目。除此之外，烟袋斜街本身就宛如一只烟袋。细长的街道好似烟袋杆儿，东头入口像烟袋嘴儿，西头入口折向南边，通往银锭桥，看上去活像烟袋锅儿。正是基于这两方面的原因，以“烟袋”命名斜街，名副其实。

左图：鼓楼近在咫尺，上面的横幅是“欢迎国民军莅平”，据此推测，照片应拍摄于 1945 年 8 月 15 日日本宣布投降之后。从烟袋斜街望向北京城中轴线的北端终点——鼓楼和钟楼，别有一番味道。

鼓楼

鼓楼坐落在地安门外大街的北端，气势雄伟、巍峨壮观，是古都北京的标志性建筑之一。鼓楼与北边的钟楼一起，是元、明、清三个朝代都城的报时中心。

鼓楼的功用在于击鼓报时，但要获得准确的时间，则需要计时工具。鼓楼初建时用的是“碑漏”，后又增加“铜刻漏”和“时辰香”。随着时间推移，“铜刻漏”成为主要计时工具，从此，用漏刻计时、击鼓定更、撞钟报时，这个中国古代完整的报时系统在北京城的历史上延续了 600 余年。

上图：1900 年，经历了庚子国变战火后的鼓楼。

元代时，鼓楼被称作齐政楼，取七政（日、月、金、木、水、火、土）之意。

鼓楼始建于元至元九年（1272 年），地处大都的中心，后毁于火，大德元年（1297 年）重建之后又毁于火。明永乐十八年（1420 年）重建鼓楼、钟楼，并确立了其位于都城南北中轴线北端的地位，后相继毁于火。嘉靖十八年（1539 年）鼓楼遭雷击起火，重修。清代时也经历了数次修复。民国期间和中华人民共和国成立后，为了更好地保护和有效地利用古建筑，也对鼓楼进行了不同规模的修缮。

总体来说，现在所见到的鼓楼是建于明代的。

清代，鼓楼和钟楼的报时之职由銮仪卫承担。文武百官上朝，百姓生息劳作均以此为度。

1900 年，八国联军入侵北京，日军对鼓楼进行了掠夺。鼓楼幸免，但更鼓却被破坏。

1924 年，最后一位皇帝溥仪离开紫禁城后，钟鼓楼便失去了报时功能。同年，京兆尹薛笃弼为使民众不忘国耻，将鼓楼改为“明耻楼”，在楼上举办展览，陈列庚子国变中的照片、实物等，以警示民众。

1925 年，鼓楼内设京兆通俗教育馆，进行公共卫生及风俗改良方面的宣传；还设图书馆，并陈列历史人物像、武器盔甲，以及北京名胜古迹的照片等，供人参观。同时，钟楼改造为京兆通俗教育馆附属的电影院。钟鼓楼之间则辟为游艺场、体育场等，供民众所用。

同年，新任京兆尹认为古迹名称不可擅改，仍易楼名为“齐政楼”，但北京老百姓出于多年的习惯，始终祖辈相沿地称其为“鼓楼”，这个正名倒鲜为人知了。

鼓楼击鼓自有规矩。初鼓准响在戌正时分（晚八时整），击鼓十三下作为起时，称作“定更”。以后每过一个时辰击鼓一次，军民作息皆以鼓声为度。百官上朝亦从鼓声，大约是三鼓即起，四鼓候于朝门之外，时至五鼓，午门大开，官员鱼贯入朝奏事。待到晨风徐起，朝暾渐红，霞光中传来亢亮的钟声，鼓楼报时才暂告结束。

钟鼓敲击的方法俗称：紧十八，慢十八，不紧不慢又十八。这快慢相间的十八声总共六次，合计一百零八声。因为古人用一百零八声代表一年，明朝《七修类稿》载：“扣一百零八声者，一岁之意也，盖年有十二月，二十四气，七十二候（古代五日为一候，六候为一月，故一年七十二候），正是此数。”

上图：鼓楼上的鼓。
西德尼·甘博拍摄于 1918 年前后。

上图：拍摄于 1946 年，照片中是 1900 年遭日军刀砍的主鼓，鼓高 2.22 米，腰径 1.71 米，直径 1.40 米。这是目前仅存之鼓，已作为陈列展示之用。

鼓楼通高 46.7 米，三重檐，歇山顶，灰筒瓦，绿琉璃剪边，是一座以砖木结构为主的建筑。鼓楼分两层。一层为无梁拱券式砖石结构，南北各辟三个券洞，东西各辟一个券洞，东北隅设小券门和登楼通道。二层原有更鼓二十五面，其中，一面主鼓代表一年，二十四面群鼓代表中国农事的二十四个节气。现在陈列的二十五面更鼓是根据清朝嘉庆年间尺寸仿制的，作为展示、表演之用。

这两张照片都是西德尼·甘博于1920年左右拍摄的。

上图：鼓楼的南面。站在地安门外大街上拍摄的，可见街上行人和店铺。

左图：摄影师站在钟楼上拍摄的鼓楼的北面，可以看到二楼的中央就是主鼓。

目前，鼓楼二层陈列展示的古代计时器有碑漏、铜刻漏和时辰香。

碑漏曾用于唐宋金元时期，之后失传。目前展示的碑漏是研究人员根据古籍记载，经反复试验而仿制的。其形似石碑，高2.2米，宽1.4米，内部设12根自上而下呈“之”字形排列的铜管，最后一根铜管下置铙片。碑漏上方设一个投球孔，第一个金属球需要人工控制投球开关，其余则自动滚行。一个铜球通过所有铜管的时间为24秒，然后击铙报时。36个球滚动完用时14.4分，即古时的一刻钟。依此推算，如今通行的24小时计时方式需要3600个球滚动完毕。

据史书记载，鼓楼上原有的铜刻漏“制极精妙，故老相传，以为先宋故物”，元代，鼓楼设有漏壶室放置铜刻漏，同时设守漏卒掌管漏壶。原物已遗失，现在陈列的铜刻漏是仿制的，分为四级漏壶：天池、平水、万分、收水。收水壶设箭尺于水中，水涨箭浮，依刻显时。每一刻尽，旁边的铙神将击铙八下以报时。

时辰香，也称更香，上标时间刻度，粗细均匀，很长，可燃烧几个小时甚至几天。若需强调某时刻的重要性，则在相应刻度处挂一个金属小球，香燃至此处，金属球掉至下面的托盘中发出清脆的响声，用以提示。

据记载，1924年鼓楼改名为“明耻楼”，里面举办展览，以警示民众。1925年，开办京兆通俗教育馆。同年，新任京兆尹李谦六复改为元代之名“齐政楼”。

照片中，鼓楼门洞上已有“京兆通俗教育馆”字样，应是1925年。此时，“明耻楼”匾尚未被换下。

钟楼

鼓楼北边的钟楼，是北京城中轴线的北端点。与鼓楼相比，钟楼挺拔高峻、肃穆庄重。数百年间，晨钟暮鼓，文武百官、平民百姓伴声而作，以此为度，真正达到了“以时出治，声与政通”。

鼓与钟，在古代文化中也象征着皇权至上、一统江山。而鼓楼与钟楼，两楼南北纵置，不仅被建在了作为老北京城规划建设灵魂的中轴线上，更成为它的终结点，这是我国都城规划建设史上的一大创举。

北京的鼓楼和钟楼不是东西相对，而是南北纵置，是两座一前一后、一南一北高耸的建筑物。

钟楼北面的城墙正中不开城门，所以北京城这条长达 7.8 公里的南北中轴线的北端就终止在钟楼。

钟楼原址为元大都的大天寿万宁寺之中心阁。始建于元至元九年（1272 年），后毁于火。

明永乐十八年（1420 年）重建，后又毁于火。

清乾隆十年（1745 年）重建，两年后竣工。为了防止火灾，建筑采用了砖石无梁拱券式结构。

钟楼为重檐歇山顶建筑，通高 47.95 米。底层基座的四面各有一个敞开式券洞门，中央为一个正方形的天井，与二层相通，既可仰望大钟，也能传声。内设 75 级石阶，可上二层的主楼。主楼面阔三间，上有黑琉璃瓦绿剪边覆顶，下有汉白玉须弥座承托，四面各开一个敞开式券洞门，券门的左右各有一座石雕窗，周围环绕着石护栏。

钟楼正南为一座与围墙相连的三联大门，中门内为乾隆时期重建时所立的钟楼碑一通，螭首方座，碑首题额“重建钟楼碑记”，碑阳为经筵讲官户部尚书梁诗正奉敕敬书碑文，碑阴为民国十四年（1925 年）十月京兆尹薛笃弼书的《京兆通俗教育馆记》碑文。

清末的钟楼及前面的广场。

近处仰观清末民初的钟楼。

上图：放置在鼓楼北墙外的钟。此钟为明永乐年间铸造的铁钟，被称为“永乐铁更钟”，高约 4.2 米，钟口直径约 2.5 米，重约 25 吨，因音质不佳，换为铜钟。此铁钟则被闲置 500 余年，直到 1983 年才被搬至大钟寺古钟博物馆。

上图：从鼓楼北望钟楼，鼓楼北侧墙边放置的钟就是左页图中的铁钟。挂在钟楼上的铜钟也是永乐年间铸造，通高约7米，钟体高5.55米，钟口直径3.4米，重63吨，是中国现存体量最大、分量最重的古代铜钟，堪称“古钟之王”，钟声悠远绵长、圆润洪亮，能使“都城内外，十有余里，莫不耸听”。

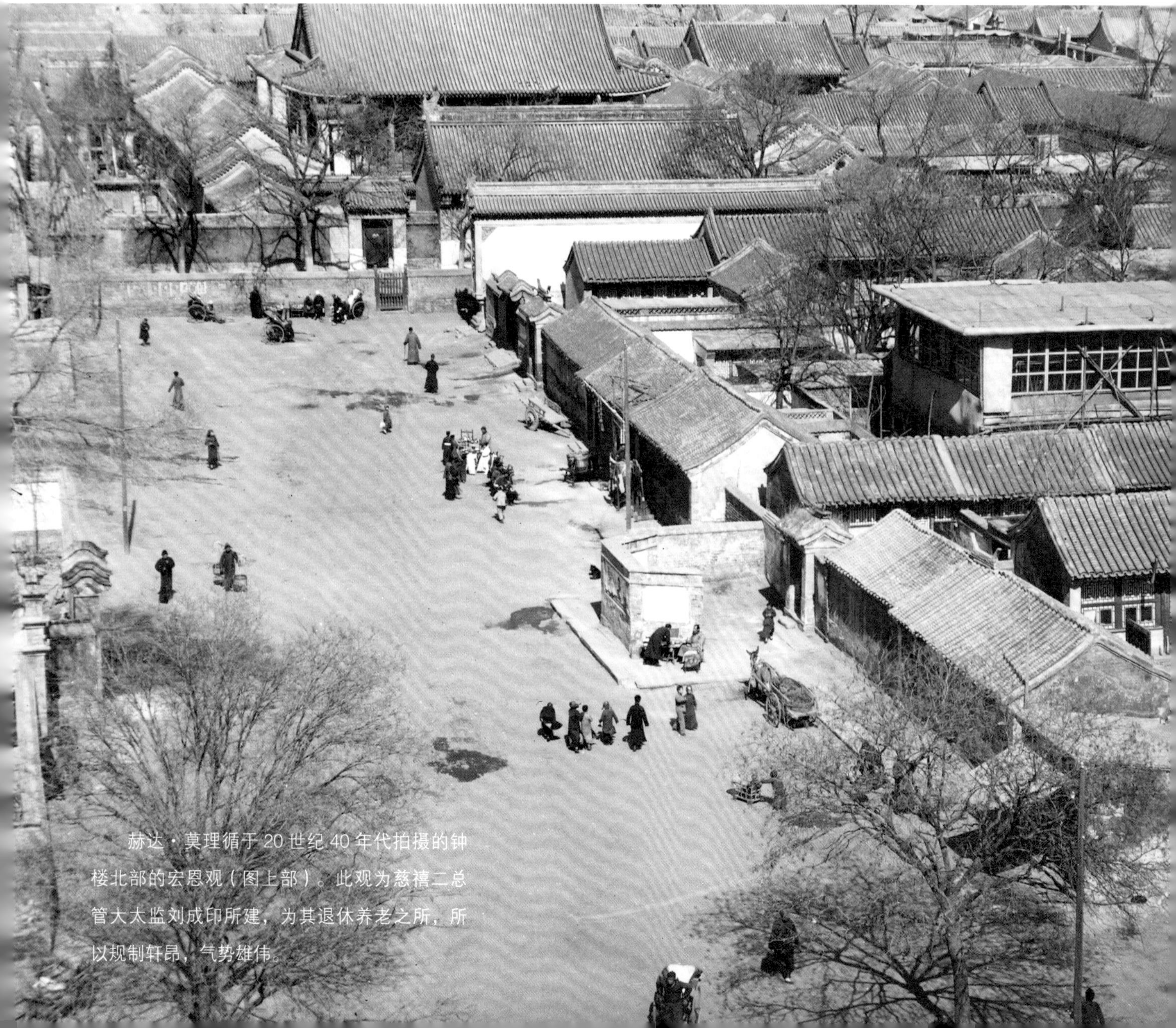

赫达·莫理循于20世纪40年代拍摄的钟楼北部的宏恩观（图上部）。此观为慈禧二总管大太监刘成印所建，为其退休养老之所，所以规制轩昂，气势雄伟。

约翰·詹布鲁恩于 20 世纪 20 年代拍摄的钟楼全景照，照片中可以看到西边的德胜门及东边的安定门和北京的天际线。

西德尼·甘博于 20 世纪 20 年代站在鼓楼上由北向南拍摄的钟楼。

钟楼西北隅的民居院落。

图书在版编目（CIP）数据

北京中轴百年影像 / 刘阳著 . — 北京 : 北京日报出版社，2021.7

ISBN 978-7-5477-3523-7

Ⅰ. ①北… Ⅱ. ①刘… Ⅲ. ①北京－地方史－摄影集 Ⅳ. ① K291-64

中国版本图书馆 CIP 数据核字（2021）第 031711 号

北京中轴百年影像

出版发行：北京日报出版社
地　　址：北京市东城区东单三条 8-16 号东方广场东配楼四层
邮　　编：100005
电　　话：发行部：（010）65255876
　　　　　总编室：（010）65252135
印　　刷：北京博海升彩色印刷有限公司
经　　销：各地新华书店
版　　次：2021 年 7 月第 1 版
印　　次：2021 年 7 月第 1 次印刷
发　　行：新华书店北京发行所
开　　本：889 毫米 ×1194 毫米　1/16
印　　张：34
字　　数：500 千字
定　　价：258.00 元